Michael Brater · Christiane Hemmer-Schanze · Albert Schmelzer

# Schule ist bunt

Michael Brater · Christiane Hemmer-Schanze · Albert Schmelzer

# Schule ist bunt

## Eine interkulturelle Waldorfschule im sozialen Brennpunkt

Verlag Freies Geistesleben

1. Auflage 2007

**Verlag Freies Geistesleben**
Landhausstraße 82, 70190 Stuttgart
Internet: www.geistesleben.com

ISBN 978-3-7725-2170-6


Fotos: Christoph Doll
Umschlag & Satz: Bianca Bonfert
Druck: NOMOS, Sinzheim

# Inhalt

# Vorwort

Wachsende Aggressivität und Kriminalität – negative Schlagzeilen machen immer wieder auf die Probleme von Schulen in sozialen Brennpunkten mit einem hohen Anteil von Migrantenkindern aufmerksam: Eine wirkliche Integration, gebaut auf Selbstbewusstsein und Toleranz, hat nicht stattgefunden. Stattdessen haben sich vielfach Ghettos mit eigener Sprache, eigenem Wertekodex und hoher Gewaltbereitschaft gebildet.

Gibt es pädagogische Alternativen zu dieser Situation?

Am 11. September 2003 hat eine erste interkulturelle, sozialintegrative Waldorfschule in Neckarstadt-West, einem sozialen Brennpunkt Mannheims, ihre Arbeit aufgenommen. Die Hälfte der Kinder sind deutscher Herkunft, die andere Hälfte sind Migrantenkinder aus insgesamt elf Nationen. Wie sieht Waldorfpädagogik in einem solchen Kontext aus? Wie wird an der sozialen, wie an der kulturellen Integration gearbeitet? Wie haben sich innovative Konzepte wie der begegnungssprachliche Unterricht oder die durchgehende Projektarbeit bewährt?

Das vorliegende Buch unternimmt es, von dieser Schule zu berichten. Dabei wird deutlich werden, dass das Kollegium keinesfalls beansprucht, *den* Königsweg einer sozial-integrativen, interkulturellen Pädagogik gefunden zu haben. Vielmehr sucht es auf einigen Feldern neue Ansätze zu erproben, sie zu diskutieren und weiterzuentwickeln.

Die Veröffentlichung beruht auf den Ergebnissen eines Forschungsprojekts, das von 2004 bis 2006 von der GAB (Gesellschaft für Ausbildungsforschung und Berufsentwicklung) München und der Freien Hochschule für anthroposophische Pädagogik in Mannheim durchgeführt wurde. Ermöglicht wurde dieses Forschungsvorhaben vor allem durch Zuwendungen der Karl Linder Education Foundation (KLEF) sowie durch Beiträge von der Heidehof-Stiftung, der Mahle-Stiftung, der Zukunftsstiftung Bildung und der Pädagogischen Forschungsstelle beim Bund der Freien Waldorfschulen. Wir möchten uns bei den Spendern herzlich bedanken, ebenso bei den Kolleginnen und Kollegen der Interkulturellen Waldorfschule für ihre Offenheit und Kooperationsbereitschaft.

*Michael Brater*
*Christiane Hemmer-Schanze*
*Albert Schmelzer*

# 1. Das Problem: bildungsmäßige Benachteiligung von Migrantenkindern

Als im Jahr 2000 die ersten Ergebnisse der PISA-Studie veröffentlicht wurden, war der Schreck groß: Bei europaweit durchgeführten Schulleistungstests in den Fächern Lesen, Mathematik und Naturwissenschaften schnitten die 15-jährigen Schülerinnen und Schüler in Deutschland deutlich schlechter ab als in den meisten anderen Ländern. Darüber hinaus wurde nachgewiesen, dass Kinder mit Migrationshintergrund[1] und Kinder aus den niedrigeren sozialen Schichten in Deutschland eine deutlich geringere Chance auf einen höheren Bildungsabschluss haben als Kinder ohne Migrationshintergrund und Kinder aus höheren sozialen Schichten. In keinem anderen OECD-Land ist diese Auslese so stark wie in Deutschland:

- Teilt man die Jugendlichen bezüglich ihrer sozialen Herkunft in vier Gruppen, so ist in Deutschland die relative Wahrscheinlichkeit eines Jugendlichen, ein Gymnasium zu besuchen, bei Kindern aus dem obersten Viertel der Sozialschichten siebenmal so hoch wie bei Kindern aus dem zweituntersten Viertel – und zwar ungeachtet ihrer individuellen Fähigkeiten! Die Chancen dieser Kinder auf einen Gymnasiumsbesuch liegen allerdings immer noch dreimal höher als bei den Kindern aus dem untersten Viertel der sozialen Schichten.[2]

- Auch die Leistungsunterschiede in den Bereichen Lesen, Mathematik und Naturwissenschaften zwischen Jugendlichen unterschiedlicher sozialer Herkunft sind im öffentlichen Schulsystem erheblich.[3] So verfügen fast 40 Prozent der Jugendlichen aus Familien der untersten Sozialschichtgruppe und fast 50 Prozent der Jugendlichen, deren Eltern zugewandert sind, lediglich über elementare Kompetenzen im Lesen (Kompetenzstufe I und darunter), während dies in der höchsten Sozialschichtgruppe nur bei knapp 10 Prozent der Jugendlichen und im Gesamtdurchschnitt auf 22 Prozent der Jugendlichen zutrifft.[4]

Das deutsche Bildungssystem weist also im internationalen Vergleich erhebliche Mängel auf und ist weit weniger als andere Bildungssysteme dazu in der Lage, Kindern unterschiedlicher sozialer und kultureller Herkunft ein gleiches Recht auf Bildung zu ermöglichen. Im Herbst 2006 legten die Kultusministerkonferenz der Länder und das Bundesministerium für Bildung und Forschung mit ihrem Bericht «Bildung in Deutschland» zum ersten Mal eine umfassende Analyse des deutschen Bildungssystems vor.[5] Eine wesentliche Fragestellung, der in diesem Bericht nachgegangen wird, lautet: Befördern die deutschen Bildungseinrichtungen die Herstellung von Chancengleichheit in den Bildungsverläufen von Kindern und Jugendlichen unterschiedlicher sozialer und ethnischer Herkunft? Vermeiden sie systematische Benachteiligung?

In beiden Fällen lautet die Antwort eindeutig: Nein. Die Ergebnisse bestätigen die in den PISA-Studien bereits festgestellten selektiven Tendenzen: Der Anteil der Kinder, die nach der Grundschule auf ein *Gymnasium* gehen, liegt bei Kindern ohne Migrationshintergrund mit 39 Prozent beispielsweise fast doppelt so hoch wie bei Kindern türkischer Abstammung – der mit Ab-

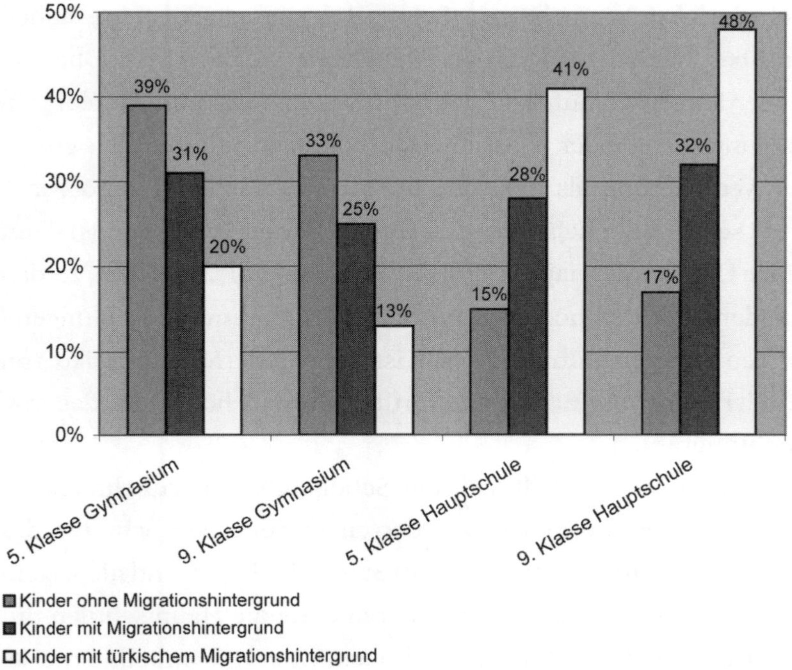


Abbildung 1: Anteil der Gymnasiums-/Hauptschulbesucher bei Kindern ohne/mit Migrationshintergrund

stand größten Gruppe der Migranten (s. Abb. 1). In der 9. Jahrgangsstufe liegt der Anteil der Gymnasiumsbesucher bei den deutschen Kindern dann zweieinhalbmal so hoch wie bei Kindern mit türkischem Migrationshintergrund. Demgegenüber gehen mit 41 Prozent 2,7-mal mehr Kinder mit türkischem Migrationshintergrund nach der Grundschule auf eine *Hauptschule*, als dies bei deutschen Kindern (15 Prozent) der Fall ist. In der 9. Jahrgangsstufe hat sich der Anteil der Hauptschüler bei den deutschen Schülern nur geringfügig auf 17 Prozent erhöht, während er bei Kindern mit türkischem Migrationshintergrund nun mit 48 Prozent beinahe dreimal so hoch liegt.[6]

Schüler mit Migrationshintergrund haben also nicht nur

Schwierigkeiten, in höhere Schularten überzugehen, sie haben darüber hinaus auch größere Probleme, sich dort zu halten. Außerdem durchlaufen sie das Schulsystem aufgrund von Zurückstellungen und/oder Klassenwiederholungen mit deutlich größerer Verzögerung als deutsche Schüler. Deutschland gehört ja – trotz seines nach Leistungsstufen gegliederten Schulwesens! – mit einer Quote von knapp 3 Prozent im Schuljahr 2004/2005 zu den Ländern mit den höchsten Anteilen an Klassenwiederholungen.[7] In den Jahrgangsstufen 1 bis 3 ist das Wiederholungsrisiko von Kindern mit Migrationshintergrund viermal höher als das von Nichtmigranten.[8]

In Deutschland teilt sich die Schullandschaft zunehmend in zwei Gruppen: So gibt es auf der einen Seite den Schultyp des Gymnasiums mit hohem sozialem Status der Eltern und niedrigem Migrantenanteil und auf der anderen Seite die Hauptschulen mit niedrigem sozialem Status und hohem Migrantenanteil. Etwa jeder vierte Jugendliche mit Migrationshintergrund, aber nur jeder zwanzigste Jugendliche ohne Migrationshintergrund besucht eine Schule, in der Migranten die Mehrheit stellen. In Schulen mit einem Migrantenanteil von mehr als 50 Prozent konzentrieren sich vor allem solche Jugendliche, die zu Hause kein Deutsch sprechen, jeder Sechste verwendet auch unter Freunden eher seine Herkunftssprache. Es wird davon ausgegangen, dass diese Schulen in einem sozialen Umfeld arbeiten, das durch Abschottung sozialer und ethnischer Gruppen geprägt ist, häufig handelt es sich um soziale Brennpunkte.

Hier fallen dann verschiedene Problemlagen zusammen und verstärken sich gegenseitig: Die Auswertung der PISA-Studie 2000 zeigte, dass auch die Lernergebnisse in Schulen mit besonders hohem Migrantenanteil schlechter sind als in Schulen mit niedrigem Migrantenanteil. Da an diesen Schulen aber zusätzliche

Benachteiligungen durch den sozioökonomischen Status der Schüler bestehen, ist es schwer, die Effekte der einzelnen Faktoren zu isolieren. Es kann jedoch festgehalten werden, dass etwa ein Fünftel der Hauptschulen in Deutschland in «problematischen Lernkontexten» arbeitet, die durch einen sehr hohen Migrantenanteil in Verbindung mit niedrigem sozialem Status der Schüler, geringer kognitiver Grundfähigkeiten, häufigen Lernschwierigkeiten und Verhaltensproblemen gekennzeichnet sind. Solche Kontextbedingungen wirken sich als zusätzliche Belastung für die schulische Karriere der dort unterrichteten Schüler aus.[9]

Entsprechend dem schlechteren Abschneiden der Schüler mit Migrationshintergrund bei den Schulleistungen erreichen sie auch wesentlich niedrigere *schulische Abschlüsse* als ihre deutschen Mitschüler: Im Jahr 2004 blieben doppelt so viele ausländische Schüler ohne Abschluss wie deutsche Schüler. Bei den ausländischen Jungen liegt dieser Anteil bei 20 Prozent eines Altersjahrgangs, bei den Mädchen bei 13 Prozent. Im Vergleich zu den ausländischen Schulabgängern verließen hingegen dreimal so viele deutsche die Schule mit Abitur.[10]

Der empirische Nachweis von Bildungsungerechtigkeit in Verbindung mit dem allgemein schlechten Abschneiden Deutschlands im internationalen Vergleich führte hierzulande zu einem regelrechten «PISA-Schock». Im März 2007 bezeichnete dann auch der UN-Sondergesandte Vernor Muños in seinem Bericht das deutsche Bildungssystem als diskriminierend für sozial benachteiligte Schüler und Migrantenkinder, die durch das dreigliedrige Schulsystem «systematisch benachteiligt» würden.[11]

Das «vernichtende Urteil über die deutsche Schule» wurde von der Fachöffentlichkeit zwiespältig aufgenommen. Einige Experten konzentrierten sich schnell darauf, Prüfkriterien und Vorgehensweise der Tests zu hinterfragen. Einige sahen die PISA-

Ergebnisse jedoch auch als «ermutigenden Beleg» dafür, dass es sich «bei den beschriebenen Zusammenhängen nicht um Naturgesetze handelt. Wenn andere Staaten unter den genannten Kriterien besser abschneiden, muss es Möglichkeiten geben, die Funktion und Wirkung von Schule zu verändern.»[12] So nahmen sie die Kritik am deutschen Schulsystem zum Anlass, sich verstärkt auf die Suche nach neuen Konzepten zu machen.

Dabei kristallisierten sich in den vergangenen Jahren in der fachlichen Diskussion mehr und mehr zwei zentrale Bereiche heraus, an denen Reformen zur Verbesserung der Chancengleichheit ansetzen müssen: die *Sprachförderung* von Migrantenkindern und ihre *soziale und kulturelle Integration*. Allerdings besteht ein Dissens darüber, auf welche Weise diese Ziele am besten zu erreichen sind. Sind die Programme zur Sprachförderung von Kindern und Jugendlichen mit Migrationshintergrund, die mittlerweile von allen Bundesländern aufgelegt worden sind und – je nach Bundesland oder entsprechend vorhandenen Modellprojekten – ein halbes bis ein ganzes Jahr lang zwei bis zehn Stunden wöchentlich sprachliche Förderung in der Kindertagesstätte oder in der Schule vorsehen, wirklich sinnvoll und versprechen sie dem Kostenaufwand angemessene Erfolge? Wäre es nicht besser, wenn Migrantenkinder, anstatt solche vereinzelten «Sprachspritzer» zu erhalten, in «natürlichen» Situationen mit deutschen Kindern zusammen lernen und leben und auf diese Weise in ein richtiges «Sprachbad» eintauchen könnten?[13]

Auch über den besten Weg, zur sozialen und kulturellen Integration von Kindern mit Migrationshintergrund zu kommen, besteht kein Konsens. Seit den achtziger Jahren hat sich eine breite Diskussion um Grundlagen und Ziele einer interkulturellen Pädagogik entwickelt.[14] Dabei geht es um eine Haltung, die kulturelle Vielfalt als Bereicherung versteht, um den Umgang mit kulturellen

Konflikten und den Abbau von Vorurteilen. Leitmotive interkultureller Pädagogik sind u.a.:

- das Eintreten für die Gleichheit aller ungeachtet der Herkunft
- die Haltung des Respekts für Andersheit
- die Befähigung zum interkulturellen Verstehen
- die Befähigung zum interkulturellen Dialog.[15]

So ausgedehnt die theoretische Debatte über Konzepte zur kulturellen und sozialen Integration von Kindern mit Migrationshintergrund auch ist, so dringend besteht der Bedarf nach einem Erfahrungsaustausch über konkrete, praktische Umsetzungen. Wie sehen Schulen in sozialen Brennpunkten aus, die sich der angesprochenen Problematik annehmen? Welche Erfahrungen lassen sich in der täglichen Arbeit machen? Welche schulischen Strukturen und Organisationsformen, welche methodischen Vorgehensweisen, welche pädagogischen Haltungen erweisen sich als produktiv, welche als eher hinderlich? Wenn in den folgenden Kapiteln von einer solchen Schule berichtet wird, so geschieht das in der Hoffnung, Anregungen zu geben für die pädagogische Debatte, aber auch Mut zu machen für weitere Initiativen.

# 2. Die Vorgeschichte: Kindergarten und Hort im sozialen Brennpunkt

Die Freie Interkulturelle Waldorfschule Mannheim wurde am 11. September zu Beginn des Schuljahrs 2003/2004 mit einer 1. und 2. Klasse und 35 Kindern eröffnet. Diesem denkwürdigen Datum ging freilich eine längere Vorgeschichte voraus. Etwa 25 Jahre früher war nämlich ebenfalls in Mannheim eine Ausbildungsstätte für Waldorflehrer – heute die Freie Hochschule für anthroposophische Pädagogik – gegründet worden, und bereits bei dieser Gründung war davon die Rede, dass sich Waldorfpädagogik unbedingt auch der Kinder aus sozialen Randgruppen annehmen müsse und dass dies nur gelingen könne, wenn Waldorfpädagogen nicht nur auf diese Kinder warten, sondern sich aktiv dorthin bewegen, wo diese Kinder zu Hause sind, nämlich in die entsprechenden Stadtteile und sozialen Brennpunkte.

Das war damals nicht nur schön geredet, sondern wurde schnell zum Konzeptbestandteil der neu gegründeten Pädagogischen Hochschule: Schon im ersten Jahr wurden die Studenten zu einer sogenannten «Sozialarbeit» als festem Bestandteil ihres Studiums verpflichtet. Diese Sozialarbeit bestand in der individuellen Beratung und nachmittäglichen Begleitung eines Kindes aus einer der Mannheimer Sonder- bzw. Brennpunktschulen durch jeweils einen Studenten über eine längere Zeit.

Da den Studentinnen und Studenten bei dieser Arbeit sehr

schnell klar wurde, wie viele Probleme dieser Kinder mit Defiziten ihrer vorschulischen Erziehung zusammenhängen, entstand drei Jahre nach Hochschulgründung ein Waldorfkindergarten für die Kinder im sozialen Brennpunkt, der folgerichtig auch räumlich mitten im entsprechenden Stadtteil angesiedelt wurde.

Dieser Kindergarten für die benachteiligten Kinder eines der traditionellen Mannheimer «Arbeiterviertel» war für die Waldorfpädagogik eine bedeutende Innovation, hat sie doch sonst relativ wenige Erfahrungen mit Kindern aus dem Unterschichtmilieu. Hier konnte man nun lernen, wie man Kontakt zu den Eltern dieser Kinder findet, auf welche strukturellen Probleme pädagogische Bemühungen in diesem Milieu stoßen, wie man solchen Eltern die Besonderheiten der Waldorfpädagogik nahebringen, wie man die Kinder mit den Mitteln eines Waldorfkindergartens erreichen kann – und: dass die Waldorfpädagogik vor Kindern aus weniger bürgerlichen Verhältnissen keineswegs Halt machen muss, ja dass sie geradezu für diese Kinder gemacht scheint.

Nachdem die beteiligten Waldorferzieher und die Studentinnen und Studenten der Hochschule die in den meisten Fällen sehr erfreuliche Entwicklung der Kinder während der zwei bis drei Jahre im Waldorfkindergarten erlebt hatten, wuchs bei ihnen der Gedanke, dass diese offenbar wirksame waldorfpädagogische Arbeit eigentlich auch in einer Schule, einer Waldorfschule fortgesetzt werden sollte. Da sich ein solchen Projekt nicht sofort verwirklichen ließ, wurde schon bald ein *Hort für Schulkinder* eingerichtet, der – genau wie der Kindergarten – heute noch existiert, und zwar ebenfalls im Stadtteil und damit wiederum vor allem für Kinder aus dem sozialen Brennpunkt bzw. aus Familien, die am Rande der Gesellschaft leben.

Über die Erfahrungen mit dieser Kindergarten- und Hortarbeit sollte am besten gesondert ausführlich berichtet werden, dafür fehlt hier der nötige Raum. Nach Aussage der Beteiligten wurde bei dieser Betreuungsarbeit, in die viele spezifische Elemente des Waldorf-Elementarunterrichts einflossen, sehr deutlich, dass Ansätze und Methoden der Waldorfpädagogik auch durchaus geeignet sind, Kinder aus einem ausgeprägten sozialen Unterschicht- und Randgruppenmilieu zu erreichen und bei ihnen nachhaltige Lernprozesse anzustoßen. Außerdem lernten die pädagogischen Betreuer des Hortes immer besser, mit diesen Kindern umzugehen und die waldorfpädagogischen Vorgehensweisen so zu modifizieren und abzuwandeln, dass ihr pädagogischer Kern erhalten blieb, ihre Erscheinungs- und Praxisformen aber an die spezifischen Anforderungen dieser Zielgruppe angenähert werden konnten.

Nach ungefähr fünf Jahren kam es zu einer Veränderung des Konzepts: Die starke Fixierung auf Kinder aus sozial benachteiligten Familien und aus Randgruppen erwies sich zunehmend als pädagogisches Problem, da diese Kinder unter sich eine Art Ghetto bildeten. Die Mitarbeiter des Hortes lernten einen Grundsatz kennen, der auch für die spätere Interkulturelle Schule konstitutiv werden sollte: Integration kann man nicht leisten, wenn die zu Integrierenden in einem Ghetto leben, sondern lebendige Integration setzt eine Begegnung und Durchdringung der verschiedenen Gruppierungen voraus, zwischen denen Integration stattfinden soll. Das wurde ein Grundsatz der Interkulturellen Waldorfschule. Wie sollen sich ausländische Kinder in die deutsche Gesellschaft integrieren, wenn sie kaum mit Deutschen zu tun haben bzw. schulisch faktisch unter sich bleiben? Im Anschluss an diese Erkenntnis bemühte sich der Hort erfolgreich darum, *auch* Kinder aus anderen Schichten und Milieus aufzunehmen. Die Arbeit, die sich ursprünglich vor allem an benachteiligte Kinder gerichtet hatte, wurde zunehmend integrativ, indem jetzt *auch* Kinder aus nicht benachteiligten Milieus aufgenommen wurden.

Nach etwa acht Jahren Hortarbeit stellten die Betreuer erneut eine Verschiebung in der Zusammensetzung der Kinder fest: Neben den deutschen besuchten immer mehr ausländische Kinder aus dem Stadtteil den Hort, schließlich kamen Schulkinder aus elf Nationen, wobei die Gruppe der türkischen Kinder in den folgenden Jahren besonders stark zunahm. Diese Entwicklung vollzog sich parallel zum Strukturwandel im Stadtteil: In der Nachbarschaft der deutschen Randgruppen und Unterschichtfamilien siedelten sich immer mehr Migrantenfamilien an, die hier bezahlbaren Wohnraum fanden. Das Problem der sozialen Benachteiligung wurde überlagert und verschmolz mit dem der Migranten, bis man beide Probleme praktisch nur noch analytisch auseinanderhalten konnte: Heute ist die Problematik der Migrantenkinder zugleich eine der sozialen Unterschicht, und die Problematik der Unterschichtkinder ist in sehr vielen Fällen zugleich eine Migrantenproblematik: Migranten sind überproportional von Arbeitslosigkeit und unsicheren Arbeitsverhältnissen betroffen. Ihre Einkommenssituation ist deutlich schlechter als die der deutschen Bevölkerung, und sie haben ein höheres Armutsrisiko als die Deutschen.[16]

So begann eigentlich in der Hortarbeit die Auseinandersetzung der Waldorfpädagogen mit dem Migrantenthema, hier musste sich die Waldorfpädagogik erstmals der Problematik der ausländischen Kinder mit sehr verschiedenen kulturellen Hintergründen und ihrer schulischen Erziehung stellen.

Während dieser Zeit blieb die enge Zusammenarbeit mit der Hochschule und den Studentinnen und Studenten ohne Unterbrechung erhalten, und auf ihre Initiative hin entstanden viele pädagogische Projekte mit den Kindern aus Kindergarten und Hort. Damit fanden die Fragen der waldorfpädagogischen Förderung und Erziehung von Unterschicht- und Migrantenkindern auch mehr und mehr Eingang in Forschung und Lehre der Hochschule. Die Problematik wurde immer drängender, als die regelmäßigen Berichte aus dem Hort bestätigten, was inzwischen auch internationale Untersuchungen nachgewiesen haben: Die benachteiligten Kinder werden in der Regelschule schon früh weiter eingeschränkt, ihre Fähigkeiten haben dort keine Chance, sich zu entfalten, sprachliche Defizite werden größer statt kleiner, und speziell bei den ausländischen Kindern werden die Sprachprobleme nicht behoben, sondern im Gegenteil zum Anlass für ein «Schulversagen» auf breiter Front. So festigte sich die Erkenntnis: Der Hort ist viel zu wenig, um diese strukturelle Ungerechtigkeit zu beheben – wir brauchen viel mehr, nämlich *eine eigene Schule!*

Dieses Vorhaben wurde schlagartig konkret, als sich Ende 2000 an der Mannheimer Hochschule die Gründerin des Kindergartens und Hortes, ein Dozent und zwei gerade ausgebildete Studierende, die aber schon eine gewisse Lebenserfahrung mitbrachten, zusammentaten, um genau diese Waldorfschule zu gründen, die sich im Schwerpunkt der Frage der schulischen Integration ausländischer Kinder und von Kindern aus eher bildungsfernen Unterschichtmilieus widmen sollte. Damit war die Gründung der Interkulturellen Waldorfschule Mannheim ein reales Projekt.

Über Weihnachten 2000 entstand das Gründungskonzept, in dem die wichtigen Erfahrungen und Erkenntnisse aus den vielen Jahren Hortarbeit aufgegriffen und verarbeitet wurden. Da es sich um eine *Waldorfschule* handeln sollte, sollten auch alle formalen Voraussetzungen erfüllt werden, die für die Anerkennung als Waldorfschule und die Aufnahme in den Bund der Freien Waldorfschulen notwendig sind: Ein erfahrener Waldorflehrer wurde als sogenannter Gründungslehrer gewonnen, ein Gründungskollegium kam zusammen, eine Patenschule wurde gefunden, in Zusammenarbeit mit der Hochschule setzte eine intensive Konzeptarbeit ein, und schließlich wurde die Gründungsinitiative in den «Bund der Freien Waldorfschulen» aufgenommen.

Nun ging es darum, möglichst schnell mit dem konkreten Unterricht anzufangen, denn die neue Schule sollte keine «Kopfgeburt» sein, sondern auf der Basis der vorliegenden Erfahrungen aus dem konkreten Realisierungsprozess entstehen: Die gesamte Gründung wurde als *Lernprozess* verstanden, in dessen Verlauf sich die angemessenen Formen und pädagogischen Elemente herausbilden würden, sofern das Kollegium nur wach genug alle Fragen und Wahrnehmungen, die sich aus dem Schulalltag ergeben, aufgreifen und verarbeiten würde. Denn die über allem stehende Kardinalfrage ließ sich einfach nicht theoretisch beantworten: Ist eine Waldorfschule mit Eltern möglich, die «nicht Rudolf Steiner lesen»? Wie kann man unter völlig anderen als den gewohnten Milieubedingungen Waldorfpädagogik praktizieren?

Die geplante Schule benötigte als Erstes natürlich Schulräume. Hier war es allen Beteiligten nach den Erkenntnissen aus der Kindergarten- und Hortzeit selbstverständlich, dass man sich nicht in einen «bürgerlichen» Stadtteil zurückziehen und hoffen kann, dass die Kinder mit Migrationshintergrund schon dorthin kommen würden, sondern dass man die neue Schule mitten hinein in das Wohnviertel dieser Kinder platzieren muss. Nach längerer Suche fand man dort schließlich einen geeigneten Ort: Räume im ersten Stock eines ehemaligen Möbelverkaufshauses. So kam es, dass die erste Interkulturelle Waldorfschule nicht in idyllischer Umgebung entstand, sondern sich mitten in einem eher urbanen, gewerblichen Umfeld befindet, dafür aber unmittelbar in der gewohnten und vertrauten Umgebung der Migrantenkinder als eine Institution ihres Stadtteils.

Die allmähliche «waldorfpädagogische Aneignung» der nicht

für Schulzwecke gebauten Räume, ihre allmähliche Verwandlung und Veredelung durch gemeinsame Arbeit von Lehrern, Eltern und Schülern ist ein eigenes Kapitel von höchster pädagogischer Relevanz: «Das genau ist unsere Stärke», sagte ein Lehrer im Interview, «wir ergreifen, was auf uns zukommt, und machen etwas daraus!»

Ein weiteres strukturelles Problem, das vom Kollegium für die Schulgründung zu lösen war, betraf natürlich das Geld: Als «Privatschule» unterliegt auch eine Interkulturelle Waldorfschule sämtlichen Bedingungen und Restriktionen des Privatschulfinanzierungsgesetzes, und diese sehen in den ersten Jahren – bis zur «pädagogischen Bewährung» der Schule – finanzielle Wartezeiten und nur sehr eingeschränkte Zuschüsse für den Schulbetrieb vor. Auf der anderen Seite war jedem klar, dass der sonst bei Waldorfschulneugründungen übliche Weg, die Eltern zur Kasse zu bitten, sich in diesem Fall selbstverständlich verbot: Hohe Elternbeiträge, die Forderung nach Elterndarlehen, Elternspenden usw. würden nur dazu führen, dass die Migrantenfamilien ihre Kinder erst gar nicht in diese Schule schicken würden.[17] Interessanterweise wurden viele Förderanträge der Gründer bei einschlägigen öffentlichen Institutionen und privaten Stiftungen abgelehnt – mit dem Hinweis auf die «unklare Finanzierung» des Schulprojekts, dessen Intentionen alle sehr begrüßten! Schließlich gelang es buchstäblich in letzter Minute, eine private Stiftung zu finden, die bereit war, die Unterdeckung während der ersten drei Jahre des Schulversuchs zu finanzieren; andere gesellten sich später dazu. So war es möglich, als Schulgeld einen Beitrag von nicht mehr als 35 Euro im Monat zu verlangen.

Die dritte und ohne Zweifel wichtigste Voraussetzung für die Schulgründung sind die Kinder, die in dieser Schule unterrichtet werden sollen, und der Weg zu ihnen führt über die Elternhäuser.

Die entscheidende Frage in den Monaten vor der Eröffnung der Schule war daher: Würde es gelingen, genügend viele Elternhäuser für diese neue Schule und ihre pädagogische Idee zu gewinnen und dazu zu bewegen, ihre Kinder nicht einfach dem regulären Einschulungsweg zu überlassen, sondern sich bewusst um einen Platz in einer «privaten» Schule zu bemühen?

Da die Schulgründung auf jeden Fall die Erfahrung des Horts beherzigen und jede Form der Ghettobildung vermeiden wollte, stellte sich diese Frage gleich in zweifacher Form: Würden sich genügend Migrantenfamilien finden, die ihre Kinder der neuen Schule anvertrauen würden, und würden sich genügend deutschstämmige Familien finden, die ihre Kinder in einer interkulturellen Schule – also in unmittelbarem Kontakt mit «Ausländerkindern» – erziehen lassen wollten, um das erklärte Ziel der Schule, einen Anteil ausländischer Kinder von 50 Prozent pro Klasse, erreichen zu können?

Glücklicherweise konnte die neue Schule hier ganz unmittelbar von der Vorarbeit des Kindergartens und des Horts profitieren: Als klar wurde, dass es sich gewissermaßen um eine Initiative aus der gleichen Wurzel handelt, kam auch sehr schnell ein – zumindest kleiner – «Grundstock» von ehemaligen Kindergartenkindern bzw. von Geschwisterkindern zusammen, deren Eltern von der Arbeit des Kindergartens und des Horts überzeugt waren. Außerdem erwies sich die – aus organisatorischen Gründen getroffene – Entscheidung als sehr hilfreich, nicht nur mit einer ersten, sondern mit zwei Klassen zu beginnen, wobei in der zweiten Kinder zusammengefasst waren, die altersmäßig in eine zweite und eine dritte Klasse gehörten. So stießen nämlich eine ganze Reihe von ausländischen Eltern zu der neuen Schule, die von den ersten Erfahrungen ihrer Kinder mit der kommunalen Grundschule eher abgeschreckt waren, sowie solche Eltern, deren Kinder aufgrund von Lern- oder Verhaltensproblemen in der Grundschule zu scheitern drohten.

Bei den deutschen Eltern lagen die Schwierigkeiten bemerkenswerterweise ganz anders als zunächst erwartet: Sobald die konkrete Gründungsabsicht der neuen Schule bekannt wurde, setzte auch ein Strom von Bewerbungen deutscher Eltern für ihre Kinder ein – zum Teil sicherlich solcher Eltern, deren Kinder bereits Schulprobleme hatten, zu einem anderen (und größeren) Teil aber auch von Eltern, die für ihre Kinder ganz bewusst den für sie einfach «zukunftsweisenden» Ansatz der Interkulturellen Schule suchten. Um die 50-Prozent-Quote nicht zu gefährden, musste die neue Schule sogar solche Eltern abweisen bzw. auf später vertrösten – ein wahrhaft ermutigendes Zeichen für die Bereitschaft auch vieler deutschen Eltern, sich dem drängenden Zeitproblem der Integration und des Zusammenlebens von Menschen mit vielfältigen kulturellen Hintergründen produktiv zu stellen.

Zuletzt fehlte noch die staatliche Schulgenehmigung. Ihre schriftliche Fassung traf pünktlich ein – am Tag der Eröffnungsfeier.

# 3. Leitbild und Ort der Schule: «Mittendrin»

## Das Leitbild

Es ist schon erwähnt worden, dass die Schuleröffnung auf den 11. September 2003 fiel – auf den Tag genau zwei Jahre nach dem Attentat auf das World Trade Center. Von manchen Beteiligten ist dieser «Zufall» als symptomatisch erlebt worden, er stellte die Gründungsinitiative unmittelbar in einen globalen Zusammenhang. Denn während das Einstürzen der «Twin Towers» ein Geschehen in Gang setzte, das in manchen Weltregionen zu dem vielfach beschriebenen «Kampf der Kulturen» führte, steht die Interkulturelle Waldorfschule, so klein sie auch ist, für einen Gegenentwurf: das Überwinden der sozialen, kulturellen und religiösen Grenzen, das Bemühen, gerade das Andere und Fremde als bereichernd zu erleben. In einer Leitbildarbeit im Herbst 2005 hat das junge Kollegium diese Vision bekräftigt und für den Keim konkretisiert, in dem das größte Entwicklungspotenzial schlummert: für die Erziehung und Bildung der Heranwachsenden – und zwar gerade da, wo es besonders schwierig scheint, an einem sozialen, kulturell heterogenen Brennpunkt. Im Folgenden soll dieses Leitbild zunächst in seinen Grundzügen erläutert und dann als Ganzes vorgestellt werden.

Dass Waldorfpädagogik unter den beschriebenen Bedingungen neu zu buchstabieren war, lebte im Kollegium in intensiver Weise ebenso wie die Auffassung, dass man sich mit einem solchen Bemühen an den Quellort der Pädagogik anschloss, war doch die erste Waldorfschule eine Schule für Arbeiterkinder und entstanden aus einer emanzipatorischen sozialen Bewegung, welche den Abgrund zwischen den sozialen Klassen zu überwinden suchte.[18] Ein Weg ins Ungesicherte war zu gehen, ein tägliches Abenteuer zu bestehen – und entsprechend wurde diese Grundhaltung experimenteller Offenheit zu einem wichtigen Motiv des Leitbildes. Das Kollegium, so wird darin gesagt, orientiert sich weniger an Traditionen oder Vorstellungen, wie «dies oder jenes zu machen ist», als vielmehr an der allgemeinen Menschenkunde, es arbeitet daran, auf dem Hintergrund einer umfassenden Anschauung des Kindes, in der einerseits seine Individualität, andererseits auch seine kulturelle Prägung in den Blick kommt, die konkreten pädagogischen Handhabungen aus dem Wahrnehmen des Kindes und der Geistesgegenwart des Erziehenden entstehen zu lassen.

Dieses Bauen auf die eigene Intuitionsfähigkeit soll auch das soziale Miteinander bestimmen. Als freie Schule wächst die Interkulturelle Waldorfschule vollständig aus der Initiativkraft der Lehrenden – einer Initiativkraft allerdings, die sich an der gemeinsamen Idee orientiert. Die Lehrerinnen und Lehrer verstehen sich als Unternehmer der Schule, ringen aber noch um die rechtliche Form, in der dieses Anliegen sich realisieren lässt. Wichtig ist ihnen zudem, auch in die Zukunft hinein auf die internationale Zusammensetzung des Kollegiums zu achten, kann doch das interkulturelle Element in der Schule nur leben, wenn es auch im Kreis der Lehrenden existiert.

Dass die unternehmerische Kraft des Kollegiums nur die eine Seite des sozialen Geschehens an der Schule sein kann und auf die

Ergänzung durch eine interessierte und engagierte Elternschaft angewiesen ist, war schon den Schulgründern klar. Allerdings zeigten die ersten Erfahrungen besonders mit den ausländischen Eltern, dass es ein langer Prozess hin zu einer gemeinsamen Trägerschaft für die sich bildende Schule sein würde. Insofern wird im Leitbild die Hoffnung auf einen offenen Dialog ausgedrückt und der Wunsch, «dass durch die gemeinsamen Feste, Monatsfeiern und Elternabende die Schule immer mehr zu einer Gemeinschaft wird, in der die Unterschiede von sozialem Status, Kultur und Religion als bereichernd erlebt werden».

Die letzten Sätze der Leitbildformulierung weiten schließlich den Blick über die Schule hinaus in den Umkreis: Die neu gegründete Einrichtung setzt sich zum Ziel, als Nachbarschaftsschule und Kulturzentrum auch auf gesamtgesellschaftlichem Felde Impulse für eine interkulturelle, sozial-integrative Pädagogik zu geben und dadurch eine wirkliche Friedensarbeit zu leisten.

## Leitbild von Kollegium und Vorstand der Interkulturellen Waldorfschule

### Vision

Am Beginn des 21. Jahrhunderts stellt uns die globale Welt vor neue Aufgaben: die Feindschaften und Grenzen zu überwinden, die zwischen Religionen, Kulturen und sozialen Schichten bestehen, unter den Unterschieden das Gemeinsame, in der Vielfalt das Bereichernde, durch das Besondere das Allgemein-Menschliche zu entdecken, trotz allem Trennenden zu einer Menschheit zusammenzuwachsen.

## Unsere Aufgabe

Vor diesem Hintergrund sehen wir die Notwendigkeit, in Erziehung und Bildung anzusetzen und eine Friedenspädagogik zu entwickeln, die an die Stelle des Kampfes der Kulturen Offenheit, Begegnung und Solidarität treten lässt.

Konkret wird diese Aufgabe bei der Integration der Migrantenkinder sowie der Kinder aus schwachen sozialen Schichten – beide Gruppen werden in dem bestehenden Schulsystem nicht in richtiger Weise gefördert.

## Unser Weg

Demgegenüber haben wir begonnen und streben wir an, eine Schule für alle Kinder aufzubauen, unabhängig davon, welcher sozialen Schicht, welcher Religion und Kultur, welchem Bildungsmilieu sie angehören. Jedes Kind soll ermutigt werden, sich selbst zu finden und mit dem Fremden fruchtbar umzugehen. Wegen ihrer zugleich menschlichen und individuellen Orientierung sehen wir in der Waldorfpädagogik die Grundlage für unsere pädagogische Praxis. Dabei knüpfen wir an die sozialen Bestrebungen an, welche die Waldorfschule als Gründungsimpuls in sich trägt; wir wissen zugleich, dass wir im Blick auf die konkrete Situation in Mannheim-Neckarstadt lernen müssen, die Waldorfpädagogik neu zu buchstabieren: offen, beweglich und stets bereit, uns durch die Kinder korrigieren zu lassen.

## Unsere Methoden

Wir wollen die Kinder nicht belehren, sondern ihnen einen Lebensraum schaffen, in dem sie ihre intellektuellen, künstlerischen und praktischen Begabungen in einer lernenden Gemeinschaft entfalten können. Die Anregungen dazu suchen wir in altersspezifischer Weise zu geben. Dabei kommt uns entgegen, dass in der Waldorfpädagogik eine Auffassung vom Menschen lebt, die einerseits das Allgemein-Menschliche hinter allen kulturellen Differenzen sieht, die andererseits aber den Reichtum und die Vielfalt der Kulturen als bedeutsam für die seelische Entwicklung des Kindes betrachtet.

Wir gehen dorthin, wo wir gebraucht werden. Wir interessieren uns für die vielen kulturellen Welten der Kinder und freuen uns an ihrer Vielfalt. Wir suchen unseren Blick zu verfeinern für die individuelle Entwicklungsmöglichkeit jedes einzelnen Kindes.

### Unser soziales Miteinander

Neues kommt in die Welt, indem sich Menschen zu freier Tat verbinden. In diesem Sinn sehen wir uns als freie Schule: Der Einzelne ist eigenverantwortlich tätig im Bemühen, sein eigenes Handeln im Zusammenklang mit der Arbeit der Kolleginnen und Kollegen zu halten. Sosehr gilt, dass jede Initiative heilig ist, sosehr gilt auch: Jeder Initiativträger strebt danach, sich als Glied des Ganzen zu fühlen. Wir verpflichten uns daher zu einer kollegialen Schulführung, die sich durch die Konferenzarbeit realisiert.

Die Gesinnung und Praxis der Selbstverantwortung und Selbstverwaltung sollen ihren Ausdruck finden in der Schulverfassung: Wir verstehen uns nicht als Angestellte, sondern als Unternehmer der Schule. Darüber hinaus streben wir auch für die Zukunft an, ein internationales Kollegium zu bilden, sodass sich die Zielsetzung der Schule auch in der Zusammensetzung des Kollegiums spiegeln kann.

### Unsere Beziehung zu den Eltern

Wir wissen, dass unsere pädagogische Arbeit umso fruchtbarer wird, je intensiver wir den Kontakt zu den Eltern suchen. Dabei streben wir einen offenen Dialog an. Wir verstehen uns nicht als

Autoritäten und die Eltern als Befehlsempfänger, wir verstehen uns und die Eltern vielmehr als Partner im Erziehungsprozess, allerdings mit unterschiedlichen Verantwortungsbereichen. Wir hoffen, dass durch die gemeinsamen Feste, Monatsfeiern und Elternabende die Schule immer mehr zu einer Gemeinschaft wird, in der die Unterschiede von sozialem Status, Kultur und Religion als bereichernd erlebt werden.

### Unsere Beziehungen zum Umkreis

Die Schule verdankt sich einem Umkreis von Freunden, viele blicken erwartungsvoll auf sie hin. Wir streben an, das Geschenkte zurückzugeben, indem wir daran arbeiten, dass die Schule immer mehr an Strahlkraft für das Viertel, die Stadt und die Gesamtgesellschaft gewinnt. Die Interkulturelle Waldorfschule möchte eine Nachbarschaftsschule werden, von der als Kultur-, Freizeit- und Beratungszentrum Impulse für eine interkulturelle, sozialintegrative Pädagogik und damit für eine wirkliche Friedensarbeit ausgehen können.

## Der Ort

Eine der wichtigsten Aussagen des Leitbildes ist diese: «Wir gehen dorthin, wo wir gebraucht werden.» So schlicht der Satz formuliert ist, so treffsicher drückt er eine Grundüberzeugung der Lehrerinnen und Lehrer der Interkulturellen Waldorfschule aus: Wenn man erreichen möchte, dass wirklich alle Kinder einen Zugang zur Schule finden können, dann geht es nicht an, im Grünen zu bauen und zu warten, dass diese Kinder kommen, sondern dann muss die Schule dort sein, wo die Kinder leben. Ein solcher Ort ist gefunden worden, er ist für eine Schule eher ungewöhnlich.

Ein Lidl-Discounter, ein türkischer Supermarkt, ein Asia-Shop, ein Call-Center, ein Fitness-Studio – das ist die unmittelbare Nachbarschaft der Interkulturellen Waldorfschule, und Nachbarschaft meint hier: das nächste Stockwerk. Denn die Schule befindet sich im ersten Stock eines ursprünglichen Möbelverkaufshauses, neuerdings sind noch Räume in einem anderen Teil des Kastenbaus dazugekommen, zu denen man quer über den Hof kommt. Vor dem Gebäude, zur Straße hin, wachsen eine Reihe von Platanen, die ein wenig Leben und Vogelgesang in dieses Szenario bringen. Und hinter den Platanen beginnt ein riesiger Parkplatz, der immer wieder für Verkaufsausstellungen genutzt wird – und vor allem: für die «Mannheimer Mess'», die Kirmes, die im Frühjahr und Herbst ihre Buden öffnet, mit Schießbuden, Schaustellern und einer Vielzahl von Karussells.

Will man diesen Ort charakterisieren, so kann man sagen: Er ist «mittendrin» – und genau so will es das Kollegium.

«Mittendrin» meint hier zunächst: mitten in Neckarstadt-West, einem sozialen Brennpunkt Mannheims mit einem Migrantenanteil von fast 50 Prozent – bei den Kindern noch höher –, einem multikulturellen Mikrokosmos, aber eben auch einem sogenannten Problemviertel: Die Zahl der Arbeitslosen, der Sozialhilfeempfänger, der Straftaten liegt höher als in fast allen anderen Vierteln der Stadt.[19]

«Mittendrin» meint auch, dass die Schule sich nicht abschottet: Handel und Arbeitsleben sind Tür an Tür – und das wird von beiden Seiten akzeptiert und gewollt. Ohne Berührungsängste nehmen die Kinder Kontakt zu den Erwachsenen der Umgebung auf, und in den Pausen lässt sich beobachten, wie Angestellte aus den Büros dem bunten Treiben auf dem Hof zuschauen. Selbst in schwierigen Situationen konnten bisher einvernehmliche Lösungen gefunden werden. Beispielsweise hatten die Mitarbeiter des Call-Centers Probleme mit dem Lärm in den Pausen – sahen aber ein, dass Kinder auch Möglichkeiten brauchen, laut sein zu dürfen. Deshalb waren sie sofort mit einer dankenswerten Initiative des Vermieters einverstanden: Er hat ihnen eine Klimaanlage eingebaut, sodass sie in den Pausen auch im Sommer die Fenster geschlossen halten können, und der Vermieter wird zusätzlich im Schulhof ein schallschluckendes Zeltdach errichten.

Dieses «Mittendrin» hat noch eine dritte Nuance: Die Schule möchte auch von ihrem Erscheinungsbild her nicht völlig anders sein als ihre Umgebung. Schon der Eingang ist bescheiden: eine ganz normale Tür, darüber das Hinweisschild: «Freie Interkulturelle Waldorfschule». Dieser äußere Eindruck setzt sich im Inneren fort. Die Räume, teilweise von Eltern, Lehrerinnen und Lehrern in Eigenarbeit ausgebaut und farbig lasiert, sind freundlich und – wegen der großen Fenster – voller Licht, aber schlicht ausgestattet: Das Mobiliar ist größtenteils von anderen Schulen geschenkt worden und dementsprechend vielfältig. Aus einfachen Mitteln etwas zu machen – das ist die Devise.

Das meint aber nicht: alles so lassen, wie es ist. Besonders schön wird das im Schulhof sichtbar. Ursprünglich eine kahle, gepflasterte Fläche, ist er inzwischen durch vielfältige Einsätze von Schülern, Eltern und Lehrern in eine kleine Oase verwandelt worden: Birken sind gepflanzt worden, am Rande wachsen in formenreich angelegten Beeten Sträucher und Blumen. Ein großer Sandkasten mit einem Klettergerüst und einer Schaukel laden zum Spielen ein, es gibt Balken zum Balancieren, Seile zum Springen, einen Basketballkorb – und wer die Kinder in den Pausen beim Spielen beobachtet, der spürt sofort, wie wichtig der Ort für ihre Entwicklung ist. Vielleicht ist deutlich geworden, dass Ort und Erscheinungsbild der Schule etwas von ihrem Anliegen ausdrücken: Sie will offen sein für alle, aber in dieser Offenheit auch gestalten, was sinnvoll und notwendig ist.

Eine Geste tief greifender Bejahung liegt in der Art, wie die Interkulturelle Waldorfschule sich ins Leben stellt. Es wird akzeptiert, was ist, gerade auch mit seinen problematischen, hässlichen und schwierigen Aspekten. Dieses Gegebene wird zunächst hingenommen und gewürdigt, um dann in einem Prozess kreativer Aneignung allmählich verwandelt zu werden. Das eigene Anliegen wird nicht abstrakt implantiert, sondern entfaltet sich im Medium der Begegnung mit den Bewohnern des Stadtviertels – vor allem natürlich mit den Kindern. Diese werden im nächsten Kapitel vorgestellt.

# 4. Die Kinder: kulturelle und soziale Vielfalt

Einen ersten Eindruck von den Kindern der Interkulturellen Waldorfschule hat die Journalistin Hannah Dotzauer von der Zeitschrift *Das Goetheanum* bei einem Besuch in Mannheim-Neckarstadt bekommen und anschaulich geschildert:

«Über eine breite Treppe, die trotz der ungewöhnlichen Umgebung an eine Schultreppe erinnert, gelange ich in den ersten Stock: Ein großer Raum mit gelben Wänden, eher schon eine Halle, bildet das Zentrum des Stockwerks. Von hier aus führen Türen in die Klassenzimmer, aus denen ich Gemurmel, Gesang und einzelne Rufe vernehme. Eine Schulglocke gibt es offensichtlich nicht, denn plötzlich öffnen sich die Türen ohne Vorwarnung, und von allen Seiten stürzen unter ohrenbetäubendem Lärm unzählige Kinder unterschiedlicher Herkunft begeistert auf mich zu.

Woher kommst du? Wie heißt du? Was machst du hier? Alle rufen durcheinander, zerren an meinem Schal und meinem Mantel und reden auf mich ein. Ein Mädchen nimmt mich sofort bei der Hand und zählt in rasender Geschwindigkeit die Namen aller Kinder auf, die zu sehen sind. Nachdem ich ihr erklärt habe, warum ich gekommen bin, ist Yeliz aus der dritten Klasse völlig aus dem Häuschen. Sie ergreift meine Hand und zieht mich quer durch den Raum, während sie den anderen Kindern lautstark verkündet: ‹Sie ist von der Zeitung! Sie schreibt einen Artikel über mich!›»[20]

An dieser Schilderung wird Charakteristisches deutlich: Die Kinder sind temperamentvoll, spontan, offen – und vor allem: sehr verschieden. Da ist beispielsweise K. Dieser Junge ist ein deutsches Kind aus der Schicht, bei der die deutschen Politiker sich streiten, ob man sie Unterschicht nennen darf. Er ist schmal, blass, mit knochiger Gestalt und dünnen Fingern. Sieht man ihn gehen, so ist der Kopf voraus, Beine und Füße, Arme und Hände werden nachgezogen.

K. ist ausgesprochen empfindlich und dünnhäutig, bei Turbulenzen zieht er sich sofort zurück. So verbrachte er anfangs Teile des Unterrichts unter der Bank, auf dem Boden. Man kann sich vorstellen, dass ein Fach für ihn besonders schwierig war: die Handarbeit. Wolle zu wickeln war ihm unmöglich – und als er einmal alles hoffnungslos verheddert hatte, fand er die Lösung: Er schnitt den Faden einfach durch!

Für ein Gebiet aber hatte er von vornherein ein reges Interesse und auch die entsprechenden Kenntnisse: für die Fahrpläne des öffentlichen Nahverkehrs. Immer hat K. Fahrplanausdrucke und Heftchen bei sich. Er kennt jede Haltestelle im Umkreis von zwanzig Kilometern, und als die Klasse – es war in der vierten – eine Fahrt nach Dänemark machte, war er ein zuverlässiger Auskunftgeber für die Abfahrtszeiten der Züge und sogar für die Fähre nach Dänemark.

In jüngster Zeit, in der fünften Klasse, hat K. einen Riesenschritt gemacht, und zwar in Handarbeit. Im Rahmen des Nähunterrichtes sollten die Schüler einen Beutel anfertigen, auf dem sie ein Bild eigener Wahl sticken durften. K. hatte plötzlich die Idee, auf seinen Beutel eine Straßenbahn zu sticken. Erst fertigte er zu Hause eine Zeichnung an, und dann stickte er mit einer Riesengeduld tatsächlich eine Straßenbahn auf seinen Beutel. Endlich hatte sich der so langlebige und zähe Knoten gelöst.

Vollständig anders: A., ein Mädchen aus dem Kosovo. Sie ist ein wenig pummelig, aber ein wahres Kraftpaket – mit ihrer Stimme kann sie mühelos den Schulhof beschallen. Auf der Klassenfahrt zeigte sie ihre wahren Fähigkeiten: «Wenn man sie auch nur ein wenig ansprach und lobte», so ein Betreuer, «schaffte sie wie ein Ackergaul und putzte ein halbes Haus oder schnippelte in Windeseile zehn Kilo Gemüse klein oder zauberte ein herrliches, pappsüßes Dessert aus Bananen und Honig, welches die Klasse gierig verschlang. In der Putz- und Haushaltsgruppe wurde sie einmal ziemlich keck und schnüffelte in den Sachen der Jungen herum. Ich entschloss mich zu einem kontrollierten, aber doch ziemlich heftigen Wutausbruch und schlug mit der Faust auf einen Holztisch, dass das Geschirr klapperte. Sie schaute mir eine halbe Sekunde in die Augen, lächelte kurz und machte sich dann wieder an die Arbeit.»

Eine interessante Situation ergab sich, als ihr dieser Betreuer einmal zeigen wollte, wie man mit Putzlappen und Schrubber so umgeht, dass keine Pfützen auf dem Dielenboden bleiben. Denn da protestierte sie lautstark: «Das brauchen Sie mir nicht zu zeigen, ich bin auch eine Frau!» Es war ihr völlig selbstverständlich, dass nur Frauen solche Arbeiten machen!

Oder da ist D., ein türkischer Junge mit einem ziemlich dunklen Teint, braunen Augen und einem rundlichen Gesicht. Er ist immer gut gelaunt und lacht viel und laut. Er hat größte Probleme, einige Minuten still zu sitzen und den Mund zu halten, dabei kann er ziemlich schlitzohrig sein. Einmal, im «begegnungssprachlichen Unterricht», ermahnte ihn der Türkischlehrer sehr ernst auf Türkisch. Da aber protestierte D. laut und aufgeregt: «Ich bin kein Türke, ich bin Deutscher!»

Eine Studentin, die ihn gelegentlich nachmittags betreut, hatte er schnell in sein Herz geschlossen, ihr berichtete er auch von seinen Erfahrungen an seiner vorangehenden Schule, und zwar in Form einer kleinen Geschichte: «Ein kleiner Blaubarsch, der spielte im Meer. Er kämpfte oft mit den Quallen. Der Blaubarsch musste immer in die Schule. Dort schlug er sich immer und hatte Ärger mit der Lehrerqualle. Der kleine Blaubarsch war deshalb total sauer und ging heim und weinte. Seine Blaubarscheltern sagten: ‹Der wird was erleben. Der kriegt was auf die Fresse ...!› Der kleine Blaubarsch durfte aber die Schule wechseln, und da war eine gute Lehrerqualle. Eines Tages kam eine gute Studentenqualle, die spielte und übte mit dem kleinen Blaubarsch. Die kommt immer wieder ...!»

So ließe sich lange weitererzählen: von E. aus den USA, A. aus Polen, H. aus Südkorea und natürlich von den vielen deutschen Mädchen und Jungen. Aber vielleicht reichen die Beispiele aus, um zu verdeutlichen: Das zentrale Charakteristikum der Kinder an der Interkulturellen Waldorfschule ist ihre Verschiedenheit, und eigentlich wehrt sich etwas in einem, diese vielen Individualitäten in Gruppen und Zahlen zusammenzufassen.

Dennoch soll ein gewisser Überblick über die zahlenmäßige Zusammensetzung der Schülerschaft vermittelt werden: Im Schuljahr 2006/2007 gingen 152 Kinder in die sechs Klassen, jede Klasse hat etwa 25 Kinder. Etwa die Hälfte der Kinder hat einen Migrationshintergrund, das heißt, sie sind entweder selbst im Ausland geboren oder mindestens einer ihrer Elternteile. Von diesen Kindern haben die weitaus meisten einen türkischen Hintergrund, die anderen Eltern stammen aus Polen, Russland, dem zerfallenen Jugoslawien, Spanien, China, Südkorea ... – insgesamt aus elf Nationen. Dabei wohnen bis auf zwei oder drei alle Kinder in Neckarstadt-West oder den unmittelbar angrenzenden Vierteln – die Schule ist also eine echte Stadtteilschule.

So unterschiedlich die kulturellen Kontexte der Kinder sind, so verschieden ist auch ihre soziale Lage. Nimmt man hier die schulische und berufliche Bildung der Eltern als Indikator, so lässt sich sagen: Bei etwa 40 Prozent der Kinder hat zumindest ein Elternteil einen Hochschul- oder Fachhochschulabschluss, und bei etwa 60 Prozent der Kinder verfügt keiner der beiden Elternteile über einen (fach-)akademischen Abschluss.[21]

Damit lässt sich sagen, dass die Schule sich genauso entwickelt hat, wie es ursprünglich geplant war: Sie ist eine wirkliche Stadtteilschule, und sie ist eine Schule für alle Kinder – welchem kulturellen, welchem sozialen Hintergrund sie auch angehören.

Dazu kommt noch eine Besonderheit, die im realen Schulgeschehen einiges Kopfzerbrechen bereitet, aber doch gerade für Kinder aus bildungsfernen Schichten typisch ist, vor allem wenn sie einen Migrantenhintergrund haben: Von den etwa 100 Kindern, die im Schuljahr 2005/2006 die Schule besuchten, hatten 40 Prozent Lernprobleme, das heißt, sie brachten zumindest eines der folgenden Hindernisse mit: eine Empfehlung für eine Sonderschule; ein offiziell attestiertes Lernproblem wie ADS oder Legasthenie; soziale Verhaltensauffälligkeiten; die Perspektive, am Ende des Schuljahres sitzen zu bleiben.

Soweit also ein erster quantitativer Überblick. Näheres dazu findet sich im Anhang.

Wie aber lässt sich die Schülerschaft qualitativ charakterisieren? Vielleicht darf als ein Kennzeichen eine respektlose Frische, gepaart mit kräftigem Selbstbehauptungswillen, genannt werden. Das, was früher als Respekt, Schüchternheit oder Demut dem Erwachsenen gegenüber vorhanden war, ist kaum zu beobachten. Nun ist das sicher ein Zug, der für die gegenwärtige Schülergeneration insgesamt typisch ist. Aber in Neckarstadt-West ist er deutlicher ausgeprägt. Erwachsene werden als Autorität nicht fraglos anerkannt, sie müssen sie sich erst aufbauen.

Ein neu beginnender Lehrer schildert: «Als ich das Lehrerpraktikum gemacht habe, hatte ich nie Probleme mit der Disziplin. Dann komme ich hierher, so korpulent, wie ich bin, und ein Kind der ersten Klasse sagt zu mir: ‹Ich mach das nicht!› Da stehe ich und denke: ‹Das kann nicht wahr sein!› Das Kind ist gerade mal 1,30 groß, steht mir gegenüber und sagt: ‹Ich mach' das nicht.› Da bin ich auf einen Schlag mit tausend Fragen konfrontiert ...»

Solche und ähnliche Erlebnisse werden immer wieder berichtet, etwa wenn ein anderer Erstklässler der Musiklehrerin gegenüber in aller Deutlichkeit feststellt: «Du bist nicht meine Mutter! Ich brauch' dir nicht zu gehorchen.»

Teilweise hängt diese Schwierigkeit, von Beginn an als Autorität anerkannt zu werden, auch mit den sprachlichen Verständigungsschwierigkeiten zusammen, die gegenüber einem Teil der Migrantenkinder bestehen und schnell ausgenutzt werden. Ein Projektlehrer: «Ich habe im Praktikum 44 Kinder unterrichtet, und wenn ich gesagt habe: ‹Rechts!›, dann gingen die alle rechts, ohne zu wissen, warum. Einzelne waren vielleicht ein bisschen langsamer ... Wenn ich hier sage: ‹Rechts!›, dann machen das drei, und zwanzig fragen: ‹Wie?› oder gehen provozierend nach links. Denn das nehmen die deutschen Kinder schnell auf – diese Freiheit.»

Damit steht derjenige, der in Neckarstadt-West pädagogisch tätig werden möchte, zunächst vor einem Nullpunkt: Weder auf Traditionen noch auf Gewohnheiten kann aufgebaut werden. Allerdings gibt es eine seelische Schicht der Kinder, an die unmittelbar angeknüpft werden kann: Gerade viele Migrantenkinder tragen ein ungeheures Willenspotenzial und starke Gemütskräfte in sich. «Die weitesten Herzen – von der Ausstrahlung her –, die weitesten Seelen haben einfach die ausländischen Kinder. Demgegenüber sind die deutschen Kinder ein wenig schmaler, ein wenig kühler ...», berichtet eine Projektlehrerin.

Nicht über den Intellekt sind diese Kinder anzusprechen, sondern über das Tun – sobald es gelingt, sie in ein übendes Element oder einen Arbeitsvorgang einzuführen, können sie Großartiges leisten. Allerdings ist stets darauf zu achten, dass dieser Wille seelisch eingebunden bleibt und sich nicht verselbstständigt. Das Toben und Treten ist gerade bei vielen Kindern, die noch nicht lange in der Schule sind, eine stets latente Gefahr.

Nun hat die Notwendigkeit, am Nullpunkt anzusetzen, auch einen für eine interkulturelle Schule unschätzbaren Vorteil: Nationale und kulturelle Unterschiede machen die Kinder kaum.

«Wir können bei den Kindern nicht erleben, dass sie sagen: ‹Der ist Türke, der ist Albaner oder Deutscher.› Die sagen: ‹Der ist dick, der ist langsam, der ist zu schwer zum Springen ...›», stellt ein Lehrer fest, und diese Aussage wird von seinen Kolleginnen und Kollegen vielfach bestätigt. Zumeist steht der Hinweis auf das Nationale in Selbstaussagen für das, was die Kinder von «zu Hause» an Gutem mitbringen: «Bei uns in Albanien ...» oder: «Wir Türken ...» heißt es dann, besonders auch: «Ich ess' das nicht, mir schmeckt nur türkisches Essen.»

Gerade der letzte Satz weist auf etwas hin, was allerdings immer wieder vorkommt: Das Nationale wird gern instrumentalisiert, um ganz persönliche Interessen und Meinungen durchzusetzen. Ein Schüler mag die englische Sprache nicht, und ganz schnell ist «Englisch blöd», und ein anderer kontert: «Türkisch, bäh!» Wer jemanden beschimpfen möchte, auch wenn er normalerweise mit ihm befreundet ist, holt gelegentlich die nationale Keule heraus: «Dummer Pole!» Insgesamt gesehen aber sind das Ausnahmen, und das Kollegium hütet sich in solchen Situationen, allzu stark darauf einzugehen, um das nationale Element nicht hochzuspielen und damit zu verfestigen.

So wenig die kulturelle Differenz zwischen den Kindern eine Rolle spielt, so deutlich ist andererseits, dass manche vom Elternhaus eine bestimmte Prägung mitbringen. Besonders auffallend ist das bei einigen Jungen, die sich gern als «Pascha» aufführen und nicht gewohnt sind, in der Küche mit anzufassen. In diesen Fällen ist pädagogisches Fingerspitzengefühl gefordert. Denn einerseits wäre es schlecht, ihnen zu erklären: «Was euer Vater euch erzählt und was ihr zu Hause lebt, ist alles Unsinn, weil wir hier in Deutschland anders leben.» Andererseits ist es wichtig, dass sie wie alle anderen auch den Küchendienst machen. Ein Lehrer schildert, welchen Ausweg er in einer konkreten Konfliktsituation gefunden hat: «Damals habe ich wirklich einen Kompromiss mit dem Jungen gemacht. Denn er hat gesagt: ‹Ich habe keine Hände, ich kann keine Tassen tragen!› Da habe ich geantwortet: ‹Gut, aber du hast einen großen Mund.› Und er sagte ganz stolz: ‹Ja, hab ich.› – ‹Gut, dann mach den Mund auf!› Dann hab ich ihm den Griff der Tasse in den Mund gelegt und gesagt, er soll zubeißen. Auf diese Weise hat er fünfzehn Tassen mit dem Mund getragen.»

Sicherlich ist ein solches Vorgehen aus zahnärztlicher Sicht problematisch, es ist ein Notbehelf, der hiermit nicht zur Nachahmung empfohlen werden soll. Doch kann das Beispiel vielleicht andeuten, wie es in der Schule in einer konkreten Situation immer wieder darauf ankommt, fantasievoll zu agieren.

Besonders notwendig ist das im Umgang mit manchen Schwierigkeiten, mit denen vergleichsweise zahlreiche Kinder schon in die Schule kommen. Von den Aufnahmen wird immer wieder berichtet, dass Kinder nicht richtig rückwärts gehen, balancieren, seilhüpfen oder einen Ball fangen können: Durch zu vieles Stillsitzen hat sich das Gefühl für die Koordination der Glieder nicht richtig ausbilden können. Daraus ergibt sich die pädagogische Aufgabe, gerade in den unteren Klassen den Bewegungs- und Gleichgewichtssinn zu schulen.

Ausgeglichen werden müssen selbstverständlich ebenfalls die sprachlichen Defizite, welche viele Migrantenkinder – und übrigens auch manche deutschen Kinder – im Verständnis der deutschen Sprache und im eigenen Sprechen beim Wortschatz und der Grammatik mitbringen. Wie die Schule mit diesen Schwierigkeiten umgeht, wird in nachfolgenden Kapiteln dargestellt.

Ein besonderes Problem stellen die Konzentrationsschwächen mancher Kinder dar: Es ist ihnen unmöglich, länger als wenige Minuten die Aufmerksamkeit auf ein Thema oder eine Tätigkeit zu richten. In zahlreichen Fällen spielen hier außerschulische Einflüsse hinein: Gegenüber dem Fernsehen und Computerspielen herrscht in Familien gerade der Unterschicht ein gänzlich unkritisches Verhältnis. Aber auch Auseinandersetzungen in den Familien, Trennungen und Scheidungen spielen eine Rolle: «Das geht nicht an den Kindern vorbei. Da können die besten Kinder kippen. Die schaffen das gar nicht, bis zum Weinen im Unterricht», bemerkt eine Lehrerin – eine Feststellung, die von ihren Kolleginnen und Kollegen bestätigt wird.

Verbunden mit den Konzentrationsschwächen ist ein Phänomen, das in der Interkulturellen Waldorfschule gerade in den unteren Klassen vermutlich stärker auftaucht als in anderen Waldorfschulen: Manche Kinder – quer durch die sozialen Schichten und Kulturen hindurch – sind schnell aggressiv und neigen dazu, andere zu schlagen oder zu treten, manchmal aus kleinsten Anlässen. Auch bei solchen Verhaltensweisen stehen oft Eindrücke vom Fernsehen, von Filmen und besonders vom Umgang mit «Killerspielen» im Hintergrund. Es gibt Kinder, die stark von Waffen fasziniert sind und dementsprechend pantomimisch um sich schießen, sobald sie in die Schule kommen. In der Pause wird dann Krieg gespielt: Handgranaten fliegen virtuell durch die Luft und detonieren mit entsprechenden Geräuschen, und die «Kämpfer» rollen sich weg mit genau den Bewegungen, die sie im Film oder im Computerspiel gesehen haben. Im Hauptunterricht werde er manchmal fünfmal «erschossen», bemerkt ein Klassenlehrer – in der Seele liegen Eindrücke vom Vorabend, die abreagiert werden. Da nutzt es wenig, die Kinder dauernd zu ermahnen. Besser ist es, wenn so etwas in der ersten Klasse geschieht, sie nahe zu sich zu holen, ihnen über den Kopf zu streichen, sie allmählich zu beruhigen und in die Stimmung des Unterrichts eintauchen zu lassen.

Manchmal ist es auch so, dass Kinder Opfer oder Zeugen von Gewalt geworden sind. Wer aber, auf der Straße oder zu Hause, verprügelt wird oder erleben muss, wie der Vater die Mutter schlägt, neigt selbst dazu, Gewalt anzuwenden. Angesprochen, warum er so oft zuschlage, erwidert ein Junge: «In der vorherigen Schule bin ich von den Älteren immer verdroschen worden, und sie waren meistens noch mehrere. Ich habe mir deshalb vorgenommen, dass mir das in der neuen Schule nicht mehr passieren wird und ich vorsichtshalber als Erster zuschlagen werde.»

Eine solche Reaktion ist typisch – andere Konfliktlösungsstrategien sind zunächst nicht bekannt. Das Schlagen ist, das muss man sich als Pädagoge immer wieder klarmachen, also zumeist nicht ein Zeichen von Stärke, sondern gerade umgekehrt von Schwäche, es ist die unter vielen Kindern des Stadtviertels übliche Art, sich zur Wehr zu setzen, wenn einem die Worte ausgehen.

Das Empfinden, angegriffen zu werden, das Gefühl einer untergründigen Angst lebt besonders stark in den Kindern, die als «Quereinsteiger» schon Erfahrungen von anderen Schulen mitbringen. «Alle Kinder, die gekommen sind, hatten ganz starke

Ängste. Das ist ein Hauptpunkt, den man bei der Aufnahme merkt. Denn sie hatten natürlich alle in der Schule Schwierigkeiten: Rechenschwächen, soziale Probleme, ein Mädchen hat gar nichts mehr gemacht, hat alles verweigert. Ein anderes – sie ist schon zehn Jahre alt – hätte die zweite Klasse zum zweiten Mal wiederholen sollen ... Ein Junge bekommt immer Bauchschmerzen, wenn es ans Rechnen geht ...» So der Bericht eines Klassenlehrers.

In solchen Kindern treten die Folgen eines mit Leistungsdruck und Selektion arbeitenden Schulsystems erschreckend deutlich zutage: Sie blockieren zunächst, und es braucht eine Weile, bis sie auftauen und Freude am Lernen bekommen.

Es kommt auch vor, dass Kinder vernachlässigt werden, weil die Eltern mit einer Fülle von Problemen – Arbeitslosigkeit, Alkoholismus, wirtschaftlichen Notlagen – schlichtweg überfordert sind. Dann steht so ein Kleiner selbstständig auf und kommt mit dem Bus allein zur Schule. «Eiskalte Händchen ... Frage ich: ‹S., hast du gefrühstückt?› – ‹Nein.› Da bekommt er erst mal einen Tee, er darf ihn auch im Unterricht trinken. Das wissen die anderen schon. Da fragt dann keiner: ‹Darf ich auch frühstücken?› Das bekommen die Kinder schon mit. Ich habe immer ein Knäckebrot da, ein bisschen Honig darauf, sodass ich ihn erst einmal auf den Boden bringe. Wenn er dann ‹geerdet› ist, ist er nicht mehr zu bremsen ... Er ist ein sehr intelligentes Kind, schafft alle Aufgaben ... Die Führung des Epochenheftes ist gut, er malt schön ... Also, er ist ganz gerne hier, wenn er sich auch manchmal selbst im Weg ist mit seinem Zorn und mit den Ausbrüchen, die er hat. Und so klein, wie er ist, er weiß genau: Hier ist mein Platz und da will ich sein!»

Eine solche Schilderung einer Klassenlehrerin kann vergegenwärtigen, welche Kraft manchmal gerade in Kindern lebt, die in einer schwierigen, chaotisierten Umgebung aufwachsen: Sie wissen sich durchzusetzen und entwickeln eine enge Bindung zur Schule, die für sie zu einer neuen Heimat geworden ist.

Neben solchen Kindern, die sich durch eine enorme Willenskraft auszeichnen, gibt es aber an der Interkulturellen Waldorfschule auch intellektuelle Hochbegabungen. Ein Klassenlehrer über einen südkoreanischen Jungen aus der 3. Klasse: «Der kann einem alle Planeten nennen und ihre Bahnen aufzeichnen, der weiß über die ISS Bescheid und sagt einem sämtliche Fußballergebnisse beim WM-Viertel- und Halbfinale ... Ein kenntnisreicher und reflektierender Typ. Vom Lernen her Spitze. Natürlich schön, mit ihm zu arbeiten, weil es einfach auch schnell geht.»

Oder über ein anderes Kind: «Der kann einfach alles. Er schaut hin und hat die Rechnung gerechnet ... Allerdings, wenn etwas nicht gelingt, kann er explodieren! Bei Spiegelungsformen, bei denen es manchmal schiefgeht, kann er richtig verzweifeln an sich selber! Dann schmeißt er das Heft durch die Klasse oder schlägt einfach irgendjemanden, weil er einen solchen Überdruck in sich hat, dass es losgeht.»

Man sieht: Hochbegabung kann auch problematisch sein, hier stellen sich ebenfalls pädagogische Aufgaben.

Unter einem anderen Aspekt wird das noch einmal deutlich, wenn man auf die ganz unterschiedlichen Temperamentslagen sieht, die in einer Klasse zusammentreffen. Da gibt es etwa ein phlegmatisches Kind, das provozierend bockig sein kann. Der Klassenlehrer, mit leisem Stöhnen: «Wenn ich sage: ‹Steh' mal auf!›, bleibt er sitzen. Er bleibt sitzen und merkt, wie ich innerlich möglicherweise – wenn ich nicht gelassen bin – einfach anfange zu vibrieren. Kann ich mich beherrschen, beginne ich erneut: ‹C., bist du geneigt, einen Fuß so hinzustellen, dass man meinen könnte, er steht jetzt auf?› Das kann sehr lange gehen. Und es ist eine harte Übung für einen Lehrer, das auszuhalten. Wenn man es aber schafft, dann hat man für den Tag gewonnen, und gewonnen hat man letztendlich die Bereitschaft C.'s, sich auf die Dinge einzulassen.»

So das eine Extrem. Aber auch der andere Pol ist vorhanden, etwa bei einem farbigen Jungen: «Die Augen leuchten, er kann Breakdance, er schlägt Räder, macht Handstand, Salto, ist wahnsinnig quirlig. Er spielt Basketball mit den typischen Bewegungen, wie ein NBA-Spieler eben einen Basketball bewegen kann. Es ist unglaublich, was er für ein Bewegungstalent hat.»

Damit kehren wir zurück zum Motiv der völligen Verschiedenheit der Kinder, das schon am Anfang dieses Kapitels stand – eine Verschiedenheit, welche den sozialen und kulturellen Hintergrund, die Begabungslage und die Temperamente umschließt. Und es erhebt sich die Frage: Wie kann mit solchen Kindern, wie kann mit solch einer Heterogenität umgegangen werden?

In den nächsten Kapiteln soll versucht werden, einige Mosaiksteine zu einer Antwort zusammenzutragen. Dabei blicken wir zunächst auf das Kollegium, das sich dieser Aufgabe stellt, dann auf einige Schulstrukturen, die den notwendigen Rahmen für das pädagogische Handeln bilden, schließlich auf den Unterricht selbst.

# 5. Das Kollegium: Internationalität und interkulturelle Kompetenz

Was sind das für Lehrer, die sich diesen Kindern und den mit ihnen verbundenen Aufgaben stellen? Die sich bewusst entschieden haben, mit einer kulturell und sozial sehr heterogenen Schülerschaft waldorfpädagogisch zu arbeiten und den möglichen Beitrag der Waldorfpädagogik zur Integration von Migrantenkindern praktisch zu erforschen?

Die Klassenlehrer – im Schuljahr 2006/2007 eine Frau und fünf Männer – haben alle eine reguläre Ausbildung zum Waldorf-Klassenlehrer durchlaufen, allerdings bringen nur zwei von ihnen eine langjährige Erfahrung von anderen Waldorfschulen mit. Alle erfüllen ein volles Deputat und bilden so das Rückgrat des Kollegiums. Irgendwelche formale Zusatzausbildungen im Hinblick auf die Tätigkeit an einer interkulturellen Schule hat keiner von ihnen absolviert (und vermisst das auch nicht).

Die Fachlehrer – zur selben Zeit insgesamt zehn, darunter zwei Männer – sind als Sprach-, Musik- oder Handarbeitslehrer oder im Projektunterricht tätig. In der Regel haben sie eine Waldorf-Zusatzausbildung für ihre Fächer, davor eine gründliche Fachausbildung und oft auch eine staatliche Fachlehrerausbildung. Die Unterrichtserfahrung ist sehr unterschiedlich, ebenso die Zahl der Unterrichtsstunden – ihr Deputat reicht von der Vollanstellung bis zu zwei oder drei Wochenstunden. In der Regel haben auch diese Lehrer keine «interkulturellen» Zusatzausbildungen absolviert, obwohl man bei ihnen schon mal einen Lehrgang «Deutsch für Ausländer» finden kann. Insoweit handelt es sich um ein ganz «normales» Kollegium einer Waldorfschule im Aufbau. «Spezialisten» für interkulturelle Pädagogik gibt es nicht.

## Interkulturelle Kompetenz

Betrachtet man die Lebensläufe der Klassenlehrer etwas genauer, kann einem allerdings auffallen, dass viele von ihnen erst einmal einen anderen – meist handwerklichen oder industriellen – Beruf erlernt und einige Jahre ausgeübt haben, bevor sie Lehrer wurden. Sie bringen also nicht nur Lebenserfahrung aus außerschulischen Bereichen mit, sondern auch eine gewisse Kenntnis des Milieus, in dem die Eltern der Kinder ihrer Klassen arbeiten. Weiter fällt bei den Klassenlehrern eine gewisse Vorerfahrung mit pädagogischer Arbeit mit Kindern aus sogenannten bildungsfernen Schichten auf. Und obwohl fast alle Klassenlehrer – bis auf eine Ausnahme – aus Deutschland stammen, hatten einige früher eine überdurchschnittliche Berührung mit fremden Kulturen: Der eine hat ein längeres Praktikum in Kroatien gemacht und sich beruflich einige Zeit in Rumänien aufgehalten, der andere hat ein halbes Jahr in Indien gelebt und war längere Zeit in Indonesien und Thailand, ein dritter unterrichtete eineinhalb Jahre in Namibia, und einer, der sein Leben im Wesentlichen unter Badenern zugebracht hat, behauptet, dass dies für ihn überhaupt die beste Vorbereitung auf den Umgang mit fremden Ethnien und Kulturen gewesen sei …

Die Fachlehrer bringen dann die besondere Farbe der *Internationalität* in dieses Kollegium, denn sie kommen aus Brasilien, England, Russland, Polen, der Türkei, Bosnien und Spanien, stammen meist von dort oder sind dort aufgewachsen und oft erst später in ihrem Leben nach Deutschland gekommen. Zwar sprechen sie alle sehr gut Deutsch, aber nach ihrer Herkunft und ihren Muttersprachen bieten sie eine ähnliche Sprachen- und Kulturvielfalt wie die Kinder, denn über 50 Prozent der Fachlehrer sind «nichtdeutscher» Herkunft. Kulturell spiegelt das Kollegium somit die Heterogenität der Schülerschaft – eine überaus bedeutungsvolle Tatsache.

Denn zunächst einmal heißt das: Etwa die Hälfte der Lehrerinnen und Lehrer hat selbst ein Migrantenschicksal erfahren. Sie haben eine vertraute Kultur verlassen und mussten sich in einer neuen Kultur zurechtfinden. Sie wissen, was es heißt, die Sprache des neuen Umkreises nicht richtig zu sprechen, zwischen der alten und der neuen Kultur zu stehen, die Unsicherheit zu erleben und das Gefühl, nirgends richtig hinzugehören. Zweifellos spielt dieses Migrantenschicksal in einem anderen sozialen Milieu als das der Kinder, und deshalb sind den meisten der ausländischen Lehrer auch deren Erfahrungen mit Diskriminierungen und Fremdenfeindlichkeit erspart geblieben, aber die Grunderfahrung, nicht von einer selbstverständlichen Tradition getragen zu sein, sondern auf sich selbst gestellt neue Wurzeln schlagen zu müssen, haben sie gemeinsam. Das gilt für die polnische Lehrerin, die 1988 ohne ein Wort Deutsch zu sprechen nach Deutschland kam und hier studieren wollte, oder für die Englischlehrerin mit englischem Pass, die zwar schon als Dreijährige mit ihrer Familie nach Deutschland gekommen ist, aber noch heute das Gefühl hat: «Ich bin diejenige von meinen Geschwistern, die nicht richtig in beiden Sprachen lebt.» Das gilt ebenso für die brasilianische Musiklehrerin, die sich in ihren ersten zehn Jahren in Deutschland als Freiberuflerin in einem Orchester durchbeißen musste, oder für die russische Kollegin, die in Russland Leiterin einer Sonderschule war, auch wissenschaftlich gearbeitet hat und hier beruflich wieder ganz von vorne anfangen musste. Und es gilt für den bosnischen und den türkischen Lehrer, die freiwillig nach Deutschland gekommen sind, um hier Waldorfpädagogik kennenzulernen, zu studieren und sich ein neues Leben aufzubauen. So viele ausländische Kollegen, so viele Migrationsformen und vor allem: so viele Wege, dieses Schicksal zu bewältigen. Jedem von ihnen dürfte es leicht fallen, nicht «über» Migration zu reden, sondern auch die verborgenen Nöte und Hoffnungen von Kindern mit Migrationshintergrund nacherlebend zu verstehen.

## Das interkulturelle Kollegium

An der Interkulturellen Waldorfschule zu arbeiten bedeutet also, in einem interkulturellen Kollegium zu arbeiten. So, wie die Schüler ganz selbstverständlich lernen müssen, mit ihrer kulturellen, sprachlichen und religiösen Verschiedenheit umzugehen und sie als Tatsache zu berücksichtigen, so müssen dies auch die Lehrer tun. Der bosnische Lehrer schildert seine Großmutter: «Die war gläubige Muslimin, ich war oft bei ihr. Wir haben in meiner Kindheit in Kroatien gelebt und sind dann oft nach Bosnien zu Besuch gekommen. Sie hat fünfmal am Tag gebetet. Ich habe das nie gesehen, sie hat es für sich praktiziert. Ich stamme aus einer Familie, zu der Serben, Kroaten, Juden und Muslime gehören. Für meine Großmutter war wichtig, dass das keinen Einfluss auf die Kinder hat ... Die schönsten Erinnerungen aus der Kindheit waren, dass wir immer alle Feste gefeiert haben. Dass die einen in ihrem Haus den Ramadan vorbereitet haben, während für mich das Muslimische fremd war. Ich bin immer gekommen und dachte: Die essen den ganzen Tag nicht, das war mir ein bisschen komisch ... Aber auch Weihnachten habe ich erlebt, mit allem, was dazugehört ... Das ist der Grund, warum ich mich hier in der Schule wie zu Hause fühle.»

Diese Interkulturalität ist etwas, das wohl keiner aus dem Kollegium mehr missen möchte und das die Atmosphäre der Schule stark bestimmt. Sie bedeutet in erster Linie: Vielfalt der Temperamente, der Lebensgewohnheiten, der Grundhaltungen zum Leben, der Einstellungen zu wichtigen Lebensfragen, der Kommunikationsstile usw. – eine Verschiedenheit, die bei den Erwachsenen erheblich stärker ausgeprägt ist als vorerst noch bei den Kindern, die kulturell noch weniger tief geprägt sind. «Es sind dann Temperamentsunterschiede, die vielleicht ein bisschen national geprägt sind oder herkunftsmäßig, weil man ja doch ein wenig eine andere Temperamentslage hat, wenn man als Engländer die Welt durchschreitet oder als Italiener», so die Aussage der Sprachlehrerin.

Insofern erleben die Lehrer im täglichen Miteinander das, was die Kinder später als Jugendliche und Erwachsene täglich erleben werden. Das Kollegium bildet damit für jeden Lehrer ein alltägliches, praktisches interkulturelles Übfeld, in dem die interkulturellen Ideen und Ideale sehr konkret auf die Probe gestellt werden. Die «interkulturelle Haltung», die ja eines der Erziehungsziele der Schule ist, kann dadurch erst einmal von den Lehrern selbst gebildet und praktiziert werden – als Vorbild für die Schüler, aber mehr noch als eigenes Lernerlebnis, das davor bewahrt, unrealistisch, utopisch zu werden oder die realen Schwierigkeiten dieser Zielsetzung zu unterschätzen.

Denn «Interkulturalität» im Alltag zu praktizieren birgt vielfältige Klippen. Da gibt es vieles beim Kollegen, über das man stolpert und über das man sich durchaus auch aufregen könnte. Konflikte bleiben nicht aus. Vor allem zu Anfang war einer der neuralgischen Punkte die Pünktlichkeit. Ist mit Konferenzbeginn um halb fünf wirklich genau 16.30 Uhr gemeint? Ist das nicht furchtbar deutsch? Gib es nicht eine gefühlte Zeit, die erlaubt, noch ein Tässchen Kaffee zu trinken und ein wenig zu plaudern – und ist das nicht unter Umständen viel besser für den gesamten Prozess? Mit Einfühlungsvermögen und viel Humor ist diese Klippe inzwischen weitgehend bewältigt: Man kann sagen, dass sich tendenziell das Nicht-Deutsche durchgesetzt hat.

Oder ein anderer Fall: Wenn der türkische Kollege, begeisterter Verkünder arabischer Musik und Virtuose auf der Saz (türkische Langhalslaute), den anderen seine tiefen Gefühle und Gedanken zur Musik – insbesondere der orientalischen – und ihrer pädagogischen Bedeutung mitzuteilen versucht, dann müssen diejenigen, die ihn noch nicht so gut kennen, schon sehr gut aufpassen, sich im unbefangenen Hinhören üben, vorsichtig nachfragen, sich herantasten an diese ihnen doch sehr fremde Welt, aus der heraus er dann spricht und die er ihnen zu eröffnen versucht. In solchen Situationen kann jeder bei sich selbst sehr gut erleben, welche inneren Hindernisse für den interkulturellen Dialog er mit sich herumschleppt, und allein das macht schon toleranter – und überzeugter von der großen und wichtigen Erziehungsaufgabe, die sich mit der Begegnung der Kulturen heute stellt.

Offen, frisch und lebendig – so empfinden die Kollegen das Zusammenleben selbst, gerade weil es immer wieder Überraschungen bereithält. «Wunderbares Arbeitsklima!», urteilt die neue Klassenlehrerin, und ein ehemaliger Student am Lehrerseminar, der oft zu Gast ist in der interkulturellen Schule, beschreibt seinen Eindruck so: «Wenn ich an die Schule komme und mein alter Studienkollege (ein bosnischer Lehrer) begegnet mir, ist das immer eine ganz besondere Freude. Er umarmt mich so herzlich und haut mir auf die Schulter, dass ich husten muss. Und ich huste alles Schlechte und den Stress hinaus, fühle mich glücklich wie in Kindertagen und zehre den ganzen Tag von dieser herzlichen südosteuropäischen Begrüßung.»

Neue Lehrer, auch solche, die von anderen Waldorfschulen kommen, betonen immer wieder, wie offen und transparent es im Kollegium zugehe: «keine Mauscheleien». Man fühle sich auch als Neuer schnell wohl, jeder achte auf den anderen, jeder wisse vom anderen, wie es ihm mit den Kindern geht und dass es zum Teil ziemlich anstrengend ist. Der Umgang miteinander wird als «sehr vorsichtig, freundlich, wohlwollend und humorvoll» beschrieben: «Es wird viel gelacht.» Wenn es so etwas wie eine «Tugend des Interkulturellen» gibt, dann hat diese zweifellos ganz zentral mit der Offenheit für den anderen, fremden Menschen zu tun, mit dem zur inneren Haltung gewordenen lebhaften Interesse an ihm, damit, keine Urteile über ihn zu bilden, sondern ihn verstehen zu wollen und das Andere wirklich anzuerkennen. Das sind ohne Zweifel hohe soziale Fähigkeitsziele, die aber im Alltag ernst genommen, die ernsthaft erübt werden müssen, wenn interkulturelle Begegnung als Zeitforderung gelingen soll. Das gemeinsame, immer wiederholte Bemühen um diese Haltungen und Tugenden gibt dem Kollegium die innere Kraft zu seiner interkulturellen Pädagogik mit den Kindern, das schafft Gemeinsamkeit und soziale Identität, und das verleiht den Lehrern nicht zuletzt Glaubwürdigkeit bei den Kindern: interkulturelle Haltungen und Werte nicht nur zu predigen, sondern selbst darum zu ringen, selbst sich auf diesem Feld als Lernende zu präsentieren und ein Stück vorzuleben, was die Kinder lernen sollen. Insofern darf die Internationalität des Kollegiums als eine konstitutive Bedingung für das Gelingen einer interkulturellen Schule genannt werden.

## Die «interkulturelle Haltung»

Zur interkulturellen Haltung gehört ohne Zweifel zentral das lebhafte Interesse am Andersartigen, verbunden mit einem Schuss Selbstdistanz und der starken Überzeugung von der Gemeinsamkeit hinter dem Verschiedenen, von der transzendierenden Einheit in der Vielfalt und damit von einer Wirklichkeitsebene, die überhaupt erst durch die Vielfalt erkennbar und greifbar wird. Solange ich in meiner Sicht der Dinge verhaftet bin und von diesem Standpunkt aus das Andersartige beurteile, bin ich gar nicht in der Lage, diese Ebene zu erfassen oder überhaupt etwas zu erkennen, das nicht ich selbst bin. Um etwas wirklich zu erkennen, brauche ich die Verschiedenheit, die Vielfalt und Andersartigkeit des mir Fremden, das existiert, obwohl es mir fremd ist, und mir deshalb meine eigene Begrenztheit schmerzlich bewusst macht, sodass ich es manchmal am liebsten negieren und bekämpfen möchte. Diese gedanklichen Grundlagen müssen persönliche Grundhaltungen und alltägliche Praxis des Interkulturellen werden: «Es als Bereicherung zu sehen, dass viele Menschen aus verschiedenen Kulturen da sind», wie eine Handarbeitslehrerin es erlebte.

Zur Praxis der interkulturellen Pädagogik äußern sich einige Klassenlehrer: «Mir geht es darum, dass ich aus anderen Kulturen die Dinge so heranhole, dass sie genauso ernst genommen werden wie unsere. Dass das nicht als irgendetwas Exotisches oder als ‹Anstecknädele› oder sonst etwas gilt, sondern dass wir orientalische Heldengeschichten genauso ernst nehmen wie unsere altgermanischen oder nordischen Heldengeschichten. Dass da auch ein Selbstbewusstsein in der Form wachsen kann, dass man feststellt: Es hat das gleiche Gewicht. Meine Herkunft ist so gut wie deine, Hauptsache, wir sind Kurpfälzer. Auch wenn es vielleicht ein bisschen blöd klingt: das ist mir eigentlich das Hauptziel. Ich kann nicht von mir verlangen, jemanden in türkischer Geschichte so zu unterrichten, dass er konkurrieren könnte mit jemandem, der in der Türkei seine Bildung durchläuft. Gewiss nicht. Aber ich kann dafür sorgen, dass er weiß, dass es das gibt. Dass er weiß: Es gibt Leute, die das eben studieren, und dass er das Gefühl bekommt, mit derselben Sicherheit in die Welt treten zu dürfen, als Türke oder Albaner wie als Deutscher. Das möchte ich einfach vermitteln.»

Oder: «Mit Interkulturalität kann ich wenig anfangen, für mich ist es so, dass alle Menschen gleich sind, da gibt es keinen Unterschied. Dass sie aus verschiedenen Kulturen kommen, ist mir natürlich bekannt. Aber grundsätzlich versuche ich, hier überhaupt keinen Unterschied zu machen. Das ist mein Anliegen.»

Eine dritte Stimme: «Es soll als Normalität erlebt werden, dass Menschen hier leben, die aus verschiedenen Ländern kommen, die verschiedene Sprachen, verschiedene Interessen, verschiedene Lebensarten mitbringen. Auch hierin soll es keine Ängste und Grenzen geben, sondern eine Offenheit. Es soll keiner ausgegrenzt werden, sondern einfach ganz normal sein, wenn die Kinder von klein auf erfahren: Die Erde ist sehr vielfältig …»

Diese Haltung – oder doch das Bemühen darum – prägt das soziale Klima im Mannheimer Kollegium auch für Außenstehende spürbar. Es fällt dem Besucher in diesem Zusammenhang als Besonderheit auf: Jeder Lehrer, das Kollegium hat so gar nichts «Schulmeisterliches», es fehlen gänzlich gewisse typische Lehrerprägungen, die aus einer lebenslang einzunehmenden Haltung des Belehrens, des Besser-Wissens, der Überzeugung vom «allein richtigen» Weg hervorgehen können, an dem gemessen die Abweichung ein Fehler und der Fehler keine Lernchance, sondern etwas Auszumerzendes ist. Interkultureller Unterricht verlangt demgegenüber eine völlige Umwandlung, ein Lehrerleben ohne diese Sicherheiten und Eindeutigkeiten. Selbstaussage eines Klassenlehrers: «Unterrichten – ich kann es wirklich nicht, denn ich fange jeden Tag neu an mit den Kindern.»

Zu dieser Haltung gehört der bewusste Umgang mit dem sogenannten Pygmalioneffekt. Gemeint ist damit die auch von Rudolf Steiner beschriebene pädagogische Grundtatsache, dass dem Lehrer eigentlich nicht viel anderes übrig bleibt, als bei grobem Fehlverhalten des Schülers – das er direkt ja gar nicht ändern kann – sich zu überlegen, was er selbst zum Verhalten des Schülers beigetragen hat und was er an sich ändern kann, um dem Schüler eine Verhaltensänderung zu ermöglichen. Für jeden Erziehenden ist dies ebenso wahr wie peinlich, sodass diese Übung nur allzu oft entfällt. Da diese Haltung aber in vielen Gesprächen mit den Lehrern über ihre Schüler und deren Entwicklung ganz selbstverständlich eingenommen wurde, ist dies wohl der schönste Beweis für die soziale Tragfähigkeit des Kollegiums. Denn besagte Haltung kann man sich nur «leisten», wenn man sich in seiner sozialen Umgebung anerkannt fühlt, wenn man weiß, dass sie von niemandem gegen einen genutzt wird und dass man hier vor gemeinsamen Erkenntnisaufgaben steht.

Ein solches soziales Klima im Kollegium lässt selbstverständlich keinen Raum – nicht einmal ansatzweise – für Orthodoxie und Dogmatik, auch anthroposophischer Provenienz. Das gehört zu den wirklich beeindruckenden Erfahrungen in längeren Konferenzen, in denen durchaus grundlegende Fragen behandelt wurden: Trotz zum Teil erheblicher Unterschiede in der pädagogischen Erfahrung, in der Beschäftigung mit Waldorfpädagogik oder in der anthroposophischen Bildung unterbleibt die ungefragte Belehrung des Kollegen, die Überlegenheitsgeste des Zitierens, das mitleidig-wissende oder stirnrunzelnde Lächeln über den Nachbarn, der «noch nicht so weit ist». Es ist in dieser Atmosphäre ganz undenkbar, dem anderen ein anthroposophisches Nichtwissen irgendwie anzukreiden, sondern man freut sich eher, wenn man ihm einen Zusammenhang, der ihm noch nicht klar war, erläutern oder eine Erfahrung zur Verfügung stellen kann – wenn er dies möchte. So unverzichtbar die Anthroposophie als Quelle für die eigene Arbeit gesehen wird, so selbstverständlich betrachten die meisten Lehrer sie als *einen* esoterischen Weg unter vielen, mit dem zu beschäftigen sich lohnt, von dem zu behaupten, er sei der einzig wahre, aber der Grundlage entbehrt. Der bosnische Lehrer – der sich intensiv mit Anthroposophie beschäftigt – zitiert dazu wieder seine muslimische Großmutter: «Das einzig Radikale bei ihr war, dass sie in ihr Haus nicht die sogenannten Extremisten hereinkommen ließ. Die, die ihren Glauben den anderen geben wollen und sagen: So ist es richtig und es gibt nichts anderes. Und das ist das Vorbild, das ich durchs Leben trage.»

Dabei sollte kein Zweifel an der waldorfpädagogisch-anthroposophischen Ernsthaftigkeit und Verbindlichkeit der Arbeit und der Suche im Kollegium bestehen – aber man versteht sich als Experimentier- und Suchgemeinschaft und nicht als eine Gruppe der Wissenden. Die offene, suchende Grundhaltung des Kollegiums kommt ganz zentral zum Ausdruck in der Tatsache, dass vor der Gründung der Schule niemand, auch nicht der Gründerkreis, ein fertiges Konzept namens «Blaupause der Interkulturellen Waldorfschule» in der Tasche hatte. Im Gegenteil waren sich alle Beteiligten völlig im Klaren darüber, dass niemand, wirklich niemand zum damaligen Zeitpunkt wusste, wie sich eine Interkulturelle Waldorfschule im Einzelnen ausgestalten konnte. Es gab individuelle Erfahrungen, aber natürlich keine Vorbilder und schon gar keine Richtlinien und Vorgaben, sondern lediglich eine große Aufgabe und die Überzeugung, sie anpacken zu müssen – und das Bewusstsein, dass alles tiefe Nachgrübeln nicht weiterhilft, sondern nur die praktische Erfahrung, das Ausprobieren. Auch dies ein Signum dieser Schule: Lernen kann man nur dann, wenn man etwas tut, was man noch nicht kann. Man muss gar nicht schon alles im Voraus im Kopf gebildet haben, was man ausführen möchte, sondern man kann eben auch *künstlerisch* vorgehen, indem man sich auf eine Aufgabe oder Situation einlässt und im Voraus keineswegs weiß, wohin das führen wird – aber sich eben durch das Abenteuer selbst belehren lässt. In diesem Sinne «gibt» es die Interkulturelle Waldorfschule Mannheim gar nicht, sondern sie «wird», sie entsteht in jedem Augenblick, mit jeder neuen Herausforderung, mit jeder neuen Frage, mit jeder neuen Begegnung und jedem neuen Menschen. Wieder eine Lehreraussage: «Das Besondere ist, dass man wirklich nach Wegen sucht, dieses gemeinsame Finden und Suchen von Möglichkeiten, wie man hier mit den Kindern arbeiten kann. Das ist alles noch sehr, sehr unfertig. Es gibt also kein Konzept, das eins zu eins umgesetzt werden kann, sondern jeder muss wirklich für sich schauen: Wie kann ich mich selbst persönlich hier einbringen und die Schule voranbringen? Sowohl im Unterricht als auch in der Arbeit innerhalb des Kollegiums ... Ist das aber nicht eher eine Chance? Absolut! Es ist eben nichts

Festes oder Starres, sondern es ist wirklich ein lebendiger Prozess hier. Mit all seinen freudigen, aber auch eben weniger erfreulichen Ereignissen. Das gehört dazu. Gerade im Vergleich zu der Schule vorher in (XY), wo doch relativ alte Kollegen, sehr erfahrene Kollegen waren und wo der ganze Prozess innerhalb des Kollegiums, innerhalb der Schule schon relativ starr geworden war ... Dadurch war das sehr gefestigt, und gerade als junger Kollege hatte man es relativ schwer, seine Gedanken mit einfließen zu lassen. Das ist natürlich hier in dem jungen Kollegium ganz anders. Da wird man doch gehört, und man kann sich auch viel mehr in diese Gedankenprozesse mit einleben. Es wird viel mehr zugelassen, und man kann hier diesbezüglich Erfahrungen machen.»

Wenn man das erlebt, beginnt man zu hoffen, dass die Auseinandersetzung mit den Fragen des Interkulturellen für die ganze Waldorfschullandschaft eine Erfrischung und Erneuerung und ein Jungbrunnen für ihr Sozialleben sein kann.

## Wege und Motive

Wie hat sich dieses Kollegiums gefunden? Im Kapitel zur Vorgeschichte ist das Wesentliche schon beschrieben worden: Eine kleine Gruppe von Studierenden und Dozenten der Freien Hochschule für anthroposophische Pädagogik Mannheim, die über ihre sozialpädagogischen Projekte und Praktika im Kindergarten und Hort in Berührung gekommen waren mit der Lage der Migrantenkinder, kam zu der Überlegung, es sei notwendig, eine neue Schule für diese Kinder zu begründen. Als diese Idee allmählich Gestalt annahm und konkreter wurde, kamen dann auch die erfahrenen Lehrer dazu, und zwar immer über die Hochschule bzw. über Kontakte zu den Dozenten. Bis heute haben die meisten Kollegen in Ausbildungen oder Kursen der Hochschule zum ersten Mal von der Interkulturellen Waldorfschule gehört und finden so zum Kollegium. Inzwischen verändert sich das: Zunehmend hören jetzt auch interessierte Studentinnen und Studenten von Lehrern oder Freunden der Schule von dieser Aufgabe und bewerben sich. Wirklich «suchen» musste die Schule ihre Lehrer bisher kaum; vielmehr kommen Lehrer, weil sie der Ansatz der Schule interessiert oder herausfordert. Wenn sie nach einem Kennenlernen der Schule und einem ausführlichen Gespräch immer noch hier unterrichten wollen, durchlaufen sie eine Probe- und Aufnahmeprozedur, die derjenigen vieler anderer Waldorfschulen ähnelt, vielleicht mit der Besonderheit, dass die Frage, «ob sie oder er zu uns passt», wirklich essenziell ist.

Betrachtet man die Motive der Lehrer, an der Interkulturellen Waldorfschule mitzuarbeiten, dann fallen – neben einigen mehr persönlichen Überlegungen – vor allem zwei Motivkomplexe ins Auge: einmal eine Neigung zu den Kindern, die mehr auf der Schattenseite stehen, und der Wunsch, mit ihnen zu arbeiten, und zum anderen der Wille, etwa Neues, weniger Fixiertes anzufangen.

Bemerkenswert viele der Lehrer haben, wie gesagt, in verschiedenen Projekten oder im ehrenamtlichen Engagement Erfahrungen mit Kindern in sozialen Brennpunkten gesammelt. «Und es lebte in mir verstärkt eine andere Ader: Friedenspädagogik, in die Ghettos gehen, in die Slums gehen zur Favela Monte Azul ... Ich war in Rumänien als Koordinator für die Partnerschaft meiner Schule dort, habe also ein bisschen ausgelebt, was als Impuls in mir schon immer da ist.» – «Ich habe mit vielen ausländischen Kindern zusammengearbeitet, ich hatte immer ausländische Kinder in meinen Klassen und auch islamische Kinder, ich habe Religionsunterricht gegeben und habe sehr stark versucht, die Grenzen der Religionen aufzuweichen, zumindest vom verstehenden Empfinden her.» – «Im Studium habe ich mit ein paar anderen Studenten noch ein neues Projekt gestartet, da ging es um Asylbewerber. Wir haben mit Kindern zusammengearbeitet, sind ins Asylantenheim gegangen, haben dort mit den Sozialarbeitern gesprochen, ob wir nicht etwas machen können. Und so habe ich dann mit einer albanischen Familie zusammengearbeitet.»

Solche und ähnliche Aussagen drücken eine Neigung der Lehrerinnen und Lehrer gerade zu solchen Kindern aus, die eben nicht aus bürgerlichen Elternhäusern kommen, sondern «bildungsfernen» und materiell eingeschränkten Schichten entstammen; zu Kindern, die sich schwertun mit dem Lernen, überhaupt mit dem Leben, die von Verwahrlosung bedroht sind, deren Lebens- und Entwicklungschancen bereits im Augenblick ihrer Geburt reduziert waren und die üblicherweise nur mit sehr wenig Erziehung und Bildung auskommen müssen. Der Wunsch, für solche Kinder etwas zu tun, das eigene pädagogische Können für sie einzusetzen, trat in den Gesprächen mit allen Lehrerinnen und Lehrern über ihren Weg zur Interkulturellen Waldorfschule zutage. Bei vielen war dieser Wunsch schon maßgeblich bei ihrem Entschluss, Lehrer zu werden, und wurde wieder lebendig während der Ausbildung an der Mannheimer Hochschule, als sie persönliche Kontakte zu solchen «benachteiligten» Kindern im Kindergarten oder bei der Hausaufgabenbetreuung bekamen und beeindruckt miterlebten, wie diese Kinder aufblühen können, wenn man ihnen ein einigermaßen bewusst gestaltetes pädagogisches Milieu bietet. Hierin können diese Kollegen einen tiefen Sinn ihrer pädagogischen Arbeit erkennen, und sie fühlen sich getragen von der unmittelbaren Dankbarkeit, die ihnen unausgesprochen in den Augen dieser Kinder entgegenkommt, wenn sie sich aufgenommen, verstanden und geliebt fühlen.

Manchmal allerdings erschrecken sie über die unglaubliche Trostlosigkeit, in der diese Kinder oft aufwachsen. «Mich hat das Bildungselend der niederen Schichten gepackt. Fernsehen, Computerspiele, kein Buch. Die bleiben auf dem Niveau, auf dem sie sind, sie kommen gar nicht weiter ... Sie können nicht die Eltern aus diesem Bildungselend herausholen, aber ein erster Schritt ist gemacht, indem Kinder auf diese Schule geschickt werden! Man müsste viel früher anfangen, mit Frühförderung im Kindergarten ... Die Eltern sind oft ‹beratungsresistent› in Bezug auf das Fernsehen oder die Ernährung. Aber: Man kann gut Klartext mit den Eltern reden, besser als an einer normalen Schule, wo man eher diplomatisch, indirekt, verklausuliert mit Eltern sprechen muss.»

Ein weiteres Motiv ist die Einsicht, dass es in unserer Gesellschaft und zwischen den Kulturen keinen Frieden geben kann, solange nicht alle Menschen, auch die Angehörigen der sogenannten «unteren Schichten», gelernt haben, sich gegenseitig zuzuhören, sich und den anderen ernst zu nehmen, Interesse am anderen zu haben und Formen der Konfliktlösung zu praktizieren, die keiner Seite die Würde nehmen und die Sphäre des anderen achten. Das zu tun und zu helfen, es zu tun, wird als konkretes, praktisches Christentum verstanden – und gerade deshalb als eine Aufgabe des Abendlandes in der globalen Begegnung der Kulturen.

«Mein Impuls ist wirklich diese Art von Friedenspädagogik, die Grenzen sprengt, die künstliche Grenzen überwindet und wo das Christentum sich weitet zu einer Allgemeinreligion in größter Liebe und Toleranz. Das war auch mein Zugang zur Waldorfpädagogik. Ich wusste nach einem Jahr des Studiums noch nicht, ob ich Waldorflehrer werde, aber dann kam diese Frage nach Christus, und ich las zunächst die Evangelienvorträge Steiners und nicht die pädagogischen Bände.»

Im Blick auf die deutschen wie die ausländischen Kinder im sozialen Brennpunkt Neckarstadt-West erfahren die Lehrerinnen und Lehrer einen wirklichen Sinn in ihrer Arbeit und erkennen hier eine ganz persönliche Aufgabe. «Zuerst wollte ich nach Frankfurt, weil mein Mann dort eine Stelle bekommen hatte. Aber in der ganzen Umgebung gab es schon viele Musiklehrer, da gab es keine Nachfrage. Als ich von der Schule hier gehört habe, war ich gleich begeistert. Und ich habe zum ersten Mal wirklich einen Grund gehabt, in Deutschland zu sein! Für mich war früher immer eine Frage: Warum bin ich denn eigentlich hier? Ist es nur, weil ich meinen Mann geheiratet habe und er Deutscher ist und hier lebt? Einerseits fühle ich mich sehr wohl in Deutschland, will gar nicht nach Brasilien. Und doch ist ein bisschen dieses schlechte Gefühl da: ‹In Brasilien werde ich mehr gebraucht, hier sind ja so viele gute Musiker oder auch Lehrer und dort ist so viel an Aufbau nötig.› Und jetzt habe ich die Aufbauarbeit hier und denke: ‹Vielleicht bin ich eine Art Brücke für die Ausländer.› Einerseits fühle ich mich fast als Deutsche, nicht ganz, aber fast, und andererseits bin ich aber doch Ausländerin.»

Über solche Sinnerlebnisse wird natürlich nur selten laut geredet, und selbst im persönlichen Interview kommen solche Aussagen nur langsam, mit viel Selbstdistanz und spürbarer Angst vor dem Pathos, immer bereit zur Selbstironie, wenn es zu dicht werden sollte. Aber gerade das zeigt, wie nahe den Lehrerinnen und Lehrern dieses Thema geht und wie sie sich auf dieser Grundlage finden, selbstverständlich ohne Worte, aber in dem sicheren Bewusstsein, gemeinsam an der gleichen Aufgabe zu arbeiten. Fragt man nach den damit verbundenen Verzichten, nach mancherlei Erschwernissen und Enttäuschungen, erntet man eher verständnislose Blicke, denn diese Lehrer gewinnen durch ihre Arbeit etwas, das sie viel reicher macht als viele andere, materiell und im sozialen Status vielleicht weitaus besser gestellte Menschen: das Gefühl, am richtigen Platz zu stehen, etwas ganz und gar Sinnvolles zu tun, ein wenig mehr Freude in die Welt zu bringen, den einen oder anderen Erfolg im Kampf gegen Dumpfheit, Perspektivlosigkeit und Resignation errungen zu haben – und mit Kollegen zusammenarbeiten zu können, die ähnlich denken, mit denen gemeinsam dieses Werk überhaupt erst möglich wird und von denen man gehalten wird, wenn man gerade wieder einmal verzweifeln möchte über die Sisyphusarbeit, die man sich da aufgeladen hat.

Das mag dem einen oder anderen romantisch vorkommen, und natürlich gibt es auch Enttäuschungen, Niederlagen und immer mal wieder Fluchtgefühle. Jeder dieser Lehrer kennt auch das Gefühl des Scheiterns. Aber dann gibt es den Kollegen, mit dem man das aufarbeiten kann, und man erkennt durch ihn wieder besser, woran man bei sich selbst noch weiter arbeiten muss. Dass Selbsterziehung des Lehrers eine Voraussetzung für die Erziehung der Kinder ist, muss man den Mannheimer Lehrern nicht erst erzählen. Für sie ist das täglich gelebte Erfahrung.

Ihre Liebe zu den benachteiligten, ungebildeten, damit auch unverstellten Kindern hat für einige, die früher an normalen Waldorfschulen tätig waren, dort sogar manchmal eine Art Verdruss ausgelöst: Sie wurden immer unzufriedener damit, ihre Kraft als Lehrer Kindern zu widmen, die eigentlich alles haben und in wohlgeborgenen, materiell abgesicherten Verhältnissen aufwachsen und höchstwahrscheinlich ohnehin ihren Weg gehen würden.

«Ich war einmal zwischendurch als Aushilfe am Seminar in Irkutsk tätig, das hätte mir auch Spaß gemacht. Oder ich war mit einer Klasse in Pinewitch im Indianerreservat und habe dort geholfen, eine Waldorfschule und einen Kindergarten mit der Klasse zusammen zu bauen ... Aber als ich das hier von Mannheim hörte und dann auch noch erfuhr: Die brauchen mich vielleicht, da war mir eigentlich klar: Ich will *das*. Es ist für mich also völlig neu. Ich habe aber einfach festgestellt – nicht zuletzt auch durch die beiden Auslandsaufenthalte –, dass Waldorfpädagogik an manchen Stellen noch wesentlich dringender gebraucht werden kann als da, wo ich sie früher angeboten habe ... ‹Irgendwo willst du noch hin›, habe ich mir gesagt, ‹wo du dann denken kannst: Das bisschen, was du jetzt gelernt hast in den Jahren, das kommt vielleicht noch besser an das Kind oder noch notwendiger an das Kind heran.› Und den Eindruck habe ich hier. Den habe ich hier seit dem ersten Tag. Dass ich hier etwas Gelerntes anwenden könnte.»

Damit soll jetzt natürlich kein künstlicher Gegensatz aufgebaut werden, und jeder Lehrer versteht die tiefe Befriedigung, die es bereiten kann, ein wirklich hochbegabtes, interessiertes, bildungshungriges Kind in die Welt einzuführen. Aber es charakterisiert die Motive der Lehrer an der Interkulturellen Waldorfschule Mannheim vielleicht ganz gut, wenn klar wird, dass ihre Suche und Sehnsucht dieser Befriedigung weniger gilt – und dass ein Lehrer, der darin das Ideal seines Berufs sieht, sich vielleicht eher von einer interkulturellen Schule fernhalten sollte.

Daher kann man bei den Mannheimer Lehrern im Gespräch manchmal auch ihre Abneigung gegen die bildungsbürgerliche Welt ihrer früheren Waldorfschulen durchblitzen sehen und mitunter auch das Erstaunen darüber, wie weit sie sich innerlich davon bereits entfernt haben. Dann kommen Nebensätze über «Kinder, die alles haben», und ein leicht sozialrevolutionärer Ton mischt sich ins Gespräch, verbunden mit der engagierten Hinwendung zu den Armen, Hilflosen und Benachteiligten.

«Ich weiß nicht, ob Sie einen normalen Waldorfkindergarten kennen, aber das war mir alles ein bisschen zu sehr ‹eingepackt›. Dadurch, dass ich selber in der Waldorfschule war. Da hat mir eine Freundin erzählt: Mensch, in Mannheim suchen sie im Kindergarten im sozialen Brennpunkt eine Erzieherin. Also bin ich einfach mal mit meiner Freundin mitgefahren und habe ihn mir angeguckt, und da sind mir die Augen ausgefallen. Kennen Sie die Neckarstadt-West? Es ist unglaublich spannend. Mit Straßenkindern habe ich teilweise auch in Südamerika gearbeitet und habe einfach gemerkt: Das geht nicht. Das müssen Menschen selbst vor Ort machen, ihrem eigenen Volk helfen. Und ich habe nicht gewusst, dass so etwas hier existiert. Ich bin in den Kindergarten gekommen, und von außen sieht man eigentlich gar nicht, dass es ein Waldorfkindergarten ist. Ich bin hineingegangen, habe mir die Kinder angeguckt und habe mir gedacht: Hier muss ich arbeiten, sofort!»

Eine weitere Stimme: «Ein anderes Motiv, warum ich in dieser Schule bin, ist dieses: Von Anfang an war ich begeistert von dem Waldorfgedanken, ich habe gelesen über die erste Waldorfschule mit den Arbeiterkindern, und dieser Impuls hat mich getrieben … Und dann bin ich nach Deutschland gekommen und habe studiert. Es war wunderbar, doch dann kam die erste große Enttäuschung für mich: das erste Praktikum in der Waldorfschule. Ich habe gesehen: Es ist alles schön, aber die vierzig Kinder, die ich vor mir habe, sind super erzogen, sind bestens strukturiert von zu Hause. Es ist wunderschön. Was ich mache, macht mir sogar Spaß, weil ich kreativ sein kann … Aber man kann sich tagelang streiten, ob das wirklich das Richtige ist.»

Dies als Kritik an den etablierten Waldorfschulen zu sehen wäre unsachgemäß und liefe auf eine sinnlose Polarisierung hinaus. Aber dennoch ist unverkennbar, dass diese Mannheimer

Lehrer sich als die legitimen Erben eines der Gründungsimpulse der Waldorfschule betrachten, der in der Waldorfbewegung heute mehr als Unterströmung vorhanden ist und von dem sich die meisten Schulen kraft ihrer sozialen Selektivität weit entfernt haben.

Damit sind wir bei dem anderen Motivkomplex, der manchen Lehrer zur interkulturellen Schule gebracht hat: «Und dann kam es in (XY) zu Situationen, wo ich sagen musste: Dieses große Schiff hat jetzt so viel zu reglementieren, lebt so traditionalistisch, dass ich mich da eigentlich nicht mehr zurechtfinde ... Es gab viele Anlässe, bei denen ich gesagt habe: Jetzt ist der Punkt gekommen. Und ich habe hier angerufen – das war die einzige Initiative, die mich überhaupt interessiert hat. Also noch mal eine große Schule oder eine fertige Schule, das war gar nicht drin.»

Ein anderer Lehrer: «Mit dem bisherigen Unterrichten war ich mittlerweile relativ routiniert umgegangen, und das war es auch, was mich dort Schluss machen ließ, weil ich mir gesagt habe: Routine, das brauchen wir eigentlich nicht, da fange ich lieber noch einen anderen Beruf an. Hier stelle ich fest: Ich brauche keinen neuen Beruf, sondern ich brauche täglich nur neue Kinder, die mich anders fordern.»

Der Wunsch, das Etablierte, Erstarrte, Unbewegliche, Ritualisierte, das, was als «Waldorf-Enge» erlebt wird, zu verlassen, verbindet sich mit der Rückbesinnung auf neue Einfachheiten, auf elementare Werte, auf fast vergessene Ursprünge. «Was ich da als Ziel selber mitbringe, ist eigentlich, eine gewisse Chancengleichheit herzustellen. Das war immer die Grundlage, die mich zur Waldorfschule getrieben hat. Denn ich hatte das dreigliedrige Staatsschulsystem am eigenen Leib und dann eben auch von innen noch als Referendar und als Ausgelernter so weit kennengelernt, dass ich wusste: Das ist es nicht, was ich will. Also, es war erst einmal eine Negativbesetzung. Ich hatte Waldorfschule über Freunde gekannt und wusste, dass da Kinder aus allen Schichten und mit den verschiedensten Begabungen zusammen in der Klasse sitzen. Und dann habe ich als Waldorflehrer im Laufe der Zeit festgestellt: Es sitzen eben doch nicht alle Kinder da! Und mein Anliegen ist eben wirklich eine Schule für *alle* Kinder. Und hier ist es so!»

Vielleicht lässt sich zusammenfassend sagen: Die Lehrerinnen und Lehrer, die sich an der Interkulturellen Waldorfschule zusammengefunden haben, tragen den Impuls in sich, ihre Fähigkeiten gerade dort einzubringen, wo ein raueres Umfeld existiert und wo sie den Eindruck haben, besonders gebraucht zu werden.

# 6. Hilfreiche Strukturen: Klassenlehrer, Ganztagsschule, kein Sitzenbleiben

## Angstfreies Lernen

Es ist schon dargestellt worden, dass in der Interkulturellen Waldorfschule ernst gemacht worden ist mit dem Gesamtschulprinzip, wirklich eine Schule für alle Kinder zu sein; es ist ein Bild dieser Kinder skizziert worden mit ihrer Lebendigkeit und Offenheit, aber auch ihren Schwierigkeiten. Entscheidend ist nun, dass das Lernen ohne Angst und Leistungsdruck geschehen kann. Gerade im Umgang mit Migrantenkindern und Kindern aus bildungsfernen Schichten zeigt sich, wie pädagogisch sinnvoll der an Waldorfschulen praktizierte Verzicht auf das «Sitzenbleiben» ist. Denn die Kinder bekommen Zeit, sich allmählich in die neuen Inhalte einzuleben und sich die erforderlichen Fähigkeiten anzueignen, sie gewinnen Sicherheit in der immer vertrauter werdenden Klassengemeinschaft. Inzwischen haben eine Reihe von Gehirnforschern herausgefunden, wie kontraproduktiv eine Atmosphäre von Angst für das Lernen ist: Sie verändert nicht nur den Körper auf «flight or fight», wie die Amerikaner kurz und treffend sagen, also auf schematische Verhaltensweisen, sondern auch den Geist. Manfred Spitzer schreibt: «Wer Prüfungsangst hat, der kommt einfach nicht auf die einfache, aber etwas Kreativität erfordernde Lösung, die er normalerweise leicht gefunden hätte. Wer unter dauernder Angst lebt, der wird sich leicht in seiner Situation ‹festfahren›, ‹verrennen›, der ist ‹eingeengt› und kommt ‹aus seinem gedanklichen Käfig nicht heraus›. Unsere Umgangssprache ist voller Metaphern, die den unfreien kognitiven Stil, der sich unter Angst einstellt, beschreiben.»[22]

Die tägliche Erfahrung an der Interkulturellen Waldorfschule bestätigt diese Ergebnisse. Es ist schon darauf hingewiesen worden, dass manche «Quereinsteiger» mit massiven Ängsten kommen, die bis zu körperlichen Symptomen wie etwa Bauchschmerzen beim Rechnen gehen. Auch sprachlich haben einige Migrantenkinder zunächst Blockaden: Sie wollen keine Schwäche zeigen, sie setzen sich unter den Perfektionismusdruck, gleich richtige Sätze zu sprechen, und weil das nicht gelingt, verstummen sie. Angesichts solcher Hemmungen ist es wichtig, im Unterricht eine Atmosphäre zu schaffen, in der Fehler zugelassen werden, und darum bemühen sich die Lehrerinnen und Lehrer nachdrücklich: «Wenn irgendjemand nicht gut liest, wird er nie Ärger kriegen – im Gegenteil. Da verlange ich von den Besseren, dass sie zuhören und Geduld aufbringen. Letztendlich ist bei den Kindern das A und O die Sicherheit, die brauchen wirklich jemanden, der ihnen sagt: Hier bist du sicher.» So die Aussage eines Klassenlehrers.

Es gibt zahlreiche Beispiele von Kindern, die auf diese Weise schon nach wenigen Wochen ihre Ängste verloren haben. Eine Klassenlehrerin berichtet: «S. ist hier aufgeblüht und ein lustiges Kind geworden. Als sie dazukam, war sie oft traurig, fast depres-

THE SOLUTION COMPANY
QUICKFIT
FITNESS-STUDIO
24 Stunden geöffnet
Deutsche Post
Direkt Marketing Center
Mannheim
Freie
JobBörse

TURKEY
PUSH
START

siv, hat viel geweint. Und jetzt springt sie durch die Gegend und ist fröhlich und aufgeschlossen. Oder M.: Sie ist immer noch eine von den Langsamsten, auch im Erledigen von Aufgaben, im Abschreiben, im Malen. Aber früher kam sie dann dauernd, hat am ganzen Körper gezittert und geweint: ‹Das kann ich nicht!› Dann habe ich gesagt: ‹M., du kannst das!› Und jetzt geht es. Sie ist zwar langsam, und sie weiß sicherlich, dass sie schneller werden muss, aber es geht. Sie hat keine Angst mehr und hat auch beim Spielen schön Anschluss gefunden.»

Insgesamt lässt sich sagen, dass an der Interkulturellen Waldorfschule angstfrei gelernt werden kann – und dass die weitaus meisten Kinder sich wohlfühlen, ist in den Elternbefragungen eindrucksvoll bestätigt worden.

Die entscheidende Gestalt in diesem Zusammenhang ist die des Klassenlehrers. An der Interkulturellen Waldorfschule gibt er nicht nur den allmorgendlichen Hauptunterricht und sein Fach, sondern er begleitet die Klasse, zumindest am Anfang, auch im Fachunterricht. Das Mittagessen nimmt er zusammen mit den Kindern ein, wobei das Anregen von Esskultur sich als wichtige pädagogische Aufgabe erweist. Manchmal ist er bis zum Schulschluss anwesend. Damit gibt er den Kindern das, was sie am nötigsten brauchen: eine verlässliche Orientierung. Bei allen Unsicherheiten – den sprachlichen Defiziten, den Verunsicherungen, die mit dem Wahrnehmen der eigenen kulturellen Differenz zusammenhängen, manchmal dem Zerbrechen der Familien – ist der Klassenlehrer, der dem Kind morgens bei der Begrüßung in die Augen schaut und ihm die Hand gibt, so etwas wie ein Fels in der Brandung: Er kennt das Kind seit der Aufnahmesprechstunde, er hat die Eltern mehrfach besucht, er weiß um die Lebensumstände, Schwierigkeiten und Begabungen des Kindes. Das aber gibt ihm die Möglichkeit, allmählich ein Vertrauensverhältnis zu den Kindern zu entwickeln, und genau dieses Vertrauen öffnet die Seelen und schafft die Atmosphäre, in der die Kinder offen genug sind, ihre Schwächen zu zeigen, und mutig genug, sich etwas zuzutrauen.

In dieser Hinsicht hat es in der Interkulturellen Waldorfschule erfreuliche Erfahrungen gegeben; ein Beispiel sei etwas ausführlicher dargestellt. Ein türkisches Mädchen, E., wird für die erste Klasse angemeldet. Die Eltern informieren die Klassenlehrerin darüber, dass E. weder im Kindergarten noch in der Vorschule gesprochen habe, sie sei deswegen in therapeutischer Behandlung gewesen. Doch zu Hause spreche sie normal, sowohl türkisch als auch deutsch.

E. wird aufgenommen, und tatsächlich sagt sie lange Zeit kein Wort, weder zu der Lehrerin noch zu den Klassenkameraden, nicht im Unterricht, nicht in der Pause. Auch beim chorischen Sprechen im rhythmischen Teil, wo sich die schüchternen Kinder gern dazugesellen, spricht sie nicht, die Bewegungen allerdings macht sie verhalten mit. E. ist ein ganz verschlossenes Kind. Sie hat keine Freunde; auf dem Hof, in den Pausen steht sie allein, nimmt nicht am Seilhüpfen teil, tobt nicht und rennt nicht.

Nach den Weihnachtsferien beobachtet die Lehrerin, dass E. den Mund bewegt; aus dem Chor der Kinderstimmen kann sie allerdings nicht heraushören, ob E. auch tatsächlich laut spricht. Die Bewegungen des Mädchens werden mutiger, sie scheint langsam anzukommen. Ein paar Wochen später passiert Folgendes: Die Klasse unternimmt einen Ausflug. Alle sind bereit, nur E. nicht. Die Lehrerin ruft sie zweimal, und sie bemerkt, wie E. völlig verkrampft – wie so oft, wenn etwas von ihr verlangt wird. Daher geht die Lehrerin ruhig zu dem Mädchen hin, und in ihrer Verzweiflung spricht E., akzentfrei und verständlich, den Satz: «Ich kann meine Jacke nicht finden.» Man kann sich vorstellen, wie glücklich die

Lehrerin ist, doch äußert sie sich nicht weiter dazu und lässt das Gesagte stehen.

Im Frühjahr kommt ein neues Mädchen in die Klasse, J., ein ruhiges, gemütvolles Kind; sie wird E.s Freundin. Im Spiel mit J. wird E. wacher, munterer und mutiger. Auch beobachtet die Lehrerin, wie die Mädchen auf dem Schulhof miteinander sprechen, geht aber nicht weiter darauf ein. Von nun an wird J. ein Sprachrohr für E.s Bedürfnisse. In schwierigen Lagen tritt sie für E. ein und bringt ihr Anliegen für sie vor. Als einmal bei einer solchen Gelegenheit beide Mädchen vor der Lehrerin stehen, sagt diese: «Halt, J.! Deine Freundin hat eine schöne Stimme und kann schön sprechen.» Hin und wieder kommt es nun vor, dass E. wie aus Versehen spricht, etwa beim Abzählen einer Reihe. Die Kinder zählen zügig durch, und als E. an der Reihe ist, sagt sie ihre Zahl, unauffällig und wie selbstverständlich. So vergeht das erste Schuljahr.

Im zweiten Schuljahr ereignet sich kurz nach Schulbeginn dieses: Die Lehrerin lässt die Kinder sagen, wer an diesem Tag fehlt. Einige Schülerinnen und Schüler melden sich, und plötzlich bemerkt sie, dass auch E. die Hand hebt – zum ersten Mal. Es gelingt der Lehrerin, ihre Erregung zurückzuhalten, und sie ruft zunächst ein anderes Kind auf, dann ein weiteres und schließlich – wie selbstverständlich – E. Und dann nennt das Mädchen den Namen des fehlenden Kindes, und die Lehrerin bedankt sich, wie immer. Aber einen kleinen Moment herrscht völlige Stille in der Klasse, und alle Köpfe haben sich dem Mädchen zugewendet.

In der zweiten Klasse ist es üblich, dass die Zeugnissprüche von den Kindern vorgetragen werden, die Lehrerin hilft zunächst dabei. Am Freitag ist E. an der Reihe, und sie stellt sich neben die anderen Kinder, die auch an einem Freitag geboren sind, vor die

Klasse. Und dann spricht sie! Sie spricht ganz leise, den Blick auf ihre Lehrerin gerichtet, das eine oder andere Wort. Sobald die Lehrerin wegschaut, kommt nichts mehr. Die Klasse sitzt gebannt, mit dem Blick auf das Mädchen, auf ihren Stühlen. So gehen beide, Lehrerin und Schülerin, die eine vor-, die andere nachsprechend, durch den Spruch. Noch ist die Unsicherheit groß, doch der Bann ist gebrochen. Bald spricht E. immer mehr, auch mit manchen Fachlehrerinnen und Fachlehrern.

Ein derartiges Geschehen ist unter verschiedenen Aspekten bemerkenswert. Zunächst einmal wird deutlich, dass der Abbau einer solchen Sprachhemmung Zeit braucht – und das gilt für viele pädagogisch-therapeutische Prozesse. Ohne Geduld lassen sich Entwicklungen nicht erreichen. Dann ist interessant zu sehen, wie die Sprachfähigkeit sich aus der Bewegung heraus entfaltet; als die Bewegungen sicherer und mutiger werden, beginnt das Kind chorisch mitzusprechen. Vor allem aber zeigt sich, in welchem Maße das Überwinden seelischer Hemmnisse mit dem Geborgensein in einer Beziehung zusammenhängt. Mit der Freundschaft zu J. beginnt E. zu spielen, sich zu bewegen und mit ihr zu sprechen. Dann ist es die Klassenlehrerin, zu der sie Zutrauen gewinnt: Ihr vertraut sie sich an, als sie vor dem Ausflug ihre Jacke nicht findet; getragen von ihrem Blick übt sie, den Zeugnisspruch zu sprechen. Schließlich steht ihr die Klassengemeinschaft zurückhaltend-hilfreich zur Seite, indem sie die Fortschritte bemerkt, ohne großes Aufhebens darum zu machen.

## Klassenlehrer und Klassengemeinschaft

Die geschilderte Entwicklung kann für viele stehen, die sich – im Allgemeinen weniger auffallend und deutlich – an der Interkulturellen Waldorfschule vollziehen: Die Möglichkeit, in einer angstfreien Atmosphäre, in der gesicherten Umgebung einer Klassengemeinschaft, vor allem im täglichen, intensiven Kontakt zu einer Klassenlehrerin oder einem Klassenlehrer zu lernen, gibt gerade seelisch verschlossenen Kindern den Mut, sich zu öffnen und ihre Schwächen einzugestehen. «Meine A. ist ein Kind, das mit einem dicksten Seelenpanzer in die Schule kam und jetzt einfach sagen kann: Das verstehe ich nicht! Oder nachfragen kann. Und langsam lernt sie, gedankliche Verknüpfungen zu machen. Sie ist so ganz offen. Das ist das Schöne», berichtet der Klassenlehrer.

Besonders Kinder, die disziplinarisch schwierig sind, können durch die Beziehung zum Klassenlehrer aufgefangen werden; es ist, als gebe ihnen dieser eine Mensch stellvertretend eine Haltekraft, die sie selbst noch nicht aufzubringen vermögen. Wiederum schildert der Klassenlehrer: «Wenn ich nicht da bin, dann geht eigentlich immer etwas schief mit B. Da ist eine sehr starke Verbindung zwischen uns – von beiden Seiten.»

Manchmal gelingt es, auf solche Weise auch in extrem problematischen Lebenssituationen einen Neuanfang zu gestalten. Ein Lehrer berichtet über ein Kind, das gemobbt wurde, aber auch kräftig ausgeteilt hatte: «Der hat sich vors Auto geworfen, weil er es in der alten Klasse nicht mehr ausgehalten hat. Und als er hierherkam, hat er sofort wieder Krach bekommen, am ersten Tag ging es gleich los ... Dann haben wir ausführlich miteinander gesprochen, mehrere Male. Nach drei Tagen ging es besser. Inzwischen hat er seinen festen Platz in der Klasse.»

Solche und ähnliche Beispiele zeigen, dass die Klassenlehrer nicht nur für die kognitiven Lernfortschritte, sondern eben auch für die soziale Erziehung verantwortlich sind. Einer Beobachterin ist aufgefallen, dass sie diese Aufgabe ausgesprochen ernst nehmen: «Auch finde ich gut, dass die Lehrer sehr klar sind. Wenn zum Beispiel ein Wort fällt wie ‹Schwein› oder ein Kind wird geärgert, dann greift der Lehrer ein. Nicht laut und keifend, sondern beherrscht, dem Kind zugewandt, mit ruhigen, aber deutlichen Worten. Das finde ich toll.»

Gerade in einer Gegend wie Neckarstadt-West, wo die Fäuste locker in der Tasche sitzen, ist es wichtig, immer wieder klarzulegen, dass es andere Strategien zu Konfliktlösungen gibt als die Gewalt. Das beginnt, so eine Lehrerin, schon in der ersten Klasse: «Wie spricht man miteinander? Da sind ganz wütende Köpfe, rote, die da sitzen, und jeder will zuerst schimpfen. Jetzt aber ist zu üben, miteinander zu sprechen. Und die Kinder sind wirklich dankbar dafür.»

Selbstverständlich finden solche Gespräche nicht nur im Hauptunterricht statt, sondern auch im Fachunterricht. Die Handarbeitslehrerin etwa merkt an, dass sie schon mehrmals eine Prügelei zum Anlass genommen hat, um den Unterricht zu unterbrechen, über den Vorfall zu sprechen und dabei bewusst zu machen, «was es für Regeln gibt, warum wir auf diese Regeln hören – und wie man miteinander umgeht …» Und die Englischlehrerin ergänzt: «Die Kinder suchen das. Die haben keine Grenzen. Und wenn man ihnen Grenzen gibt, dann wissen sie: Da gibt's Halt und da geht's lang … Ich bin für liebevolle Autorität.»

So wichtig es in der Interkulturellen Waldorfschule ist, auftretende Konflikte zu bearbeiten und Regeln bewusst zu machen, so entscheidend ist letztlich, ob die Schüler einen inneren Kontakt zu den Lehrern, vor allem zum Klassenlehrer, finden können. In diesem Zusammenhang sei noch ein letztes, pädagogisch in mancher Hinsicht überraschendes Beispiel erwähnt. Ein junger Lehrer übernahm direkt nach Beendigung seines Studiums die fünfte Klasse, die aus einer Klassenteilung hervorgegangen war und manchen Quereinsteiger mit einer zumeist getrübten Schullaufbahn in ihren Reihen hatte. Entsprechend schwierig war es zunächst mit der Disziplin. Der Lehrer verteilte Strafarbeiten – eine Seite zu schreiben, ein Bild zu malen –, aber einige der kräftigen Jungen machten sie nicht. Darauf reagierte er mit der Ankündigung, wenn die Aufgabe nicht erledigt werde, verdopple sich mit jedem Tag die Seitenzahl. Jetzt wurde es spannend: Bald waren acht, dann sechzehn, dann 32 Seiten abzugeben – ein echtes Kräftemessen. Doch der Lehrer wich und wankte nicht und verlangte in aller Ruhe 64 Seiten. Merkwürdigerweise trat jetzt ein Stimmungsumschwung ein, der sich in etwa so umschreiben lässt: «Was, das traut der uns zu? 64 Seiten? Donnerwetter!» Am nächsten Tag hatten einige Schüler mehrere Seiten fertig, und von nun an wurde täglich abgearbeitet. Ein Hospitant hat die Situation so geschildert: «Der Klassenlehrer sitzt und schaut sich die Strafarbeiten an: Sehr schön hast du das gezeichnet, und zufrieden schweift sein Blick über sechs Blätter. Du bist jetzt bei 39 Seiten. ‹Juhu! Jetzt bin ich unter 40 Seiten!›, jubelt U., während er glücklich an seinen Platz stürmt.»

Das angeführte Beispiel sollte nicht als Rezept missverstanden und empfohlen werden. Es ist aus einer ganz spezifischen, individuellen Situation erwachsen und wird nur verständlich, wenn man sich vergegenwärtigt, dass zwischen diesem Lehrer und seinen Schülern im Konflikt eine Beziehung gewachsen ist, die auf gegenseitiger Achtung beruht.

Es ist beschrieben worden, wie wichtig im Blick auf eine interkulturelle, sozial-integrative Erziehung der Verzicht auf Selektion und die Rolle des Klassenlehrers sind. Noch ein drittes Element, das unterschwellig schon anwesend war, ist bewusst zu machen: die Bedeutung der Klassengemeinschaft. Aus vielen Äußerungen des Kollegiums geht hervor, dass diese Gemeinschaft erst langsam durch die gemeinsamen Erfahrungen und das Wirken besonders des Klassenlehrers wächst, normalerweise innerhalb des ersten Schuljahres. Auf die Frage, ob die Kinder in der zweiten Klasse anders miteinander umgingen als in der ersten, antwortet die Englischlehrerin: «In der ersten Klasse haben sie sich die Hörner abgestoßen, unglaublich. Das habe ich selten erlebt, dass Kinder so vehement, körperlich, verbal aufeinander losgehen. Manchmal habe ich gedacht: Huch, was ist jetzt hier los? Aber in der zweiten Klasse sehe ich: Das musste so sein. Jetzt reden sie miteinander, und sie sehen auch: Der ist in *den* Leistungen gut und ich bin in *den* Leistungen gut ... Beim einen ist das eben das Malen, bei einem anderen das Rhythmische. Und sie helfen sich gegenseitig.»

Sichtbar wird das wachsende Beziehungsgeflecht zwischen den Kindern auch daran, dass sie – unabhängig von Schichtenzugehörigkeit oder kulturellem Hintergrund – einander zu Hause einladen, etwa bei Kindergeburtstagen. Auch wenn Neue in die Klasse kommen, sind sie normalerweise bald integriert. Ein Klassenlehrer berichtet von einem Schüler, der anfangs nicht ganz einfach war und den er neben ein ganz ruhiges Mädchen gesetzt hat: «Die mochte ihn und andere auch, und dadurch hat die Klasse ihn getragen. Das macht sie mittlerweile bei jedem. Heute bei der F., da war schon klar, wer mit dem Mädchen in die Pause geht, wer was macht, wer ihr das zeigt. Das geht eigentlich recht gut. Diese Sachen sind jetzt angelegt.»

Je deutlicher bestimmte Gewohnheiten eingeführt und eingeübt worden sind, umso eher übernehmen die Kinder selbst Verantwortung: «Gerade meine ‹Experten›, die relativ früh kommen, bemerken jetzt: Aha, da ist etwas nicht in Ordnung, holen den Besen, fegen oder stellen die Tassen hin. Derartige Verhaltensweisen sind auf einmal da.»

Auf einer solchen Grundlage wächst die Selbstständigkeit, und es kann durchaus sein, dass der Klassenlehrer seine Schützlinge einmal zwanzig Minuten allein malen lässt oder dass die Kinder einige Unterrichtsteile, etwa Ratespiele, selbst gestalten. Wiederum zeigt sich: Je gesicherter in den unteren Klassen die Autorität des Lehrers ist, umso größer ist die Möglichkeit der Schüler, zur Freiheit zu erwachen.

## Ganztagsschule und Stundenplan

Ein weiteres, das Schulleben strukturierende Element ist die Einrichtung der Interkulturellen Waldorfschule als gebundene Ganztagsschule. Sieht man einmal von den «Kleinen» der ersten Klasse ab, die schon um 12 Uhr nach Hause gehen, so hat jedes Kind von montags bis freitags mindestens bis 15 Uhr Unterricht, die Schülerinnen und Schüler der sechsten Klasse bleiben sogar bis 16 Uhr. Eine Hortbetreuung wird bis 17 Uhr angeboten.

Für eine solche Praxis sprechen verschiedene Gründe. Zunächst ist deutlich: Zahlreiche Eltern sind darauf angewiesen, berufstätig zu sein; daher sind sie erst am späten Nachmittag in der Lage, ihre Kinder zu betreuen. Rund 50 Prozent der Eltern geben an, dass das Konzept der Ganztagsschule für sie eine wichtige Rolle bei der Schulwahl spielte.

Doch nicht nur für die Eltern, sondern vor allem im Blick auf die Kinder ist das Ganztagsangebot wichtig. Denn es bietet die Chance, zumindest einen großen Teil des Tages sinnvoll zu gestalten. Gerade das aber ist, wie im Blick auf den Fernsehkonsum und den nahezu unkontrollierten Umgang mit Computerspielen schon angedeutet wurde, in einem Stadtviertel wie Neckarstadt-West von fundamentaler Bedeutung.

Noch ein Weiteres ist zu bedenken: Wenn soziale und kulturelle Integration erreicht werden soll, ist es wichtig, dass die Kinder genügend Zeit miteinander verbringen – nicht nur während der unmittelbaren Unterrichtsstunden.

Damit stellt sich die Frage, wie der Tagesablauf am sinnvollsten gegliedert werden soll. In diesem Zusammenhang hat die neuere chronobiologische Forschung für die Pädagogik wichtige Ergebnisse erzielt: Untersuchungen an Kindern haben gezeigt, dass ihre Pulsfrequenz und ihr Blutzuckerspiegel, der das Wachheits- und Aktivitätsniveau des Menschen wesentlich mitbestimmt, sich im Tagesverlauf deutlich verändern. Dabei gibt es einen markanten Anstieg in den frühen Morgenstunden bis zu einem Gipfel um 9 Uhr, die Werte fallen dann deutlich ab bis gegen 12/13 Uhr, steigen darauf wieder an bis gegen 15/16 Uhr, um dann wieder kontinuierlich bis gegen 4 Uhr nachts abzufallen.[23]

Interessant ist nun, dass diese Rhythmen korrespondieren mit einem leicht verzögert eintretenden Leistungsanstieg bzw. Leistungsabfall bei der Lösung von Rechenaufgaben: Hoher Puls und hohe Blutzuckerwerte entsprechen einem hohen, geringe einem eher niedrigeren Leistungsniveau. Allerdings ist einschränkend anzumerken, dass sich gerade bei Jugendlichen zum Teil deutliche individuelle Abweichungen von den beschriebenen Verläufen zeigen – es gibt Morgen- und Abendtypen, sogenannte «Lerchen» oder «Eulen». Dennoch weisen die Ergebnisse, zunächst für die Zeit vor der Pubertät, in eine bestimmte Richtung: Die kognitive Leistungsfähigkeit ist am höchsten zwischen 9 und 11 Uhr, es gibt ein Leistungstief zwischen 13 und 14 Uhr und einen erneuten Höhepunkt nach 16 Uhr. Es erscheint sinnvoll, ein solches Forschungsresultat bei der Gestaltung des Stundenplans zu berücksichtigen: Die gedanklich orientierten Fächer sollten im ersten Teil des Vormittags liegen. Allerdings ist daraus nicht der Schluss zu ziehen, es sei gut, in das Leistungstief am Mittag den Turnunterricht zu legen; auch die gymnastische Leistungskurve liegt um 14 Uhr bei einem Minimum, während sich die Höhepunkte gegen 11 und 17 Uhr befinden – mittags ist Erholung angesagt.

Noch ein weiteres Ergebnis der chronobiologischen Forschung ist in die Überlegungen zu einer sinnvollen Tagesgestalt einzubeziehen: Leistungsmaxima und -minima schwanken zusätzlich zu dem bisher Gesagten in einem Zwei-Stunden-Rhythmus. Damit bestätigt sich die Erfahrung, dass im Schulunterricht ungefähr in diesem Abstand Ruhepausen erforderlich werden.

Und ein drittes Forschungsergebnis ist erwähnenswert: Beim Leistungsgipfel am Morgen ist der kindliche Kreislauf zentralisiert, das heißt, der Körperkern und besonders der Kopf sind besser durchblutet als das Stoffwechselsystem und die Gliedmaßen. Beim Leistungsgipfel am Nachmittag dagegen ist es umgekehrt. Nun sind die Gliedmaßen besser durchblutet.[24]

Damit zeichnet sich die Struktur eines sinnvollen Stundenplans ab, und diese Struktur orientiert sich, wie an vielen Waldorfschulen üblich, an der Abfolge von Denken, Fühlen und Wollen, wobei zu beachten ist, dass aufgrund äußerer Bedingungen – vorgegebene Zeiten für die Benutzung der Turnhalle u.a.m. – immer wieder Kompromisse einzugehen sind.

Von 8 bis 10 Uhr findet der sogenannte Hauptunterricht statt, in dem der Klassenlehrer in Epochen von vier Wochen die Kinder in das Schreiben, Lesen, Rechnen, die Heimat- und Erdkunde, die Menschen-, Tier- und Pflanzenkunde und weitere Weltinhalte einführt. Dabei wird versucht, der Anregung Rudolf Steiners zu folgen, dass «das Intellektuelle aus dem Künstlerischen elementar hervorgeholt wird».[25] Dieses künstlerische Element lebt in der Gestaltung des ausgedehnten «rhythmischen Teils» mit Sprechübungen, Liedern, Gedichten und Bewegungsübungen. Obwohl dieser Teil einen breiten Raum einnimmt, wird nicht das sogenannte Bochumer Modell des «bewegten Klassenzimmers» – Verzicht auf Tische, multifunktionale Bänkchen zum Sitzen, Schreiben und Balancieren – praktiziert, hat doch das Kollegium den Eindruck, dass das formgebende Element einer festen Sitzordnung, der Halt, der von den Stühlen und Tischen ausgeht, sowie die klare Orientierung auf den Klassenlehrer für die Kinder von Neckarstadt-West heilsam ist. Nach dem «Ausatmen» durch das Singen, die Sprache und die Bewegung ist Raum geschaffen für den Gegenpol der Verinnerlichung und Konzentration: Das am Vortag Behandelte wird aufgegriffen und gedanklich durchdrungen. Damit liegt die Phase hoher gedanklicher Aktivität gegen 9 Uhr, genau zum Zeitpunkt eines hohen Leistungsniveaus. Auch der weitere Ablauf folgt dem an Waldorfschulen üblichen Aufbau: Nach einer Übphase wird der Hauptunterricht mit einem Erzählteil abgerundet. Gute Erfahrungen hat das Kollegium damit gemacht, dass – bis zur sechsten Klasse hinauf – das Frühstück in der Klassengemeinschaft eingenommen wird, ist es doch in einer kulturell gemischten Klasse spannend, die verschiedenen kulinarischen Spezialitäten zu würdigen und auszutauschen.

Gegen 10 Uhr findet die Hofpause statt, die etwa zwanzig Minuten dauert. Eine Schulglocke existiert nicht, die Lehrenden versuchen abzuspüren, wann die nächste Unterrichtseinheit sinnvoll beginnen kann. Die Zeit bis zum Mittagessen, die zweite Phase des

Tages, ist bestimmt durch die Künste: die Sprachen – die so unterrichtet werden, dass an das Sprachgefühl appelliert wird –, Musik, Malen und Eurythmie. Dann, wiederum etwa zwei Stunden später, eine Pause: das Mittagessen – es wird von den Klassen 1 bis 3 um 12 Uhr, von den Klassen 4 bis 6 um 12.45 Uhr eingenommen. Dabei wird darauf geachtet, drei Gänge zu servieren: eine Suppe, ein Hauptgericht, einen Nachtisch, um den Geschmackssinn vielfältig anzuregen. Was schon über das Frühstück gesagt worden ist, gilt für das Mittagessen in gesteigertem Maße: Wenn nach dem gemeinsamen türkischen, polnischen, spanischen, russischen, serbokroatischen oder deutschen Lied Raoul neben Fatima, Hans neben Onur sitzt, wird nicht nur gegessen, sondern auch geredet und damit Sprache gelernt.

Gegen 12.45 bzw. 13.15 Uhr versammeln die Klassenlehrer, die beim Essen immer dabei sind, ihre Schützlinge noch einmal für eine Viertelstunde – ein kurzer Rückblick auf das Vergangene, ein Vorblick auf das, was kommen wird, die Einteilung von Diensten, eventuell noch ein Lied oder eine Rezitation: Der Vormittag wird verdichtet und die Tür für das Weitere geöffnet. Danach geht es wiederum hinaus auf den Hof, mindestens für eine halbe Stunde. Auf diese Weise wird die schwierige Phase des Leistungsabfalls in der Tagesmitte durch das Mittagessen und das freie Spiel überbrückt.

Im dritten Teil des Tagesablaufes liegt der Schwerpunkt auf der Willenstätigkeit: dem Turnen, dem Handwerk, dem Projektunterricht. In Kleingruppen wird gebaut und gebastelt, Bogenschießen geübt, Theater gespielt, getanzt oder im Garten gearbeitet – Genaueres wird in Kapitel 9 geschildert. Nach dem Projektunterricht, gegen 15 Uhr für die Kleinen, um 16 Uhr für die Großen, die noch eine halbe Stunde Hausaufgabenbetreuung haben, endet die Schule, sofern die Schüler nicht noch bis 17 Uhr in den Hort gehen: Somit sind die Kinder sieben bis acht Stunden zusammen gewesen. Diese Zeit stellt sich als ein gegliederter Organismus dar, das Kollegium der Interkulturellen Waldorfschule strebt an, sie so zu gestalten, dass der ganze Mensch als denkender, fühlender und wollender herausgefordert und angeregt wird. Damit wird versucht, einem Bedürfnis zu folgen, das der leiblich-seelischen Konstitution der Kinder entspringt und von Rudolf Steiner so beschrieben wurde: «… geradeso wie ich auf der einen Seite sagen konnte, dass das künstlerische Leben zu reich ist und deshalb sich nach Verarmung sehnt, die im Intellektuellen ist, sodass das Intellektuelle aus dem Künstlerischen elementar hervorgeholt wird, so entsteht auf der anderen Seite, wenn das Kind sich künstlerisch betätigt, und weil im künstlerischen Betätigen der ganze Mensch in Aktion ist, ein gewisser Hunger nach Körpertätigkeit. Bei nichts entsteht der Hunger nach Körpertätigkeit mehr als bei künstlerischer Übung. Ist das Kind ein paar Stunden, die man sorgfältig ihrer Länge nach abwägen muss, schulmäßig künstlerisch beschäftigt worden, dann regt sich etwas im Organismus, das ganz bestimmte Körperübungen vollführen will. Der Mensch will sich ausleben in diesen Körperbewegungen. Das Künstlerische erzeugt den Hunger nach den richtigen Körperbewegungen.»[26]

# 7. Das «Was» und «Wie» des Lernens: Universalität und Interkulturalität

## Die Universalität der Menschenkunde

Wer Kinder aus so verschiedenen Kulturzusammenhängen und sozialen Schichten, wie sie an der Interkulturellen Waldorfschule zusammentreffen und geschildert worden sind, gemeinsam erziehen will, muss sich Rechenschaft darüber ablegen, wo denn Anknüpfungspunkte für dieses Gemeinsame liegen. Gibt es etwas, das für alle Kinder in gleicher Weise gilt? Oder ist jedes Kind von seiner Kultur und seiner sozialen Herkunft so geprägt, dass es nur mit denen etwas gemeinsam hat, die unter gleichen Lebensverhältnissen aufgewachsen sind? Eine wirklich integrative Pädagogik wird nur möglich sein, wenn etwas Transkulturelles, Allgemeinmenschliches in jedem Kinde lebt. Dieses Universelle aber lässt sich entdecken, wenn man Kinder unterschiedlichster Herkunft in ihrem Heranwachsen beobachtet: Jedes Einzelne setzt sich individuell auseinander mit den Eindrücken, die aus der Welt auf es einströmen. Selbst bei eineiigen Zwillingen gibt es dieses Element des ganz Persönlichen: In der Reaktion auf Farbeindrücke, beim Nachahmen, beim Laufenlernen zeigen sich markante

Unterschiede.[27] Jedes Kind ist seinem innersten Wesen nach ganz individuell – gerade darin besteht das Universelle.

Es mag zunächst den Anschein haben, als sei damit das Dilemma, vor dem die Pädagogik steht, nur noch größer geworden. Wenn jedes Kind seine eigene Identität gleichsam «mitbringt», kann es dann überhaupt allgemeine Erziehungsprinzipien geben? Muss nicht mit jedem Kind Pädagogik völlig neu erfunden werden? Geht man dieser Frage nach, so zeigt sich, dass neben die eine Einsicht in den individuellen Charakter jedes Kindes eine zweite zu stellen ist: Es gibt – ungeachtet aller individueller Varianten – leibliche und auch seelische Entwicklungsvorgänge, die eine gesetzmäßige, allgemeine Signatur tragen: Von der Geburt bis zum Erwachsenenalter vollzieht sich ein durchgreifender Gestaltwandel mit einer Veränderung der Proportionen von Kopf, Rumpf und Gliedmaßen, das Kind arbeitet an der Bewegung des Aufrichtens bis hin zum Gehen- und Stehenlernen, die Sprache gestaltet sich aus von den ersten Lallmonologen bis hin zu strukturierten Satzbildungen, die kognitiven Fähigkeiten wachsen und differenzieren sich. Dabei ist es so, dass sich gerade die körperlichen Veränderungen, innerhalb gewisser Bandbreiten, in verschiedenen Kulturen gleichermaßen ereignen, sodass man hier von biologisch bedingten, universellen Reifungsprozessen sprechen kann.[28] Allerdings liegt, auch bei so selbstverständlich anmutenden Vorgängen wie dem Aufrichten, kein einfacher Automatismus vor, vielmehr hat die Umgebung des Kindes einen erheblichen Einfluss auf die kindlichen Lernprozesse: Erfahrungen mit Kindern, die von Wölfen aufgezogen wurden, belegen, dass das Gehenlernen das menschliche Vorbild braucht.[29] Was für das Aufrichten gilt, gilt selbstverständlich in noch stärkerem Maße für das Sprechenlernen und die gedankliche Entwicklung: Hier spielt der Faktor des umgebenden Milieus, der «Kultur», eine entscheidende Rolle.

Überdies ist deutlich, dass die Kinder mit ihrer Aktivität in alle diese Prozesse hineinwirken, sodass wir in Bezug auf die kindliche Entwicklung von einem komplexen Ineinander von Reifung, Kultur und Individualität ausgehen können.[30] Was ergibt sich daraus für eine interkulturelle Pädagogik?

In der neueren Diskussion ist die Notwendigkeit der Abkehr von einer paternalistischen «Sonder-Pädagogik», die auf einer defizitorientierten Fürsorgehaltung beruht, betont worden; wichtig sei vielmehr die Anerkennung und Stärkung der persönlichen Potenziale der Migrantenkinder im Sinne eines «Empowerment»-Konzepts.[31] Eine inhaltliche pädagogische Ausrichtung wird dabei in Annäherung an Prinzipien einer «subjektorientierten Bildungsdidaktik» gesucht, die darauf abzielt, im Heranwachsenden veranlagte, entwicklungspsychologisch jeweils aktuelle Kompetenzen herauszufordern und zu unterstützen.[32]

Eine solche Orientierung greift Tendenzen auf, die Anfang des 20. Jahrhunderts im Rahmen der Reformpädagogik als Pädagogik «vom Kinde aus» angestrebt worden sind[33] und eine Grundlage der Waldorfpädagogik bilden: In konsequent altersspezifischer Ausrichtung wird bei den Entwicklungsbedürfnissen der Kinder und Jugendlichen angesetzt. Diese haben – unter Berücksichtigung aller individueller und kultureller Modifikationen – dennoch einen allgemeingültigen Charakter; sie sind in ihren Grundzügen vielfach beschrieben worden: Während das kleine Kind die Tendenz hat, die Menschen und Ereignisse der Umgebung nachzuahmen, entwickelt das Schulkind das Bedürfnis, einen Reichtum an inneren Vorstellungen zu gewinnen. Entsprechend wird es im Kindergarten darum gehen, neben dem freien Spiel sinnvolle Tätigkeiten wie etwa die Pflege des Gartens oder das Vorbereiten des Frühstücks mit den Kindern durchzuführen, während der Grundschullehrer stärker über das Wort wirkt und den Kindern durch anschauliche, lebendige Darstellungen ein facettenreiches Bild der Welt vermittelt. Im Übergang zur Pubertät wird es dann sinnvoll sein, dem wachsenden Urteilsvermögen der Schülerinnen und Schüler stärker Rechnung zu tragen; der Schritt von der Kenntnis zur Erkenntnis steht an. Formuliert man solche Grundrichtungen, wird sofort deutlich, dass bei ihrer Ausgestaltung die jeweilige Kultur eine wichtige Rolle spielen wird. Eine global gültige Pädagogik erscheint möglich, wenn drei Elemente in ein lebendiges Wechselspiel gebracht werden: Die leiblichen Veränderungen und die mit ihnen verbundenen psychischen Metamorphosen stellen die Herausforderungen dar, auf welche das pädagogische Handeln zu antworten hat; die jeweilige Kultur modifiziert diese Antworten und prägt damit das Seelische des Kindes; das seiner selbst immer stärker bewusst werdende Ich sucht auf der Grundlage der ihm gegebenen Anregungen seinen eigenen Weg.

Exakt an diesem Punkt zeigt sich die Fruchtbarkeit anthroposophischer Menschenkunde für eine interkulturelle Pädagogik, differenziert sie doch zwischen Leib, Seele und Geist und bekommt somit sowohl die universellen körperlichen Entwicklungsprozesse als auch die von der jeweiligen Sprache und Kultur geprägten seelischen Verhältnisse sowie die Individualität, das «Ich» des Kindes, in den Blick. Auf dieser Grundlage konnte eine internationale Schulbewegung mit insgesamt über tausend Schulen auf allen Kontinenten entstehen, in denen Waldorfpädagogik in völlig unterschiedlichen kulturellen Kontexten praktiziert wird.

Die Universalität der allgemeinen Menschenkunde bei gleichzeitiger Anpassung an die jeweilige Kulturumgebung ist also nicht ein theoretisches Konstrukt, sondern Leitlinie konkreten pädagogischen Handelns, sie ermöglicht die Einheit der Waldorfschulbewegung bei gleichzeitiger kultureller Vielfalt – anders in England, Schweden oder den Niederlanden als in Japan, Peru oder

Südafrika. Wie aber gestaltet sich der Schulalltag, wenn Kinder – wie an der Interkulturellen Waldorfschule – mit *völlig unterschiedlichen* kulturellen und sozialen Hintergründen in einer Klasse versammelt sind?

## Bereicherung durch Interkulturalität

Im Rahmen von Forschungen zur interkulturellen Pädagogik ist Paul Walter bei einer empirischen Untersuchung an kulturell-heterogenen Grundschulen zu einem hochinteressanten Ergebnis gekommen: In Grundschulklassen mit einem höheren Anteil von Migrantenkindern erreichten die Lehrerinnen und Lehrer «mehr aufmerksame Beteiligung ihrer Schüler(innen) als Lehrkräfte in Klassen mit wenigen ausländischen Schüler(innen)».[34] Die Erfahrungen an der Interkulturellen Waldorfschule unterstützen diesen Befund. Einfach durch die Anwesenheit von Migrantenkindern ergeben sich vielfältige Möglichkeiten, den Unterricht durch interkulturelle Aspekte zu bereichern.

Eine Klassenlehrerin berichtet: «Im rhythmischen Teil versuche ich eben auch, die Lieder zu singen, die ich aus dem Kroatischen oder Spanischen kann. Oder wir zählen manchmal bis zehn in allen Sprachen, die bei uns leben. Oder ich frage: Was macht ihr denn zu Hause vor dem Mittagessen? Betet ihr oder sprecht ihr etwas? Und dann erzählen die Kinder. Das lebt bei uns in der Klasse.»

Es können auch gerade aktuelle internationale Ereignisse, etwa Festivals der Begegnung wie die Fußballweltmeisterschaft, aufgegriffen werden, um – wie es ein Klassenlehrer getan hat – über Kinder aus den beteiligten Ländern zu erzählen.

Darüber hinaus ist eine Erfahrung immer wieder gemacht worden: Im normalen Waldorflehrplan gibt es eine Fülle von Anknüpfungspunkten für das Einbringen interkultureller Elemente, manche Inhalte sind unmittelbar interkulturell. Als Lehrer muss man also nicht «alles anders machen», vielmehr bietet es sich an, die vorhandenen – menschenkundlich begründeten – Lehrplanhinweise aufzugreifen und im Blick auf die Kinder zu modifizieren oder zu ergänzen – eine Aufgabe, bei der das Kollegium sich noch als suchend und experimentierend empfindet. In diesem Sinn sei ein kurzer Blick auf die Erzählteile des Hauptunterrichts geworfen.

Es ist die Erfahrung gemacht worden, dass die Märchen, die in der ersten Klasse erzählt werden, durchweg alle Kinder ansprechen, ob es sich nun um die Märchen der Brüder Grimm oder um ausländische Märchen handelt. Entscheidend ist, dass der erzählende Lehrer in ihnen lebt und dass es echte Volksmärchen sind, die Wahrbilder der menschlichen Existenz wiedergeben. Urbildliche Gestalten wie das tapfere Schneiderlein oder der Däumling sind per se transkulturell, ebenso Motive wie der Neid der bösen Stiefmutter auf Schneewittchen oder das Mitleid im Sterntaler-Märchen. Solche Bilder sind Archetypen der Menschheit, daher treten sie in ähnlicher Form in ganz verschiedenen Kulturen auf.

Ähnliches gilt auch für die Legenden und Fabeln in der zweiten Klasse. Die Haltung einer Elisabeth von Thüringen gegenüber den Armen oder eines Franziskus ist von allgemein menschlicher Qualität. Besonders beliebt sind die Tierfabeln in der zweiten Klasse, denn die Kinder lieben es, sich in andere Wesen hineinzuversetzen. Mit Leichtigkeit identifizieren sie sich mit dem listigen Fuchs, der den Käse aus dem Schnabel der eitlen Krähe gewinnt. Der starke Stier, der stolze Pfau und der gierige Fleischerhund sind ihnen unmittelbar vertraut, begegnen sie doch in ihnen einem Spiegel menschlicher Einseitigkeiten und beginnen daran, erste Gefühlsurteile zu bilden. Allerdings ist gerade bei den Legenden die Erzählvorlage genau zu prüfen, kommt es doch in den vorliegenden Fassungen immer wieder vor, dass das «gute» Christentum in unreflektierter Weise gegenüber dem «schlechten» Heidentum abgegrenzt wird und einseitige Urteile gefällt werden. Wichtig für die Kinder ist es selbstverständlich auch, Geschichten aus anderen Kulturkreisen einzubeziehen.

Ein Klassenlehrer berichtet: «Ich habe wirklich geschaut, was es in den anderen Kulturen gibt. Und da habe ich zum Beispiel eine Geschichte gefunden, die sehr schön war, da ging es um einen türkischen Esel und eine Ziege. Das habe ich ein Vierteljahr lang erzählt. Das fanden die Kinder toll, denn es kamen auch Motive vor wie eine Moschee oder der Ramadan. Und dann ist es so, dass die Kinder von zu Hause erzählen, wie sie das Zuckerfest gefeiert haben. Dann fragt man nach den Ritualen, und ein Junge erzählt, wie er den Eltern die Hand küsst, um ihnen seine Ehrfurcht zu zeigen. So etwas greift man auf und spricht darüber.»

Etwa um das neunte Lebensjahr, oft in der dritten Klasse, vollzieht sich ein neuer Entwicklungsschritt: Die Kinder verlieren die selbstverständliche Unbefangenheit gegenüber ihrer Umgebung. Damit tauchen existenzielle Fragen nach der Herkunft von Mensch und Schöpfung auf. Woher kommen die Blumen, die Bäume, die Erde und ihre Bewohner? Woher komme ich selbst? Auch gegenüber den Mitmenschen, den Eltern und dem Lehrer tritt eine gewisse Distanzierung ein. Woher weiß der Lehrer, was er sagt? Handelt er willkürlich oder nach einem höheren Gesetz?

Angesichts solcher Fragestellungen erfährt das Kind eine Hilfe durch die Geschichten aus dem Alten Testament. Es findet sich ausgestoßen aus der Geborgenheit der ersten Kindheit, es erwacht allmählich zum Erleben von Recht und Unrecht. Nun hört es, wie die Welt erschaffen wurde und wie die ersten Menschen das Paradies verlassen mussten. Es erlebt aber auch, wie Jahwe, der Gott Israels, sein Volk durch die Gebote leitet und wie immer wieder Propheten auftreten, um es nach Abirrungen auf den rechten Weg zurückzubringen.

Nun ist das Alte Testament ja auch Grundlage des Koran, sodass es weder bei den Kindern noch bei den islamischen Eltern irgendwelche Vorbehalte gegeben hat. Eher waren es manche deutsche Eltern, die gegenüber den religiösen Inhalten und besonders der Sicht eines persönlichen Gottes eine kritische Distanz zeigten. Das wurde dann zum Thema am Elternabend und befruchtete insofern den Unterricht, als ein Lehrer ergänzend auch einen indischen Schöpfungsmythos erzählte. Zudem konnte darauf hingewiesen werden, dass in der vierten Klasse ein anderer Blick auf die Weltentstehung geworfen wird, und zwar auf dem Hintergrund der nordischen Kulturen. Nicht ein einziger, sondern eine Vielzahl von Göttern bestimmen dort die Geschicke auf der Erde, nicht in der klaren Abfolge von sieben Schöpfungstagen wird die Weltentstehung geschildert, sondern in dem urtümlichen Bild des Riesen Ymir, aus dessen Leib die Götter die Welt werden ließen. Aus Ask und Embla, Esche und Ulme, erschafft Odin das erste Menschenpaar, und die Schüler erleben halbbewusst, wie neben das rationale Element der jüdischen Kultur das eher willenshaftlebendige der nordischen tritt. Besonders deutlich wird das bei den dramatischen Auseinandersetzungen im Reiche der Götter, wo der gewaltige Thor seinen Hammer Mjölnir schleudert, der nach jedem Wurf in seine Hand zurückkehrt, ein Motiv, das – quer durch die Kulturen, Schichten und Geschlechter – besonders geliebt wurde.

Ein unmittelbar interkultureller Zugang findet sich in der fünften Klasse im ersten Geschichtsunterricht, dessen Erzählteile über die eigentliche Epoche hinaus den Hauptunterricht des ganzen Schuljahres durchziehen. In diesem Unterricht wird nicht nationalstaatlich, sondern universalgeschichtlich angesetzt: In bildhafter Weise lässt der Unterrichtende die wesentlichen Schritte der Menschheitsentwicklung und des damit verbundenen Bewusstseinswandels in kindgemäßer Weise aufleuchten: das Leben in den Stammesverbänden der Frühgeschichte, die Sesshaftwerdung im Umkreis der frühen persischen Kultur, die Hochkulturen Sumers und Ägyptens, der Übergang von einer mythischen zu einer gedanklich geprägten Weltauffassung in der griechischen Kultur.

Wiederum war bewegend zu erleben, wie die Kinder – unabhängig davon, welchen kulturellen Hintergrund sie haben – sich in die Motive einlebten, wohl weil sie empfanden, dass die bewusstseinsgeschichtliche Evolution der Menschheit mit ihrer eigenen zusammenklingt: Der Übergang vom Pharao, der in unmittelbarer Beziehung zur geistigen Welt steht, zu einem Odysseus, der selber denkt und diese Eigenständigkeit erfährt, findet im Alter von elf, zwölf Jahren auch in ihnen statt.

Erfahrungen mit dem Geschichtsunterricht der sechsten Klasse lagen zum Zeitpunkt der Redaktion dieses Buches noch nicht vor, doch steht zu erwarten, dass gerade die Geschichte des Mittelalters mit der wechselvollen Beziehung von christlicher und islamischer Welt eine spannende Angelegenheit sein wird.

Es ist durch einen Blick auf die Erzählteile von der ersten bis zur fünften Klasse angedeutet worden, wie im Waldorflehrplan durch seine konsequent altersspezifische Orientierung und das Aufgreifen verschiedener Kulturströmungen Grundelemente einer interkulturellen Pädagogik vorgebildet sind; die ersten Erfahrungen an der Interkulturellen Waldorfschule zeigen, wie sie in kulturell heterogenen Klassen schöpferisch angeeignet und ergänzt werden können. Nun kommen selbstverständlich interkulturelle Motive nicht nur im Hauptunterricht vor, vielmehr gibt es auch im Fachunterricht reichlich Gelegenheit, andere Kulturen einzubeziehen: im Englischunterricht als anfängliche Landeskunde, in der Heimatkunde als sporadische Ausweitung auf eine «Herkunftskunde», im Turnunterricht durch die Einbeziehung internationaler Volkstänze – über das Fach Begegnungssprache wird noch gesondert zu berichten sein (siehe Kapitel 8).

Besonders schön ist es, wenn das Interkulturelle im Arbeitsbezug leben kann. Die Handarbeitslehrerin beispielsweise hat darauf hingewiesen, dass das Stricken aus dem arabischen Kulturkreis stammt, und darüber hinaus die Baumwolle mit einer Erzählung eingeführt, in der ein Indianerjunge bei der Baumwollernte mithelfen darf. Im Projektunterricht hat eine Lehrerin anknüpfend an die Hausbau-Epoche der dritten Klasse mit den Schülerinnen und Schülern Hausmodelle aus verschiedenen Kulturkreisen gebaut, in diesem Zusammenhang hat sich die Klasse mit den Inuit, den Indianern und afrikanischen Stämmen beschäftigt.

Eine besondere Rolle in Bezug auf die Verständigung zwischen den Kulturen kommt den Künsten zu. Eine Farbe, ein Klang, eine Bewegung wird nicht durch die Sphäre sprachlich vermittelter Vorstellungen aufgenommen, sondern durch die unmittelbare Empfindung – insofern sind die Künste per se interkulturell, obwohl sie selbstverständlich kulturell gefärbt sind. Die Tatsache, dass im Waldorfunterricht viel gemalt, gesungen, getanzt und Theater gespielt wird, ist daher für die Interkulturelle Waldorfschule von großer Bedeutung, gehen doch im künstlerischen Üben die Kinder von gleichen Voraussetzungen, nämlich ihrer ganz individuellen Begabung, aus. Nun wird in einer Kunst wie dem Malen, wo der Einzelne übt und dann die entstandenen Bilder gemeinsam betrachtet werden, darauf geachtet, dass manchmal auch Aufgaben gestellt werden, die eine Gruppe gemeinsam zu lösen hat.

Was auf solche Weise entstehen kann, berichtet ein Projektlehrer: «Ich habe den Kindern im Projektunterricht ein großes Blatt gegeben zum Malen eines gemeinsamen Bildes, und dann haben sie zwei Sonnen gemalt. Als sie gemerkt haben, dass da zwei Sonnen sind, waren sie zunächst erschrocken: Was machen wir jetzt? Und dann sind sie auf die Idee gekommen, dass das eine die aufgehende Sonne ist und das andere die untergehende Sonne. Die haben sie etwas dunkler gemalt und die andere heller. So haben die Kinder darauf geachtet, dass es ein gemeinsames Bild wird!»

Ganz wichtig für das Zusammenfinden der Kinder ist die Musik. Ein Lehrer schildert: «Spannend ist, dass man über die Musik sehr schön nachvollziehen kann: Wie ist eine Kultur eigentlich beschaffen? Was leben darin für Temperamente? Und wenn man so die einzelnen Musikstile nebeneinanderstellen oder -hören würde, dann hat man eigentlich schon ein sehr gutes Bild von den Kulturen, den Nationen – und innerhalb der Nationen dann auch noch einmal von den verschiedenen Regionen. Wenn man beispielsweise die angloamerikanische Kultur anschaut: das Irische, das Englische, das Schottische, da gibt es Unterschiede, aber auch wieder Bezugspunkte.»

Vieles von den hier liegenden Möglichkeiten ist sicher noch nicht realisiert worden, dennoch lässt sich sagen, dass Musik das gesamte Schulleben durchklingt: Gesungen wird im Hauptunterricht, in den Sprachen, vor dem Mittagessen und manchmal noch im Projektunterricht. Dabei wechseln deutsche und Lieder aus anderen Kulturen einander ab; wer morgens in die Vorhalle kommt, wird auch türkische, russische, serbokroatische, polnische, französische oder spanische Klänge hören. Besonders beliebt ist es, eine Melodie in verschiedenen Sprachen zu singen: Bruder Jakob alias Frère Jacques ist dafür ein typisches Beispiel.

Das gemeinsame Singen erfüllt gleichzeitig eine wichtige soziale Funktion: Es wird das Hinhören geübt. Orientalische Lieder mit ihrer ganz anderen Klangfarbe sind in diesem Zusammenhang eine bedeutende Schulung: Es gilt, die zunächst ungewohnten Vierteltonschritte «vorzuhören» und dann zu treffen, eine bei den Schülerinnen und Schülern beliebte Übung. Über die soziale Bedeutung des Singens berichtet ein Lehrer: «Ich sehe, wie gut den Kindern das Singen tut. Ich mache im Hauptunterricht morgens immer ein richtig langes Singprogramm. Die Kinder singen gerne, und das tut ihnen auch gut, merke ich. Wenn ich viel mit ihnen singe, sind sie danach irgendwie friedlicher miteinander.»

Der Instrumentalunterricht unterstützt und fördert das Bemühen um die Verfeinerung des Hörens. Er beginnt in der ersten Klasse, auch im Rahmen des Hauptunterrichts, mit dem Spielen auf der Flöte und setzt sich in den folgenden Klassen so fort, dass gesungene Lieder auf der Flöte begleitet werden – wobei der Wechsel von eigenem Tun und Zuhören pädagogisch besonders wertvoll ist. Darüber hinaus werden die Kinder angeregt, ein eigenes Musikinstrument zu lernen. Wenn auch die eine Stunde in der Woche, die für den Instrumentalunterricht zur Verfügung steht, wenig ist, weil viele Kinder zu Hause kaum zum Üben angehalten werden, bildet sich doch allmählich – klassenübergreifend – ein erstes kleines Streichorchester.

Ein künstlerisches Fach, das in der Interkulturellen Waldorfschule noch um Anerkennung ringt, ist die Eurythmie. Es ist schon dargestellt worden, dass manche Kinder stark von Fernsehen, Film und Computerspielen beeinflusst sind – samt entsprechender Ausdrucksmuster besonders «cooler» Vorbilder. Für solche Kinder ist es schwer, in Bewegungen einzutauchen, die Ausdruck eines differenzierten seelischen Lebens sind, besonders wenn sie als «Quereinsteiger» in die Klasse gekommen sind. Wegen der auftretenden Schwierigkeiten hat sich das Kollegium entschlossen, in den beiden oberen Klassen, die aus einer Klassenteilung hervorgegangen sind und in denen es mehrheitlich neu hinzugekommene Schülerinnen und Schüler gibt, eine Zeitlang anstelle der Eurythmie eine rhythmisch orientierte Gymnastik einzurichten.

Anders verhält es sich mit den unteren Klassen, die von Beginn an Eurythmie gehabt haben. Hier ist es gelungen, an die natürliche Bewegungsfreude der Kinder anzuknüpfen, sodass sie – unabhängig von ihrer sozialen oder kulturellen Prägung – gern zur Eurythmiestunde kommen und mit Begeisterung wie die Zwerge trippeln oder wie die Riesen stapfen, präzise Rhythmen laufen oder geometrische Formen gestalten.

Ein besonderes Charakteristikum der Interkulturellen Waldorfschule ist die Einrichtung des Faches «Orientalische Musik und Bewegung» mit zwei Stunden pro Woche in den Klassen. Dabei leitet der türkische Musiklehrer die Schülerinnen und Schüler an, sich auf Instrumenten zu üben, die teilweise eine tausendjährige Tradition haben: das Bogeninstrument Rebab, die Saiteninstrumente Saz und Dombra sowie die Trommeln Davur, Bendir, Kudun und Daburka. Seine Erfahrungen beschreibt er als überaus positiv: «Es ist faszinierend, miterleben zu dürfen, wie die Kinder, die aus verschiedenen Kulturkreisen stammen, doch so harmonisch und unproblematisch die gleiche universelle musikalische Sprache sprechen können. Das zeigt, dass Kinder anderen Kulturen ohne Vorurteile begegnen, sich das andere Kulturgut aneignen und es stolz vorführen. Somit sind Kinder mit ihrem interkulturellen Bewusstsein richtige und wichtige Grundsteine für ein harmonisches Miteinander in der Gesellschaft, in der sie leben.»

Inzwischen haben sich sowohl eine Trommel- als auch eine Saz-AG gebildet, bei Schulfeiern sind sie schon gemeinsam aufgetreten. Wenn die Kinder sich auf diese Weise mit der orientalischen Musik, ihren Rhythmen und Tänzen verbinden, wachsen sie in eine Tradition hinein, die auf einer ganzheitlichen Betrachtung des Menschen beruht und welche der Musik auch eine therapeutisch wirkende Kraft zuspricht. In der Tat lässt sich immer wieder beobachten, dass sich auch in Situationen, in denen die Kinder aufgeregt und unruhig sind, bald Inseln der Ruhe ausbreiten, wenn der feine Ton der Saz erklingt.

Neben dem bisher Geschilderten hat es im letzten Jahr noch einen weiteren unmittelbar interkulturellen Akzent in der Schule gegeben: ein Schattenspiel, das im Rahmen des Projektunterrichts von neun Schülerinnen und Schülern der fünften Klasse eingeübt wurde. Es knüpfte an die alte Tradition des türkischen Schattentheaters an, das als Volkskunst im Osmanischen Reich weiteste Verbreitung gefunden und seine Figuren aus der Vielfalt der damaligen multikulturellen Gesellschaft genommen hat. Der Türkischlehrer und eine Mutter der Schule, die aus ihrem Studium des Figurentheaters und der Bildenden Künste die entsprechenden Kenntnisse und Fähigkeiten mitbrachte, leiteten die Kinder an, Kulissen und Spielfiguren zu basteln und sich an die Stückvorlage – das Märchen «Tahir und Sühre» – heranzutasten. Besonders interessant für die Kinder war, dass sie neben festgelegten Spielformen auch einige Dialoge selbst entwickeln konnten und dass die Musikbegleitung eine besondere Rolle spielte: Verschiedene Rhythmusinstrumente wurden eingebaut und türkische Lieder eingeübt und gesungen. Bei den Aufführungen stellte sich schnell eine Atmosphäre wie aus Tausendundeinenacht ein, und als das Stück gar zum Auftakt der Mannheimer Schultheaterwoche ausgewählt und in den Tageszeitungen lobend besprochen wurde, waren die jungen Akteure mächtig stolz.

Wenn man sich, wie eben geschehen, vergegenwärtigt, auf welche Weise interkulturelle Aspekte den Unterricht bereichern, ist noch ein Doppeltes zu bedenken. Einerseits können solche Ansätze, das Fremde zu würdigen, ihm Aufmerksamkeit und Empathie entgegenzubringen, nur fruchtbar sein, wenn die Gesamtatmosphäre der Schule von einer Mentalität getragen ist, bei der das Wertende, Beurteilende und definitorisch Festlegende zurücktritt gegenüber einer Grundhaltung, welche eine Vielfalt von Gesichtspunkten gelten lässt. Genau das aber ist, bis in das Methodische hinein, in der Waldorfpädagogik angelegt und wird in der Interkulturellen Waldorfschule umzusetzen versucht: Beim Aquarellmalen werden die Bilder in ihrer Vielfalt charakterisiert und nicht zensiert, beim Addieren wird nicht die Aufgabe gestellt: ‹Was ist 5 plus 7?› und damit *ein* Ergebnis vorgegeben, sondern es wird gefragt: ‹Was steckt in der 12?› Und das kann eben 5 und 7 sein, aber auch 4 und 8 oder 9 und 3 – es gibt *eine Fülle von Möglichkeiten.* An solchen subtilen Feinheiten zeigt sich, was von den Lehrerinnen und Lehrern immer wieder betont wird: Waldorfpädagogik ist per se interkulturell.

Andererseits ist wichtig zu beachten, die Interkulturalität im Unterricht nicht zu stark zu gewichten, besteht doch auch die Gefahr, die Verschiedenheit der Kulturen zu massiv herauszuarbeiten und damit zu verfestigen. Eine Lehrerin bemerkt: «Wenn wir immerfort fragen ‹Wo ist denn die Interkulturalität?›, werfen wir doch dauernd einen Graben auf, ich bin geradezu erschüttert. Da denke ich manchmal: Ja, was denn? Denn die Kinder nehmen ein Indianermärchen, ein Inuit-Märchen genauso auf wie ein russisches. Ich denke, das Grundwesen ist doch überall das gleiche.»

Insofern bemüht sich das Kollegium, ein Gleichgewicht zu halten und bewusst auch transkulturelle Motive, etwa das Anknüpfen an die Natur und den Jahreslauf, zu pflegen.

## Die Feste

Eine große Bereicherung des Schullebens stellen die Feste dar: Sie sind, von der Aufnahme der Schulanfänger angefangen über die Monatsfeiern, den Fasching, das Sommerfest bis hin zum russischen Frühlingsfest oder zum Zuckerfest am Ende des Ramadan immer ein Leben im Miteinander von Kulturen. Gerade bei den «Monatsfeiern», bei denen die Klassen einander und den Eltern zeigen, was sie gelernt haben, tritt das internationale Element deutlich zutage. Die Eingangshalle, die als Festsaal und Bühne zugleich dient, summt dann von vielstimmigem Leben: türkische mischen sich mit deutschen, russischen, polnischen und spanischen Lauten. Bunt wie die sprachliche Vielfalt ist auch das Erscheinungsbild der Menschen, die sich versammeln: Junge Mütter in Jeans sitzen neben Großmüttern mit Kopftuch, knochigen Gesichtern und Kaftanen, Väter mit abgetragenen Jacketts und Plastiktüten neben solchen in legeren Sakkos. Gespannt sind alle Blicke nach vorne gerichtet, wo zunächst die Erstklässler vorstellen, was sie schon können: Abzählreime, Rechenübungen und Gedichte. So folgt Klasse auf Klasse, und innerhalb von zwei Stunden sind durch Lieder, Dichtungen, Reigen, Tänze und kleine Szenen Fenster geöffnet worden nach Frankreich, England, Spanien, Russland, Polen, dem Balkan und dem Orient.

Jede Monatsfeier ist somit ein Fest kultureller Begegnung und Teilhabe. Dabei werden traditionelle Grenzen überschritten. Besonders deutlich zeigte sich das beim weihnachtlichen Krippenspiel: Ein muslimisches Mädchen übernahm ganz selbstverständlich die Rolle der Maria. So ungewohnt das zunächst auch erscheinen mag, so gut lässt es sich verstehen: Auch im Islam gilt «Maryam», die Mutter des Propheten Jesu, als bedeutende Gestalt. Das unmittelbare Empfinden der Kinder für die Echtheit von Bildern und Riten kann zur Grundlage für späteres interreligiöses Verstehen werden.

In diesem Zusammenhang ist es eindrücklich, mit welchem Engagement die zumeist türkischen Eltern das «Zuckerfest» am Ende des Ramadan vorbereitet und gestaltet haben. Dabei erstreckten sich einzelne Aktivitäten in die verschiedenen Räume: Eltern führten ein türkisches Märchen als Schattenspiel auf, Schülerinnen und Schüler zeigten orientalische Tänze, es gab ein orientalisches Café und eine Leseecke. Die Schilderung eines Gastes mag exemplarisch einen Eindruck vermitteln von der Atmosphäre eines solchen Festes: «Nach und nach treffen die Besucher ein. Viele der Erwachsenen sind schwer beladen mit allen möglichen orientalischen Köstlichkeiten, die auf zwei gegenüberliegenden Tischreihen aufgebaut werden. Auf der einen Seite stapeln sich die salzigen Teile mit Schafskäse und pikanten Gewürzen, auf der anderen Seite die süßen Spezereien: türkischer Honig, Ekmek Kadais (köstlicher Blätterteig in Zuckersoße), alle möglichen Arten von Keksen und Kleingebäck, aber auch Linzer Torte, Gewürz- und Zitronenkuchen.

Um 17 Uhr ist die Haupthalle brechend voll. Zahlreiche Eltern sind gekommen, aber noch viel mehr kleine Gäste. Hier ist nicht die Durchschnittsfamilie mit 1,3 Kindern vertreten; vier oder fünf Sprösslinge sind keine Seltenheit.

Es wird leiser. Eine deutsche Waldorfmutter und der Türkischlehrer nehmen Aufstellung und halten jeweils eine kurze Rede – mit dem Mikrofon. Dies ist bei Waldorfs nicht unbedingt üblich, aber die Schule ist in letzter Zeit derart gewachsen und es sind so viele Menschen gekommen …

Kaum sind die Ansprachen zu Ende, formiert sich ein Teil der Besucher zu einem großen Kreis, und es wird zu orientalischer Musik getanzt. Danach tritt eine Schülergruppe aller ‹Nationalitäten› auf in prächtigen Gewändern, die Mädchen mit bunten Kopftüchern, die Jungen mit reich verziertem Fez, und führen einen weiteren Tanz auf.

Endlich wird das Büffet freigegeben. In einer langen Schlange stellt man sich an, und jeder lädt sich den Teller voll. ‹Und das alles kostet nichts!?›, wundert sich ein deutscher Gast. Tatsächlich! Nirgendwo eine Kasse. Selbst den Spendenteller sucht man vergebens. Und niemand braucht sich zu beeilen, denn auch der Letzte kann sich noch von allem bedienen – es ist wie im Schlaraffenland!

Ich bin drei jungen, in lange Mäntel gekleideten, türkischen Müttern gefolgt. Das fröhliche Bunt ihrer Kopftücher nimmt ihrer Kleidung die Strenge. An der Schwelle zu einem Klassenzimmer haben sie ihre Schuhe ausgezogen. Ich tue es ihnen nach. Das Zimmer ist mit echten Orientteppichen ausgelegt. Weiche Kissen und Polster laden zum Verweilen ein.

‹Hallo, hierher!›, ruft es aus einer Ecke. Es ist T., ein deutscher Schüler der sechsten Klasse. Mit meinem Kuchenteller steuere ich auf ihn zu und lasse mich auf ein Polster fallen. ‹Hier dürfen aber nur Türken sitzen›, begrüßt mich U., sein türkischer Klassenkamerad, und grinst mich verwegen an, und eine lustige Unterhaltung beginnt.

Nach einiger Zeit verlassen mich die Jungs, und ich wende mich einer türkischen Familie zu, die links von mir sitzt. Eine benutzte und leer getrunkene Kaffeetasse steht umgedreht auf einer Untertasse, sodass der Kaffeesatz hervorquillt. ‹Ich kann das Schicksal eines Menschen lesen›, beantwortet die Mutter meinen fragenden Blick. ‹Nur bei meinem Mann will das nicht gelingen›, und sie lächelt mild, ‹ich kenne ihn wohl schon zu gut. Aber denjenigen, der diese Tasse ausgetrunken hat, kenne ich nicht.› Bedächtig nimmt sie das Trinkgefäß, und konzentriert betrachtet sie das in der Tat sehr eigensinnige Muster, welches der ausgelaufene Kaffeesatz hinterlassen hat. ‹Dieser Mann hat im Augenblick große Sorgen und Kummer, er ist unruhig.› Sie dreht ein wenig die Tasse. ‹Er wird einem Hammel den Kopf schneiden, sehen Sie?›, und sie deutet auf einen eckigen Fleck, der von wellenförmigen Schlieren umgeben ist. ‹Die Sorgen werden verschwinden, und der Mann wird ein langes Leben haben.›

‹Inschallah – wenn Gott es will›, fügt der Ehemann leise hinzu.

Zwei Stunden sind wie im Flug vergangen. Viele fleißige Hände räumen alles zusammen und fegen die Räume. Ich verabschiede mich von der türkischen Familie. ‹Schöne Ferien!›, wünscht mir eine andere türkische Mutter im Vorbeigehen.

Auf der Treppe begegnet mir eine Frau, die ihre brünette Haarpracht offen trägt. Ich kenne sie vom Sehen. Sie lächelt mich freundlich an. Ich frage nach ihrem Namen. Er ist schön, aber ziemlich kompliziert. ‹Hat Ihr Name auch eine deutsche Bedeutung?›, möchte ich wissen. Sie überlegt kurz. ‹Das heißt etwa *heilige Erde*.›

Auf der lärmenden Straße allenthalben Verabschiedungen, Händeschütteln, Umarmungen.

Mit etwas zu viel Zucker im Blut, aber warmem Herzen gehen die Menschen nach Hause.»

Zu ergänzen ist noch, dass bei dem eben beschriebenen Fest aus dem Jahre 2006 auch der religiöse Hintergrund zur Sprache kam: Ein Islamwissenschaftler hielt einen kurzen Vortrag über den Sinn des Ramadan, indem er das Fasten in den Zusammenhang der muslimischen Ethik stellte. Den Abschluss bildeten Sufi-Gesänge, gesungen und gespielt von mit der Schule verbundenen Künstlern auf ihren traditionellen Instrumenten. Die echte Ergriffenheit und Hingabe, mit der die alten Texte vorgetragen wurden, übertrug sich auf die Zuhörer – es war zu erleben, welche Kraft sozialer Verbindung von dem Bemühen ausgeht, sowohl die christlichen wie die islamischen Feste zu feiern, und dem Streben, kulturelle Motive der verschiedenen Nationalitäten aufzugreifen.

## Authentizität und Erziehungskunst

In den vorangegangenen Ausführungen ist angedeutet worden, wie das interkulturelle Element im Unterricht und den Festen in der Mannheimer Schule lebt; vielleicht konnte auch deutlich werden, welche Möglichkeiten in dieser Richtung in der Waldorfpädagogik liegen. Nun wird ja mit der Interkulturellen Waldorfschule mit ihrem dezidiert sozial-integrativen und interkulturellen Konzept pädagogisches Neuland beschritten. Von daher stellt sich, auch im Kollegium, immer wieder die Frage: Welche besondere Prägung nimmt die Waldorfpädagogik angesichts einer solchen Herausforderung an? Worauf ist besonders zu achten? Was muss anders gemacht werden? Solche Fragen regen an, uns noch einmal die Kinder vor Augen zu führen, um die es geht – in ihrer Unterschiedlichkeit, ihrer Lebensfreude, ihrer Willensintensität. Was brauchen diese Kinder?

Das Allerwichtigste ist, kurz gesagt: die authentische Lehrerpersönlichkeit. «Diese Kinder», so eine Lehrerin, «reagieren ungeheuer auf die Persönlichkeit. Alle, alle unsere Kinder. Wie stellt sich die Persönlichkeit und wie stimmt das Innere mit dem Äußeren überein? Da wird abgeprüft, und es wird gesagt: Jawohl, das nehme ich dem ab, und dann folgen sie.»

Zu Anfang wird diese Prüfungssituation zumeist als verunsichernd wahrgenommen, sie kann Selbstzweifel auslösen. Ein neu beginnender Lehrer: «Viele Dinge, die einem Kinder hier sagen, können einen nicht nur verletzen, die können einen auch wirklich ins Grübeln bringen: Wieso sagt ein Kind so etwas zu mir? Strahle ich irgendetwas aus? Habe ich irgendetwas an mir, was dieses Kind dazu veranlasst, oder war es jetzt einfach nur gedankenlos?»

Angesichts solcher Erfahrungen kommt es nun darauf an, einerseits solche Anwürfe nicht persönlich zu nehmen und andererseits sich um Klarheit, Verlässlichkeit und Konsequenz zu bemühen.

Doch reicht es nicht aus, den Schülerinnen und Schülern einen verlässlichen Rahmen zu bieten, es geht auch darum, diesen Raum mit pädagogischer Qualität zu erfüllen. Daher steht jede Lehrerin, jeder Lehrer vor der Aufgabe, Waldorfpädagogik auf diese konkreten Kinder hin neu ergreifen zu lernen. Das verlangt eine Besinnung auf die Grundlage: die allgemeine Menschenkunde. Und nun gilt es, aus einer solchen Anschauung des sich entwickelnden Kindes heraus die pädagogische Umsetzung jeweils neu und individuell zu erfinden. Wenn das versucht wird, lässt sich oft an den Kindern ablesen, ob ein methodischer Handgriff sinnvoll war, und manchmal ist es so, dass von den Kindern selbst Antworten auf ein Problem kommen, mit dem der Lehrende gerade umgeht. Ein Beispiel zur Verdeutlichung: Im Projektunterricht bemerkt ein Lehrer, dass bei den Jungen seiner Gruppe sehr deutliche Vorstellungen darüber existieren, was «Jungensachen» und was «nur Mädchensachen» sind. Nun erzählt er eine Geschichte aus dem Mittelalter und lässt die Kinder zwei Burgen aus Ton bauen. Sofort teilt sich die Gruppe: Die Jungen schließen sich zusammen, die Mädchen bleiben übrig und bauen ihre Burg. Das geht zwei Tage so. Dann aber bemerken die Jungen, wie schön die Burg der Mädchen aussieht, während es bei ihnen selbst nicht so gut klappt. Und dann kommt von der Jungenseite der Wunsch: Können wir die Gruppen nicht auch ein bisschen mischen?

Das wirklich Pädagogische besteht nicht im Ermahnen und in moralischer Belehrung, sondern darin, eine Atmosphäre zu schaffen, einen Raum zu bilden, in dem die Kinder sich selbst belehren und erziehen können. Einfühlungsvermögen und Einfallsreichtum sind Vorbedingungen dafür – und die Bereitschaft, in jeder Situation neu kreativ zu sein. «Pädagogik ist 5 Prozent Wissen und 95 Prozent Intuition. Ich hatte viel gelernt und war sicher, dass ich die Kinder erreichen kann. Und dann bin ich hierher gekommen und habe festgestellt: Ich habe gar keine Ahnung! Ich muss von vorn anfangen und wieder meine Menschenkunde lesen, wieder alles neu ergreifen», berichtet ein Projektlehrer.

Eine solche Haltung ist gänzlich verschieden von dem Umsetzen pädagogischer Rezepte; das Kleben an festen Vorstellungen wird von mehreren Lehrerinnen und Lehrern übereinstimmend als größter Feind des erzieherischen Handelns erlebt: «Man muss sich freimachen von diesem ‹Man tut das!› und ‹Man macht das!›, gefragt ist die Authentizität!» – «Also wenn jemand versucht zu handeln nach dem Motto: ‹Das muss so und so sein!›, klappt das nicht. Oder wenn jemand versucht, seine Vorstellungen durchzusetzen: Das klappt nicht … Und in Momenten, wo man sich gar nichts vorstellt, wo man sich sagt: ‹Ich habe es vorbereitet, aber nichts erwartet› – auf einmal: Alle steigen darauf ein!»

Was mit solchen Aussagen tastend umrissen wird, ist das Realisieren von Erziehungskunst: aus Geistesgegenwart und dem Wahrnehmen dieser Kinder heraus pädagogisch tätig zu sein. Das verlangt – zumindest am Anfang – nicht ein Weniger, sondern ein Mehr an Vorbereitung, wie eine Lehrerin schildert: «Im ersten Jahr war es kräftemäßig schwer. Ich bin vom hohen Ross auf die Nase geflogen! Weil ich dachte: Klar, mach ich mit links! Englischunterricht, habe ich ja schon in Südamerika gemacht! Ich habe dann gesehen, dass es anders ist, dass man sich hundertprozentig vorbereiten, dass man einen Plan A und einen Plan B und einen Plan C haben muss …» – um es letztlich dann vielleicht auf eine noch andere Weise zu machen. Denn wie der Lehrende den Unterricht gestaltet, hat er aus der Wahrnehmung der Kinder zu erspüren und aus dem Vertrauen in seinen allmählich wachsenden «pädagogischen Instinkt». Das verlangt ein stetes Ringen um ein Gleichgewicht zwischen Form und Freiheit, zwischen Anspannung und Entspannung, das verlangt einen «atmenden Unterricht». «Dieser Prozess: Einatmen und Ausatmen, der ist mir ein bisschen klarer geworden durch die Kinder. Die zeigen alles», fasst ein Lehrer die Erfahrung seiner ersten «Lehrjahre» zusammen.

Im Umgang mit dem Wahrnehmen der eigenen Unzulänglichkeiten beim Erlernen der beschriebenen subtilen erziehungskünstlerischen Fähigkeiten und den vielfältigen Herausforderungen ist eines besonders wichtig: der Humor – und der wird im Kollegium herzhaft gepflegt. «Da muss man einfach mit ein bisschen Humor dran», lacht einer der Lehrer. «Und wenn man sich dann trifft und erzählt seine Anekdote, die man im Unterricht erlebt hat, dann wird mit einer gewissen Heiterkeit der Sache begegnet, und das macht es einem dann wieder leichter …»

Dieser Humor wurzelt in einer tief sitzenden Zuversicht des Kollegiums in die Entwicklungsfähigkeit der Kinder. Wenn genügend Geduld aufgebracht wird, können Kinder Schritte tun, die man zunächst nicht erwartet hätte. In einem Fach wie Handarbeit wird das besonders sichtbar. «Bei einem Mädchen habe ich mich gefragt, ob sie jemals stricken lernt – und sie hat es gelernt ... Ich habe es über mehrere Wochen hinweg immer wieder probiert. Und eines Tages – als hätte es ‹Klick› gemacht im Kopf – fing es an.» Oder: «Es sind einige Jungs in der ersten Klasse gewesen, die sich in die Handarbeit gar nicht hineinfinden konnten – das war ihnen einfach zu schwer. Die haben rumgeschrien: ‹Ich mache das nicht! Seh ich doch gar nicht ein!› Oder: ‹Ich kann das nicht!› Und einer von denen kommt jetzt fast jeden Tag, wenn er mich sieht, auf mich zu und sagt: ‹Haben wir dich heute? Nee? Schade!›» So die Handarbeitslehrerin.

Solche und ähnliche Erfahrungen können vielfach gemacht werden, und bei nicht wenigen Kindern hat man den Eindruck, dass sie vom Willen her aufwachen: Wenn eine Tätigkeit langsam angeleitet, zielgerichtet durchgeführt und gründlich geübt wird, werden sie allmählich auch im Intellekt heller und bewusster. Für diese Kinder – und zahlreiche Migrantenkinder zählen dazu – ist es besonders wichtig, dass der Unterricht nicht abstrakt, sondern in einer bildhaften Anschaulichkeit gegeben wird. Umgekehrt gibt es andere Kinder, die gedanklich früh wach sind und in diesem Bereich auch ihr «Futter» brauchen. Hier stellt sich die schwierige Aufgabe der «Binnendifferenzierung».

Ein Lehrer berichtet, wie er dabei vorgeht: «Von außen betrachtet ist es in den unteren Klassen einfach so, dass man bei den Kindern den Eindruck erwecken muss: Es werden alle vor die gleichen Aufgaben gestellt und alle haben die gleiche Arbeit zu leisten, es gibt gar keine Ausnahmen. Nach innen hin und sozusagen etwas verborgen muss ich darauf sehen, dass nicht der eine ständig über- und der andere ständig unterfordert ist. Da kann ich, beispielsweise im Rechnen, noch Sternchenaufgaben für die Schnelleren geben. Später, wenn sie dreizehn, vierzehn, fünfzehn sind, kann ich verschiedenen Schülergruppen unterschiedliche Aufgaben stellen und das auch mit ihnen besprechen.»

Insgesamt hat das Kollegium den Eindruck: Durch die Vielfalt der Angebote im Waldorflehrplan – die Epochen im Hauptunterricht, die künstlerischen Fächer wie Musik, Malen und Eurythmie und den handlungsorientierten Unterricht (Werken, Handarbeit) sowie die «Extras», über die noch zu sprechen sein wird (die Begegnungssprache und die Projektarbeit) – bekommen alle Kinder genügend Anregungen, das ihnen Entsprechende aufzugreifen und sich selbst weiterzuentwickeln.

# 8. Die Sprachpflege: deutsches Sprachmilieu und Begegnungssprache

Am 12. Januar 2006 ereignete sich ein für die Debatte um Integration symptomatischer Vorfall: In der größten türkischen Zeitung, *Hürriyet*, erschien ein Artikel, der in erregter Form gegen die an der Berliner Herbert-Hoover-Oberschule geltende Hausordnung protestierte, die auch in den Pausen auf dem Schulhof den Gebrauch der deutschen Sprache vorschreibt.[35] Der Artikel löste eine gewaltige Aufregung aus, innerhalb weniger Tage stand die Schulleitung im Zentrum massiver Angriffe vonseiten türkischer Verbände und linker Kritiker: Von Zwangsgermanisierung, Verbotsmentalität, «die Hass und Diskriminierung fördert», und Verletzung der Grundrechte war die Rede. Erst allmählich klärten sich die realen Verhältnisse. Dabei wurde deutlich, dass die Schulordnung Ergebnis eines demokratischen Prozesses war, der zu einer einstimmigen Verabschiedung durch die Schulkonferenz – der Gesamtvertretung von Lehrern, Schülern und Eltern – geführt hatte.

Der Schülersprecher, als Sohn pakistanischer Eltern selbst ein Migrantenkind, erläuterte geduldig die Gründe für die Entscheidung: In einer Schule, in der über 90 Prozent der Schülerinnen und Schüler eine nicht-deutsche Herkunftssprache hätten, sei es von enormer Wichtigkeit, eine verbindliche Verkehrssprache zu haben. Und es sei hilfreich, wenn Sprache nicht nur im Unterricht, sondern auch in spielerischer, ungezwungener Form im Gespräch mit Freunden gelernt werde: «Unser Deutsch hat sich im letzten Jahr verbessert, und auch die Aggressionen gehen zurück, seitdem sich alle in einer Sprache zu verständigen versuchen.»

Die angeführte Episode macht klar: Niemandem, der in Deutschland lebt, ist ein Gefallen damit getan, wenn man ihm nicht die deutsche Sprache beibringt. Andererseits ist deutlich: Sprache und Identitätsbildung hängen eng zusammen, unsere Sichtweisen sind bedingt durch die Begriffe, mit denen wir täglich umgehen. Sprache ist so etwas wie ein Netz, das der Mensch über die Wirklichkeit wirft, sie transportiert nicht nur Informationen, sondern in ihr leben auch Gefühle und kulturelle Wertsetzungen.[36] Auf diesem Hintergrund mag die Angst mancher Menschen vor dem Verlust der kulturellen Identität ihrer Kinder verständlich sein – man möchte bewahren, was einem im fernen Heimatland lieb und teuer war.

Dennoch wäre es verfehlt, in nostalgischer Rückwendung die Situation zu verdrängen, in der Migrantenkinder real aufwachsen. Sie finden sich in einer praktizierten Zweisprachigkeit vor, und vielfach ist diese ein Mischmasch aus gebrochenem Deutsch und ihrer Herkunftssprache, die sie ebenfalls oft nur gebrochen sprechen, denn sie lernen auch ihre Herkunftssprache ja ausschließlich im familiären Rahmen und üblicherweise nicht als Schriftsprache bzw. in der Form der Hochsprache. Das aber führt dazu, dass seine Sprache das Migrantenkind in *beiden* Kulturen stigmatisiert und dümmer erscheinen lässt, als es ist: Der in Berlin geborene jugendliche Mehmet wird nicht nur von den gleichaltrigen Deutschen in Berlin auf den Arm genommen, sondern auch von den gleichaltrigen Türken in Istanbul ausgelacht.

Kinder mit Migrationshintergrund haben also ein doppeltes

Sprachproblem: Zum einen müssen sie – und wollen es in der Regel auch – möglichst schnell Deutsch lernen, um sich in dieser Umgebung zurechtzufinden, aber sie müssen Deutsch als Fremdsprache lernen, weil in der Familie üblicherweise die Herkunftssprache der Eltern gesprochen wird und die Eltern Deutsch oft selbst nicht oder nur gebrochen sprechen können. Mangelnde Beherrschung des Deutschen ist aber tatsächlich der wichtigste Grund dafür, dass Kinder mit Migrationshintergrund sich in der deutschen Gesellschaft nicht zurechtfinden und dauerhaft benachteiligt bleiben.[37]

Interkulturelle Pädagogik steht somit ganz wesentlich vor der Aufgabe, den Kindern mit Migrationshintergrund vor allem anderen das Erlernen der deutschen Sprache zu ermöglichen und ihnen zu helfen, die vielfältigen sprachlichen Barrieren zu überwinden. Das gilt selbstverständlich genauso für die Mannheimer Schule. Auch hier musste die wissenschaftliche Begleitung im Rahmen eines Tests der sprachlichen Schulreife feststellen, dass die deutschsprachigen Kinder bis auf einige Ausnahmen (die es immerhin gibt!) die für den Schuleintritt «normale» Stufe 4 erreichen, während die große Mehrzahl der Kinder mit Migrationshintergrund nur Stufe 2 erreicht![38]

Ein Sprachlehrer erläutert dazu: «Ich glaube, dass nicht nur Migrantenkinder, aber vorzugsweise Migrantenkinder in ihren sprachlichen Fähigkeiten die eine oder andere Schwierigkeit mehr haben. Ich denke z.B. an die zwei türkischen Kinder, da merke ich ganz klar, dass ihnen oft die Worte fehlen, da wird dann mit ‹Dings› und ‹so Sachen› und mit Platzhaltern gearbeitet. Es gibt andere Kinder, wie das kroatische Mädchen, die hat sich grammatisch Dinge angeeignet, die aus ihrer eigenen Sprache ins Deutsche geflossen sein müssen, jedenfalls verwendet sie das immer wieder, es ist aber falsch … Es gibt auch einige deutsche Kinder, die sprachliche Schwierigkeiten haben, aber nicht so viele wie Migrantenkinder.»

Zum anderen müssen die Kinder mit Migrationshintergrund die Fremdsprache Deutsch auf der Basis einer höchst unvollkommenen, keineswegs wirklich beherrschten Muttersprache erlernen, deren Erwerb oft auf einer frühkindlichen Stufe stehen geblieben ist. «Das ist ja die eigentliche Tragik», meinte ein Klassenlehrer. «Wenn ich das anschaue: Sie sprechen eine ungeschliffene Muttersprache – woher sie auch immer kommen –, und sie sprechen ungeschliffenes Deutsch. Ungeschliffen im Sinne von: sie haben es nicht als ‹native speaker› mitbekommen. Also konnten sie es nicht nachahmen bzw. nur das nachahmen, was sie eben vom Elternhaus bekommen haben, und sehr vieles war eben nicht muttersprachlich.»

Und die Sprachlehrerin: «Dieser Junge hat ein großes Mitteilungsbedürfnis, aber er kann sich auf Deutsch nicht klar ausdrücken. Und kommt deswegen mit den Botschaften nicht an, die er rüberbringen will. Es ist ein armes Kind. In ihm steckt viel, an das man erst rankommen muss. Und ich glaube, seine Sprachdefizite stehen ihm sehr im Weg.»

Sprachlich gesehen scheinen Migrantenkinder also zwischen allen Stühlen zu sitzen. Dabei sind viele Sprachwissenschaftler der Meinung, dass Fremdsprachen erst dann problemlos gelernt werden können, wenn die Muttersprache gekonnt wird – eine schlechte Prognose für die einsprachig aufwachsenden Migrantenkinder. Demgegenüber gibt es einige, die – z.B. bei sprachlich gemischten Eltern – von vornherein zweisprachig aufwachsen, die also Deutsch spontan mit der ausländischen Sprache mitlernen. Auch das löst die Probleme nur bedingt bzw. hat neue Probleme zur Folge. So weiß etwa eine polnische Lehrerin der Interkulturellen Waldorfschule zu berichten: «Ich spreche mit meiner Tochter zu Hause polnisch. Ich merke es, wenn wir während der Ferien Besuch von Kindern haben, dann verwechselt sie die Sprachen manchmal. Zu Hause ist es zeitweilig so, dass es auf Deutsch einfacher ist. Ich versuche, mit ihr polnisch zu sprechen. Aber sie wechselt, macht ‹Code-Switching›, das heißt, sie wechselt von Sprache zu Sprache … Ich weiß, es gibt viele, viele Probleme bei zweisprachigen Kindern. Denn sie können nicht richtig parallel zwei Grammatiken lernen: eine Grammatik geht gut und eine andere schlecht.»

An diesem Punkt des Sprachunterrichts setzt die pädagogische Aufgabe der interkulturellen Schule ein: Die Kinder sollen lernen, die lebensweltliche Mehrsprachigkeit als Chance zu begreifen, in mehrere Sprachen hineinzuwachsen und sich damit ein reicheres, umfassenderes Wirklichkeitsverständnis zu erschließen. Eine Projektlehrerin drückt es so aus: «Die ausländischen Kinder müssen Deutsch lernen, natürlich! Wir sind eine deutsche Schule. Sie sind hierhergekommen! Ja, sie sollen Deutsch lernen, außerdem ordentlich Englisch lernen. Sie sollen nach Möglichkeit unsere zweite Fremdsprache ordentlich lernen und sie sollen ihre Muttersprache sprechen lernen. Damit sie, wenn sie sechzehn sind, selber lesen können, selber schreiben können und nachgucken: Wo komme ich her? Und wenn sie sich dafür interessieren, darin forschen.»

Wie geht nun die Interkulturelle Waldorfschule mit diesem für Waldorfschulen bisher unbekannten Problembündel um? Wie bemüht sie sich um die so wichtige sprachliche Integration der Migrantenkinder, ohne die in der Tat auch die gesellschaftlich-berufliche Integration später nicht gelingen kann?

## Strukturelle Voraussetzungen

Um es gleich vorweg zu sagen: Die Interkulturelle Waldorfschule hat *nicht* versucht, die sprachlichen Probleme durch irgendwelche Eingangsbedingungen wie etwa Sprachprüfungen und Sprachtests zu lösen. Natürlich ist es eine Erleichterung, wenn die aufgenommenen Kinder Deutsch zumindest ansatzweise verstehen (was in der Regel der Fall ist). Aber die Schule hat auch schon Kinder aufgenommen, die kein Wort Deutsch verstehen – geschweige denn sprechen – konnten. Das Problem wird also nicht auf die erzieherischen Vorinstanzen, die Eltern, abgeschoben und durch einen stillschweigenden Selektionsmechanismus «gelöst», der vielen Migrantenkindern den Zugang zu dieser Schule verbauen würde. Und die Schule hat völlig darauf verzichtet, spezielle vorgeschaltete oder parallele deutsche Sprachkurse für die Migrantenkinder einzurichten, wie sie derzeit vor allem Politikern als Allheilmittel erscheinen – und zwar einfach deshalb, weil sich solch eine spezielle Sprachförderung nicht als notwendig herausgestellt hat.

Ein erster ganz wesentlicher, ebenso einfacher wie genialer Lösungsansatz kommt aus einer strukturellen Grundsatzentscheidung, die bei der Vorbereitung der Schulgründung getroffen worden und ursprünglich aus einem ganz anderen Grund – nämlich als praktische Antwort auf die Frage «Wann sind wir eigentlich interkulturell?» – zustande gekommen war: Die Gründer hatten nämlich festgelegt, dass das Zahlenverhältnis von deutschen zu ausländischen Kindern an der Schule immer ungefähr bei 50:50 liegen sollte, und die Nachprüfung zeigt, dass dieses Verhältnis zwar nicht in jeder Klasse, aber im Schuldurchschnitt tatsächlich erreicht wird.

Was ziemlich bürokratisch klingt, erweist sich im Nachhinein als Glücksgriff: Da die Gruppe der ausländischen Schüler kulturell nicht homogen ist, sondern sich aus vielen verschiedenen Sprachgruppen zusammensetzt, ist nämlich Deutsch die einzige Sprache, in der sich alle Kinder miteinander verständigen können!

Das hat eine ganz einfache, logische, in der Sache liegende Folge: Es ist damit selbstverständlich (und auch gar nicht anders praktikabel), dass die Schülerinnen und Schüler im Unterricht, aber auch in allen Pausen, beim Mittagessen, im Projektunterricht, also überall in der Schule, Deutsch sprechen – müssen, um miteinander reden zu können. Das ergibt sich ganz von selbst und aus sachlicher Notwendigkeit, ohne dass jemand Ge- oder Verbote erlassen müsste.

Auf diese höchst einfache Weise erspart sich die Schule ähnliche Probleme wie die eingangs zitierte Herbert-Hoover-Oberschule: An der Interkulturellen Waldorfschule Mannheim wurde niemals auch nur erwogen, ein vergleichbares «Deutschgebot» auszusprechen. Ein Klassenlehrer: «Wenn es irgendein Problem gibt, ein Kind ist hingefallen oder geärgert worden, schimpft es oft in seiner Muttersprache, und dann lässt man es sprechen. Erstmal sollen die Kinder es ausheulen, und meistens kommen dann so viele Bruchstücke auf Deutsch, dass der Wechsel ins Deutsche bald gelingt.»

Denn jeder Lehrer weiß, dass sich das von selbst regeln wird, sobald die Kinder mit anderen Mitschülern sprechen wollen. «Sie können reden, was sie wollen. Sie reden meistens deutsch miteinander», so die Englischlehrerin.

Man muss sich in diesem Kontext vergegenwärtigen, dass viele Schülerinnen und Schüler sich ja, wie oben erwähnt, auch in ihrer Herkunftssprache nur gebrochen ausdrücken können. Das bestätigt wiederum die Englischlehrerin: «Meine Kolleginnen und ich machen immer wieder die Erfahrung, dass türkische Kinder z.B. die deutsche Sprache bevorzugen, um Kontakte zu knüpfen. Nur wenige beherrschen das türkische Vokabular und die Grammatik vollständig. Die Kenntnisse der Schüler sind da eher begrenzt.» Deutsch ist also ganz selbstverständlich die Verkehrssprache der Schule – weil es gar nicht anders geht.

Im Unterricht gibt es mit dem *Sitzplan* noch ein anderes formales Instrument, um sprachliche Mischung zu erzwingen. Von einer Ausnahme abgesehen, bei der ein Klassenlehrer zwei türkische Kinder bewusst auseinandergesetzt hat, weil er den Eindruck von einer zu engen «Symbiose» hatte, versichern alle Klassenlehrer, dass die sprachliche Mischung beim Sitzplan überhaupt keine Rolle spielt. Kriterium ist vielmehr, wie an allen Waldorfschulen üblich, die Ordnung nach Temperamenten und darüber hinaus der mehr disziplinarische Gesichtspunkt, welche Kinder in Blickfeld und Reichweite des Lehrers sitzen sollten. Gelegentliche Liberalisierungen des vom Klassenlehrer verfügten Sitzplans z.B. im Fachunterricht zeigen übrigens, dass sich die Kinder schon in der zweiten Klasse von sich aus nicht nach Sprachgruppen zusammensetzen, sondern nach Sympathie.

Durch eine so einfache 50:50-Regelung könnte man also das Problem der Verkehrssprache an den Schulen mit hohem Ausländeranteil lösen, das im Falle der Berliner Schule fast zu diplomatischen Verwicklungen geführt hätte. Man ist sofort versucht, mit Blick auf die Schulpolitiker zu sagen: Greift das doch auf, löst die Ghetto-Schulen mit ihrem mitunter über achtzigprozentigen Anteil ausländischer Kinder auf, indem ihr in solchen Fällen das hergebrachte Sprengelprinzip durchbrecht. Denn damit sorgt ihr für die allerelementarste Voraussetzung für eine Integration der Kinder mit Migrationshintergrund, nämlich die einigermaßen ausgewogene Mischung der verschiedenen Sprachgruppen. Dadurch wird ein spontanes, dem natürlichen Spracherwerb vergleichbares umgangssprachliches Sprachklima geschaffen, in dem die Kinder spontan deutsch sprechen lernen können – und mit Sicherheit besser und kompetenter als in jedem speziellen Sprachkurs, in dem die Migrantenkinder ja wieder nur unter sich sind.

Dass hier bürokratische Normen elementaren pädagogischen Anforderungen widersprechen und damit eine gewisse Scheinheiligkeit in die rigorosen Integrationsforderungen mancher Politiker bringen, erkennen auch die Eltern der ausländischen Kinder sehr gut. Eine türkische Mutter nach den Gründen für die Ummeldung ihres Kindes von der städtischen Grundschule an die Interkulturelle Waldorfschule befragt, rief aus: «Ja, wie soll sich denn mein Kind hier integrieren, wenn nur zwei andere Kinder in seiner Klasse deutsch sprechen!»

Ein anderer, im Allgemeinen eher problematischer Umstand erleichtert die sprachliche Integration der Migrantenkinder an der Interkulturellen Waldorfschule ebenfalls. Mit der Grundentscheidung der Schule, sich selbst unmittelbar im sozialen Brennpunktviertel Neckarstadt-West anzusiedeln und ihre Kinder auch überwiegend dort zu rekrutieren, erreicht sie natürlich – wie gewollt – auch viele deutschsprechende Kinder aus sogenannten bildungsfernen sozialen Verhältnissen.[39] Kinder aus der «Unterschicht» sprechen aber nun, wie Soziologen immer wieder bestätigt haben, ihre Muttersprache keineswegs auf hohem, dem sogenannten elaborierten Niveau, sondern sie sprechen den «restricted code», d.h. eine Variante der Muttersprache mit sehr einfacher grammatischer Struktur, höchst begrenztem Wortschatz und kurzen, oft unvollständigen Sätzen, die sich oft auf Ausrufe reduzieren. Außerdem haben manche dieser eigentlich deutschsprachigen Kinder erhebliche Artikulations- und Lautbildungsschwierigkeiten.

Für unser Problem hat das folgende durchaus nützliche Konsequenz: Trotz der nachgewiesenen sprachlichen Differenz zwischen deutschen und Migrantenkindern haben auch eine Reihe der deutschen Kinder erhebliche Schwächen im sprachlichen Ausdruck. Für die Lehrer an der Interkulturellen Waldorfschule stellen sich damit vergleichsweise hohe Anforderungen an die sprachliche Förderung fast *aller* Kinder – ganz unabhängig von ihrer kulturellen oder nationalen Zugehörigkeit. Sie haben es mit so eingeschränkten sprachlichen Voraussetzungen auch bei den deutschen Kindern zu tun, wie dies Lehrern an «normalen» Waldorfschulen wohl nur in Ausnahmefällen begegnet. Das heißt, dass sie es damit trotz hohem Anteil von Kindern mit Migrationshintergrund mit einer einigermaßen homogenen sprachlichen Ausgangssituation zu tun haben, die die ganze Klasse betrifft – und nicht ein Sonderproblem der Migrantenkinder ist. Diese sind damit keine «besondere Problemgruppe», sondern aus der Sicht des Lehrers integrierter Teil der allgemeinen Aufgabe intensiver sprachlicher Förderung. Das kommt gerade ihnen ganz ohne Zweifel zugute; sie stehen hier nicht hoffnungslos am unteren Ende, sondern lernen mit allen anderen Kindern gemeinsam und werden mit ihnen gefördert.

Wie sieht diese Förderung der deutschen Sprache an der Interkulturellen Waldorfschule konkret aus?

## Pflege der deutschen Sprache im Unterricht

Der Pflege der deutschen Sprache und der Spracherziehung wird in der Waldorfpädagogik seit jeher große Aufmerksamkeit gewidmet. Im Grunde geht die Interkulturelle Schule über dieses ohnehin breite Instrumentarium der Waldorfschulen zur Spracherziehung auch gar nicht hinaus – allenfalls nutzt sie die Instrumente bewusster und sorgfältiger. Es hat sich aber nirgends als notwendig erwiesen, zusätzliche Maßnahmen zur Sprachförderung zu ergreifen.

Sehr wirksame Möglichkeiten für die Pflege der deutschen Sprache eröffnet z.B. die besondere Form des Hauptunterrichts, der durch den sogenannten *rhythmischen Teil* zu Beginn ganz selbstverständlich ein tägliches sprachliches Üben einschließt. Dabei wechseln Gedichtrezitationen mit Liedern, Flöten, Reigenspielen und Bewegungsübungen ab. Auch Sprachübungen, «Zungenbrecher», gehören hier hinein, sowohl für das Klassenganze als auch für einzelne Schülerinnen und Schüler. Es ist bewegend zu erleben, mit welcher Freude gerade von Migrantenkindern Lautfolgen gesprochen werden wie: «Zuwider zwingen zwar zwei zweckige Zwacker ...» – und manches andere.

An der Interkulturellen Waldorfschule wird, wie an jeder anderen Waldorfschule, dem *chorischen Sprechen* breiter Raum gegeben. Da werden Balladen, Gedichte, Sprüche laut von der ganzen Klasse gesprochen, mit bewusster Betonung, klarem Rhythmus und in deutlicher Artikulation. Überhaupt – laut! – mitzusprechen, ist die erste Hürde, aber dann trägt die Gruppe, man kann sich an den Mitschülern orientieren und beginnt, unter der Anleitung des Lehrers allmählich immer bewusster auf die verschiedenen Komponenten des Sprechens zu achten. Es wird nicht der Einzelne korrigiert, sondern die Gruppe, in der er mitlernt, indem er sie unterstützt und sich dadurch zugleich an ihr orientiert. Zudem ist der Einzelne ein wenig entlastet, weil er zumindest meint, sich etwas hinter den anderen verstecken zu können – ohne zu wissen, dass der Lehrer sehr wohl jedes einzelne Kind heraushört und jeden Fortschritt bemerkt.

Ein Klassenlehrer: «Wir gehen dann durch Krisen. Gerade

heute haben wir wieder so eine Krise gehabt. Wir sind bei den Alliterationen, jetzt können die Kinder das so weit, aber als Nächstes geht es mir darum, dass es exakt gemacht wird und keiner danebengreift. Und dass keiner den Stab fallen lässt. Hieran haben wir heute gefeilt, das mussten wir abbrechen, jetzt sind wir bloß bis zur Hälfte gekommen, wir haben es heute nicht einmal durchgeschafft. Das ist hart. Für uns alle. Für mich auch. Und dann wieder drangehen, bis der Durchgriff geschafft ist.»

Im Nachvollzug der vorgegebenen Form, im Wahrnehmen der Unterschiede von Vokalen und Konsonanten wächst der Mut zum Sprechen. Anspruchsvollere Kindergedichte, Gedichte – etwa von Goethe, Mörike, Meyer oder Fontane – sowie Balladen schließen sich an. Die Freude an den Lauten einerseits, am Rhythmus und der Intonationsmelodie andererseits differenziert sich, bestimmte Sprachbilder und Formulierungen prägen sich ein. Das «Interkulturelle» der Schule macht sich hier höchstens insofern bemerkbar, als vielleicht – im Vergleich zu anderen Waldorfschulen – noch mehr Wert darauf gelegt wird, auch Lieder und Reime aus anderen Kulturkreisen (auf Deutsch übersetzt) mit einzubeziehen. Aber das deutsche Sprachvermögen der Kinder wird hier fast nebenbei, quasi spontan gefördert: nicht durch abstrakten «Unterricht», sondern durch aktiven Umgang mit der gesprochenen (Hoch-)Sprache.

«Sprachlich ist es so: Es gibt Kinder, die nicht alles verstehen, aber auch da hat sich im Vergleich zum ersten Jahr schon vieles verbessert, weil wir ja wirklich auch viel rezitieren. Und der eine oder andere kriegt inzwischen viel mehr mit als im ersten Jahr. Von daher sind die Kinder jetzt schon anders anzusprechen», berichtet der Klassenlehrer der 2. Klasse.

Verstärkt wird dieser Weg zum Verstehen und zum Gebrauch auch komplizierterer Wendungen durch den *Erzählteil*, der den

Hauptunterricht abschließt. Im Anhören der Märchen, Legenden, Sagen, Mythen und Biografien begegnen die Schülerinnen und Schüler täglich einer bildhaften, künstlerisch geformten Sprache. Damit wird durch die stetige Wiederholung ganz elementar eines vermittelt: Sprache ist mehr, als mit Kurz- oder Halbsätzen irgendetwas einzufordern oder jemanden zu beschimpfen, Sprache ist das Eintauchen in eine reiche, vielgestaltige Erlebniswelt. Dazu gehören auch Wörter, die man nicht dauernd auf der Straße hören kann. Die in diesem Zusammenhang auftretende Schwierigkeit schildert ein Klassenlehrer an einem Beispiel: «Wir wissen alle, was ein Wrack ist. Aber wie kann man Kindern, die nicht deutsch sprechen, dieses Wort nahebringen – ohne blanke Vokabelerläuterung? Also beginne ich zu beschreiben: Klippen, die Macht des Wassers, große Fische, kleine Fische, viele verschiedene Algen – und dazwischen liegt das Wrack. Das vergisst kein Kind mehr.»[40]

Der Klassenlehrer der ersten Klasse: «Ich möchte die Kinder dazu erziehen, dazu bringen, dazu animieren, dass sie fragen. Wenn ich erzähle: ‹Die Kinder haben keine Furcht›, dass sie dann fragen: ‹Was ist Furcht?› Dann kann ich den Bogen machen, in irgendeinem Halbsatz zu sagen: ‹Ängstlich waren sie gar nicht.› Dass sie lernen, wirklich nachzufragen. Und dass daran gar nichts Schlimmes ist. Dass das wirklich dazugehört, um es zu verstehen.»

Wichtig erscheint, dass die Klassenlehrerinnen und Klassenlehrer ganz hinter dieser Art von Sprachvermittlung stehen und sich sorgfältig auf die Gedichte und Erzählungen vorbereiten. Wenn der Lehrende selbst das Gedicht auswendig und lebendig spricht, sich mit den lautlichen, rhythmischen und inhaltlichen Qualitäten des Werkes vertraut gemacht hat, wenn er mit der Bilderwelt eines Märchens, einer Legende oder Sage lebt, dann steigen die Kinder ebenfalls ein, und allmählich wächst das Gefühl auch für die Feinheiten der Sprache.

«Wenn dann meine Schülerin E. zu mir kommt und sagt: ‹Ich habe einen Schmetterling erhascht!›, freue ich mich darüber. Zwar weiß ich, dass sie nichts über das Wort ‹erhaschen› sagen kann. Aber sie hat eine Möglichkeit gefunden, wenn sie wieder in eine ähnliche Stimmung kommt, sich anders auszudrücken als: ‹Ich hab 'nen Schmetterling zusammengepatscht›», berichtet ein Klassenlehrer.[41]

Eine wichtige Rolle beim Aneignen einer lebendigen, ausdrucksstarken Sprache spielen auch die sogenannten *Zeugnissprüche*. Ein solcher Spruch wird, wie an allen Waldorfschulen, jedem Kind für ein Jahr vom Klassenlehrer gegeben. Dabei versucht er, dem Kind in einem Bild bis in Reim, Rhythmus und Lautbildung Verse zu schenken, die seinem Wesen innerlich entgegenkommen, ihm eine Anregung geben und zugleich Hilfe sein können. Jede Woche – am Tag, an dem es geboren ist – spricht das Kind «seinen Spruch» vor der Klasse und wird von den Mitschülern wahrgenommen. Das ist eine sehr anspruchsvolle individuelle Sprachübung!

Gelegenheiten zur sprachlichen Förderung gibt es im Waldorfunterricht sehr viele, weil dort sehr bewusst mit Sprache umgegangen wird. «Am Ende der Stunde habe ich immer ein Rätsel gestellt», schildert ein Klassenlehrer. «Dann fingen die Kinder nach zwei, drei Wochen sofort an zu sagen: ‹Darf ich das vorlesen?›, daraufhin habe ich eben begonnen, die Rätsel aufzuschreiben, und die Kinder haben sie dann vorgelesen. Es gibt ein paar ziemlich schwache Kinder in der Klasse, auch was das Lesen betrifft. Es ging nicht nur den ausländischen Kindern so, dass das Lesen nicht immer ganz leichtfiel. Aber von daher hatten sie dann mit dem Lesen ein bisschen Übung. Oder auch sprachlich – diese Rätsel sind ja nicht immer ganz einfach, und darin kommen natürlich auch Wörter vor, die sie noch nicht kennen.»

Im Wesentlichen enthält also der ganz reguläre Lehrplan der Waldorfschule bereits die Elemente, die an der interkulturellen Schule zur Sprachförderung für die deutschsprachigen wie für die Migrantenkinder benötigt werden: «Eigentlich ist der Aufbau des ganzen Hauptunterrichts schon so, dass er passt – dadurch, dass wir wirklich viel reden, dass man auf die Sprache achtet, viel singt, viel mit Bewegung macht», charakterisiert ein Klassenlehrer. Natürlich ist auch die Zusammenarbeit mit den Eltern wichtig. «Da ist immer noch viel Bedarf, und ich sage den Eltern auch immer, sie sollen, wenn möglich, abends wirklich mit den Kindern vor dem Schlafengehen gemeinsam etwas lesen und es dann auch wiederholen, damit die Kinder in die Sprache hineinkommen. Weil das außerordentlich wichtig ist für das, was im Unterricht alles folgt.»

Im Wesentlichen gilt aber auch für die Spracherziehung, dass die Erziehung der Kinder bei der Selbsterziehung des Lehrers beginnt. Auch das bestätigt ein Klassenlehrer: «Ich versuche, nach und nach die Stellen an mir selber wahrzunehmen: Wo sprichst du undeutlich, wo musst du auf eine Wortvielfalt achten? Wie kannst du Synonyme verwenden, z.B. Furcht und Angst? Da ist mir aufgegangen, dass ich das auch so erzählen kann. Das mag dann immer mal ein Halbsatz mehr sein, aber es ist eben möglich, dann doch mehr zu verstehen. Das ist auch für die deutschen Kinder eine Wortschatzbereicherung. Die Frage ist ja immer: Was kann ich als Lehrer tun?»

Sprachliche Barrieren zwischen den Kindern verringern sich bereits während der ersten Klasse, im Laufe der zweiten sind keine mehr vorhanden. Alle können jetzt gut miteinander deutsch sprechen, und auch Unterschiede im Sprachprofiltest, die zu Beginn der Schulzeit deutlich bestehen, können nach der zweiten Klasse nicht mehr nachgewiesen werden.[42] «Gerade Z. und auch viele Kinder, die am Anfang gar nicht einsteigen konnten, können jetzt zuhören. In der ersten Klasse haben sie oft gar nichts verstanden. Da musste man eine Geschichte noch mit Gesten und Bewegungen darstellen, damit sie überhaupt einsteigen konnten. Das ist bei den Erstklässlern oft noch der Fall. In der zweiten Klasse ist es jetzt so: Außer J., der einer Geschichte nicht zuhören kann – obwohl er das alles aufnehmen *könnte*, er kann aber einfach nicht dabeibleiben – und S. können jetzt alle anderen wirklich alles verstehen. Sie können auch am nächsten Tag stichpunktartig wiedergeben, worum es ging. Es wird also wirklich verstanden», berichtet der Klassenlehrer der zweiten Klasse.

Das heißt: Auch ohne zusätzliche sprachbezogene Fördermaßnahmen, allein durch das, was guter Waldorfunterricht ohnehin zur Sprachförderung vorsieht und was hier bewusst beachtet wird, gelingt der Interkulturellen Waldorfschule die sprachliche Integration der Kinder mit Migrationshintergrund schrittweise schon im Laufe des ersten Schuljahres, nach dem zweiten ist sie erreicht. Das aber ist die Voraussetzung für alles weitere schulische Lernen, das immer an den kompetenten Umgang mit der deutschen Sprache gebunden ist. «Eine gute Kultivierung der Sprache, der Schrift, das gehört mit zur Seelenbildung! Und wenn ich dieses nicht übe, wodurch will ich meine Seele dann differenzieren?», fragt eine Projektlehrerin.

Daraus kann man allerdings nicht schließen, dass keine individuelle Förderung einzelner Kinder im Unterricht mehr notwendig wäre. Nach wie vor tun sich einzelne Migrantenkinder mit der deutschen Sprache schwer, und außerdem sind in die Klassen auch später noch neue Kinder aufgenommen worden, die zum Teil sehr schlecht deutsch sprechen. Aber es ist zu bemerken, dass die sprachlichen Probleme, die es auch in der dritten Klasse bei einzelnen Kindern noch gibt, eigentlich keine typischen Sprachprobleme mehr sind, sondern eher im Zusammenhang mit grundlegenderen Lernschwierigkeiten – etwa Konzentrationsschwächen – auftreten.

Ein Bericht des Klassenlehrers der dritten Klasse: «F. hat Riesenfortschritte gemacht. Er spricht mittlerweile so, dass seine Beiträge wirklich zu verstehen sind. Aber wenn es um Erzählungen geht – im Moment lese ich gerade ‹Ronja Räubertochter› –, dann gibt es schon noch viele Worte, die er nicht versteht. Oder er versteht einzelne Wörter, aber nicht den Gesamtzusammenhang. Das ist für den einen oder anderen immer noch schwierig und wird es auch bleiben. Selbst bei Kindern wie J., der so wortgewandt ist und eine ganze CD auswendig erzählen kann, kommt es immer wieder zu Verständnisschwierigkeiten. Daher suche ich jetzt bestimmte Geschichten heraus und gebe Leseaufgaben, und am nächsten Tag sollen die Kinder sie frei erzählen. Und wenn J. sich vorne hinstellt, erzählt er Ihnen die Geschichte wortwörtlich. Muss er aber einer Geschichte zuhören, wenn ich vorlese, dann wird es schwer. Das heißt, er kann sich konzentrieren, wenn er selber voll dabei ist, aber nicht, wenn etwas erzählt wird. Da ist er mit vielen anderen Dingen beschäftigt. Hier merkt man, dass es eigentlich nicht mehr um Sprachschwierigkeiten geht, sondern dass jetzt die darunterliegenden Verhaltens- und Konzentrationsprobleme hervortreten. Und davon gibt es viele. Auch bei Kindern, die später gekommen sind, bei N. und vielen anderen, merkt man einfach: Diese Bilder sich vorzustellen, das schaffen sie nicht.»

## Fremdsprachen: Englisch ab der ersten, Französisch ab der vierten Klasse

In der Interkulturellen Waldorfschule beginnt der Fremdsprachenunterricht in der ersten Klasse mit dem Englischen, ab der vierten Klasse kommt das Französische hinzu. Das hängt damit zusammen, dass in den Klassen 1 bis 3 jahrgangsübergreifend ein «begegnungssprachlicher Unterricht» stattfindet, der im nächsten Abschnitt näher erläutert wird. Beim Anfangsunterricht in den Fremdsprachen geht es, waldorfüblich, noch nicht um ein systematisches Erlernen der Sprache, sondern um ein allmähliches Hineinwachsen in die Laute, Klänge und Rhythmen anhand von Liedern, Gedichten, Versen, kleinen Wortschatzübungen, Spielen u.a.m.

Wie kommen speziell die Kinder mit Migrationshintergrund in diesem Unterricht zurecht? In der Literatur, die sich mit diesem Thema beschäftigt, wird oft darauf hingewiesen, dass Migrantenkinder aufgrund ihres eingeschränkten Wortschatzes in der Mutter- und Integrationssprache Probleme hätten, eine Fremdsprache gut zu lernen. An der Interkulturellen Waldorfschule allerdings bemerken die Fremdsprachenlehrer solche spezifischen Probleme, die gerade mit Migrantenkindern verbunden wären, nicht; auch gibt es keine Anzeichen für eine damit zusammenhängende Überforderung. Wenn auch eine Sprachlehrerin meint, speziell bei den türkischstämmigen Erstklässlern eine gewisse Hemmung festgestellt zu haben, sich auf das Englische einzulassen, beobachten andere insgesamt bei den Zuwandererkindern genau das Gegenteil, nämlich eine bemerkenswerte Offenheit und Leichtigkeit den Fremdsprachen gegenüber.

Die Englischlehrerin berichtet: «Ich habe das Gefühl, dass die türkischen Kinder die dritte Sprache Englisch leichter lernen als die deutschen Kinder Englisch als zweite Sprache. Ich denke schon: Wenn Kinder von früh an mehrere Sprachen lernen, dann sind sie für alle weiteren Sprachen offener. Das muss ja so sein. Migrantenkinder sind sehr lebendig im Sprachlichen. Es kommt natürlich auch auf das einzelne Kind an und aufs Temperament, aber sie haben schon eine große Flexibilität.»

Hier deutet sich etwas an, was insbesondere auch Jugendpädagogen zunehmend als eine besondere Stärke der zweisprachig aufgewachsenen Migrantenkinder erkennen: ihre Leichtigkeit im Erlernen fremder Sprachen, die vielleicht gerade dadurch gewonnen wird, dass sie mit keiner ihrer «Erstsprachen» wirklich sehr tief verbunden sind und sich damit eine gewisse «kindliche» Lockerheit im Umgang mit Sprachen bewahren konnten – eine Lockerheit, die im Übrigen durch einen sehr systematisch-intellektuellen Unterrichtsstil, der früh darum bemüht ist, «Fehler» zu identifizieren und zu verfolgen, schnell verspielt werden kann. Es ist außerdem sehr gut möglich, dass die negative Wirkung, die der eingeschränkte Wortschatz der Migrantenkinder auf ihre Fähigkeit zum Erlernen weiterer Fremdsprachen haben kann, durch die spezifische Methodik des frühen Fremdsprachenunterrichts in der Waldorfschule umgangen wird, indem ja nirgends «übersetzt» wird und man also die fremde Sprache nicht auf der Grundlage der Muttersprache erlernt. Für die Kinder mit Migrationshintergrund erwachsen aus der Begegnung mit einer Fremdsprache schon ab der ersten Klasse offenbar keine spezifischen Probleme. Im Gegenteil scheint es eine sozial sehr verträgliche Seite zu haben, wenn hier nun erst einmal alle Kinder im Hinblick auf die fremde Sprache in gleicher Weise am Anfang stehen, die deutschsprachigen also keinen «mitgebrachten» Vorteil haben, sondern die neue Sprache für alle fremd ist.

Auch für die deutschsprachigen Kinder mit sprachlichen Einschränkungen bieten sich durch das frühe Erlernen des Englischen mit dieser direkten, vom aktiven Sprechen ausgehenden, nachahmenden Methode ganz neue Chancen: Sie erhalten dadurch nämlich die Gelegenheit, sich einen völlig neuen, von ihrer Muttersprache unabhängigen Wortschatz zu erarbeiten, der ihnen dann wiederum helfen kann, auch in ihrer Muttersprache weiterzukommen. Das frühe Fremdsprachenlernen nach den Methoden der Waldorfschule überfordert somit auch die deutschsprachigen Kinder mit einem eher schwachen sprachlichen Fundament nicht, sondern bietet ihnen geradezu eine zweite Chance, mit der dieser mitgebrachte Nachteil ausgeglichen werden kann. So gesehen hätte der frühe Fremdsprachenunterricht à la Waldorf für Kinder aus sprachlich eingeschränkten Kreisen vielleicht eine geradezu «sprachtherapeutische» Bedeutung, da er ihnen helfen kann, sprachliche Benachteiligungen durch einen Neuansatz zu überwinden, der ihnen auf einem Umweg auch einen neuen Zugang zur eigenen Muttersprache eröffnet.

## Begegnungssprache

Neben der Förderung der deutschen Sprache – bei den Zuwandererkindern als wichtiger Schritt zur Integration, bei den deutschen Kindern als Pflege und oft notwendige Verbesserung ihrer Muttersprache – und dem frühen Erlernen des Englischen findet sich im

Lehrplan der Interkulturellen Waldorfschule Mannheim noch eine dritte Form des Sprachunterrichts, nämlich die sogenannte *Begegnungssprache.* Während, wie ausgeführt wurde, die ersten beiden Formen des sprachbezogenen Unterrichts sich nicht wesentlich von dem unterscheiden, was an Waldorfschulen üblich ist, handelt es sich bei der Begegnungssprache um eine echte Spezialität, eine Eigenentwicklung der interkulturellen Schule – eine der wenigen wirklichen Neuerungen gegenüber den sonst verbreiteten Lehrplänen der Waldorfschulen. Worum handelt es sich dabei?

Wenn «Begegnungssprache» auf dem Stundenplan steht – das ist ausschließlich bei den Klassen 1 bis 3 der Fall, und zwar gemeinsam und klassenübergreifend –, dann lösen sich die Klassen auf und gruppieren sich neu in mehrere kleine Lerngruppen. In jeder dieser neuen Lerngruppen wird für die Dauer des Unterrichts – insgesamt zwei Wochenstunden – im Wesentlichen die Sprache einer der an der Schule vertretenen Migrantengruppen gesprochen. Die Zuwandererkinder gehen in die Gruppe, in der ihre Muttersprache gesprochen wird, die deutschen Kinder und diejenigen «ausländischen Kinder», deren Zahl so klein ist, dass keine eigene muttersprachliche Gruppe angeboten werden kann, ordnen sich einer dieser Gruppen zu. Der Unterricht wird von einem muttersprachlichen Lehrer erteilt. Im Schuljahr 2006/2007 wurden die «Begegnungssprachen» Türkisch, Polnisch, Serbokroatisch, Russisch und Spanisch unterrichtet. Am Begegnungssprachenunterricht Polnisch nahmen z.B. zehn Kinder teil, davon sechs Erst-, ein Zweit-, drei Drittklässler, von denen sechs deutschsprachig waren. In der türkischen Gruppe waren in diesem Schuljahr 29 Kinder, davon acht Kinder nicht-türkischer Herkunft (insgesamt neun Erst-, acht Zweit- und zwölf Drittklässler).

Wenn auch im begegnungssprachlichen Unterricht vorwiegend die Muttersprache der jeweiligen Migrantengruppe gesprochen wird, so handelt es sich nicht eigentlich um einen Sprachunterricht im herkömmlichen Sinn. Eher kann man schon von einer Einführung und Pflege der (Alltags-)Kultur sprechen, von der die jeweilige Begegnungssprache ein Teil ist. Der «Stoff» dieses Unterrichts besteht nämlich aus wichtigen Elementen dieser Alltagskultur: aus Liedern, Festen, typischen Nahrungsmitteln oder Speisen, aus der Art, wie in der fremden Kultur mit den Jahreszeiten umgegangen wird, dem Kennenlernen fremder Musikinstrumente, Märchen, Geschichten, Alltagsgewohnheiten usw. Die (muttersprachlichen) Lehrkräfte müssen ihre eigene Kultur daher sehr gut kennen. Wie sie den Unterricht gestalten, ist ihnen überlassen. Es gibt kein festes, vorgegebenes Curriculum, sondern nur eine übergreifende Idee. Die jeweiligen kulturellen Inhalte werden dargestellt und erlebbar gemacht, an ihnen wird zugleich die jeweilige Sprache lebendig und selbst als kulturelles Faktum Gegenstand der Betrachtung. Im Unterricht wird gesungen, werden Mahlzeiten gekocht und verspeist, werden Feste so vorbereitet und gefeiert, wie dies in der Kultur der jeweiligen Begegnungssprache üblich ist. Dabei werden in der Regel mehr die Unterschiede etwa zur deutschen Tradition betont als die Ähnlichkeiten. Ziel ist es, dem anderen Land und seiner Kultur (oder auch seinen Kulturen) zu begegnen, und zwar nicht in Vorträgen und Schilderungen allein, sondern in Form von möglichst praktischen Erfahrungen. Einige Beispiele aus dem Begegnungssprachunterricht im Schuljahr 2005/2006:

### Aus dem Polnischen

«Im letzten Jahr haben die Kinder viele Lieder gelernt, wir haben auch Spiele gespielt, Brettspiele, bei denen sie polnischen Wortschatz verwenden mussten – da ging es um Formen und Farben –, und sie haben ihn später auch in anderen Spielen mit einem Ball verwendet. Sie haben Auszählreime gelernt, bei denen auch der

Rhythmus der Sprache vermittelt wird. Das Spiel der Kinder fängt ja erst mal mit dem Auszählen an ... Sie haben auch gebastelt und dabei geredet. Wenn wir irgendetwas machen, versuche ich auch immer polnischen Wortschatz einzubinden. Ich habe mir vorgenommen, verschiedene polnische Legenden mit den Kindern zu lesen. Die polnischen Kinder lesen, und ich werde nicht übersetzen, die Kinder werden übersetzen. Ich möchte, dass sie einfach eingebunden sind. Sie lesen polnische Texte, haben also polnischen Leseunterricht, und vermitteln den deutschen Kindern ihre eigene Kultur. Für den Wortschatz habe ich einen Beutel mit Kärtchen, und auf jedem Kärtchen ist ein Bild von irgendeinem Gegenstand. Und wenn wir etwas Neues lernen, dürfen die Kinder auf die Kärtchen malen, dann kommt es in den Sack, und es wird immer mehr und es wird immer wieder gespielt, damit der Wortschatz sich erweitert und auch tiefer geht.» (Polnischlehrerin)

## Aus der russischen Begegnungssprache

«Das vergangene Schuljahr war ganz gut, der Russischunterricht war wunderbar, auch das russische Fest. Die Kinder hatten alle Kostüme (ausgeliehen vom Russischen Zentrum in Mannheim), sie haben Bilder gemalt, machten Musik mit Löffeln und haben dazu gesungen und geflötet ... Es wurde Sackhüpfen gespielt (ein typisch russisches Spiel), es gab Blinis (Pfannkuchen) und anderes russisches Essen. Es war eine Art Faschingsfest und fand an einem Freitagabend statt. Es kamen sehr viele Leute – es gab keinen freien Platz. Es waren auch Leute aus dem Russischen Zentrum eingeladen, eine Geigerin, die aus Tschaikowskis Kinderalbum etwas spielte, und zwei junge Männer mit Balalaika und Akkordeon. Alle haben gesagt: Das Fest war toll und das Essen auch. Die Eltern der Kinder halfen viel bei den Vorbereitungen, fragten, was sie besorgen und kochen sollen. Jetzt haben wir ein längeres Gedicht über verschiedene Gemüse auf Russisch gelernt. Dazu haben sich die Kinder selbst entsprechende Gemüsekostüme gebastelt, und wir werden dieses Gedicht bei der nächsten Monatsfeier aufführen.» (Russischlehrerin)

### Serbokroatisch

«Wir haben uns auch viel über die Bewegung erarbeitet, z.B. über Seilspringen. Ich versuche die Kinder zu unterstützen, dass sie mehr Sicherheit bekommen, das Gefühl, etwas zu können. Die Erstklässler haben sehr schnell gelernt, sie haben innerhalb von einem Jahr den Zahlenraum von 1 bis 500 gelernt! Ich habe mit ihnen gespielt und habe immer bis 50 gezählt. Das war die Grenze, über die ich nicht gehen wollte. Und dann habe ich mal aus Spaß gefragt: 385? Da blieben die Drittklässler sitzen und die Erstklässler wussten es. Ich habe nur einmal erklärt, wie man die Hunderterreihe bis tausend zählt. Und dann haben sie sich gemeldet und es so gesagt, wie man es ausspricht.» (Serbokroatischer Sprachlehrer)

### Türkisch

«Als ein Junge in der Türkei im Urlaub war, bat er mich, noch mehr über die Türkei erfahren zu dürfen. Auch die Eltern möchten das gern. Über Antalia, Ephesus, die alten Kulturen ... Ich versuche, die Kinder für die türkische Kultur zu interessieren, sie interkulturell zu faszinieren, vor allem versuche ich das durch die Musik, durch die Spiele, die Tänze, die Folklore. Damit sie – unabhängig vom Verstehen, was sie machen – sofort in diese Atmosphäre hereingenommen werden, es erleben. Bei der Eröffnungsfeier habe ich mehrere türkische Lieder gesungen, und danach hat mich ein Mädchen auf dem Hof gefragt: ‹War das nicht das Lied, das Sie gesungen haben?› Und sie hat alles vorgesungen.» (Türkischer Sprachlehrer)

## Spanisch

«Die Anregungen hole ich mir aus meiner Kindheit! Kombiniert mit Kultur und Tradition und Dingen, die wir früher gemacht haben, damit die Kinder auch spielen, wie ich damals gespielt habe. Eigentlich blicke ich mehr auf meine Kindheit zurück und überlege, was ich damals gern gelernt habe. Es geht in der Begegnungssprache unter anderem um Gebräuche. Da gibt es zum Beispiel San Marco, ein Fest im Frühling in Zusammenhang mit der Landschaft, mit den Feldfrüchten, sehr schön ausgedrückt in einer Geschichte. Ich setze es auch in Relation zu Deutschland, den Germanen, der Göttin Ostara ... Ich erzähle außerdem vom Essen in Spanien und singe Lieder mit den Kindern.» (Spanische Sprachlehrerin)

Methodisch gibt es im begegnungssprachlichen Unterricht also durchaus Ähnlichkeiten mit dem Anfangsunterricht in den Fremdsprachen, aber es geht um viel mehr als um die jeweilige Sprache, es geht darum, Einblicke in die jeweilige Kultur und eine gewisse Vertrautheit mit ihr herzustellen, zumindest in einigen wesentlichen Ausschnitten, und wiederum auf einer vorintellektuellen Stufe. Ziel ist es aber nicht, viel Wissen über diese Kultur zu vermitteln, sondern eher einen Eindruck von der Stimmung, der Färbung, von besonderen Traditionen und Ritualen zu wecken – eine Art emotionale Grundlage, auf der später eine viel bewusstere Beschäftigung mit dieser Kultur aufbauen kann. Hier soll ein erster Gefühlszugang erschlossen und zugleich sollen natürlich einige zentrale Besonderheiten der jeweiligen Kultur kennengelernt werden.

Warum bietet die Interkulturelle Waldorfschule einen solchen Unterricht an? Zu seinem Verständnis muss man drei verschiedene Perspektiven einnehmen:

- die Perspektive der muttersprachlichen Migrantenkinder
- die Perspektive der deutschsprachigen Kinder
- die Perspektive der Begegnung beider Schülergruppen (vielleicht die wichtigste Perspektive).

Für die muttersprachlichen Kinder bedeutet der begegnungssprachliche Unterricht in erster Linie eine erste nicht-familiäre, also «offizielle» Beschäftigung mit der eigenen Kultur und Sprache. Vieles ist ihnen natürlich schon bekannt; das erleben sie dann objektiver und vor allem öffentlich anerkannt, d.h. in einer Weise, die den engen Rahmen der Familie überschreitet und damit gleichsam gesellschaftliche Existenz bekommt. Vieles von dem, was in ihrem begegnungssprachlichen Unterricht besprochen wird, ist ihnen aber auch unbekannt. In diesen Fällen erleben sie eine erste angeleitete Begegnung mit ihrer eigenen Kultur und Sprache, die hier erstmals zum Thema der Schule wird, und dabei können Interesse, Freude und Begeisterung für die eigene Kultur erwachen, die später in eine systematische Beschäftigung mit der eigenen Herkunftskultur münden könnte (und sollte). Für die Migrantenkinder bedeutet Begegnungssprache also: erste systematische Begegnung mit der eigenen Kultur, die sie damit als ernst genommen erleben, zu der sie einen anerkannten Zugang finden können und deren Verständnis sie somit immer weiter pflegen können. Begegnungssprache soll ihnen helfen, sich bei aller notwendigen Integration nicht ganz den eigenen Wurzeln zu entfremden und eine Grundlage zu legen für die Liebe zur eigenen Herkunft. Natürlich kann und will die Begegnungssprache keinen systematischen muttersprachlichen Unterricht bieten oder ersetzen, aber sie kann die innere Beziehung zur Muttersprache wahren und signalisieren, dass sie und die mit ihr verbundene Kultur ein Gut darstellt, das zu bewahren und zu pflegen sich lohnt. Diese Sprache wird hier ausschließlich – weit vor jedem systematischen Sprachunterricht – als wesentlicher Bestandteil der jeweiligen Kultur kennen und schätzen gelernt. Im Vordergrund steht deshalb für die Migrantenkinder nicht die Vermittlung von Sprachfähigkeit, sondern das erste bewusste Erleben der Besonderheiten und Schönheiten der Muttersprache. Ein Klassenlehrer sagt dazu: «Die Kinder tragen etwas in sich, haben das auch mitgebracht, gesucht und gewählt, nämlich diese Sprache, diese Familie, die aus dieser Kultur kommt. Und das sollen sie noch ein bisschen mehr kennen und lieben lernen. Sie sollen das in diesem fremden Land, in dem sie jetzt sind, nicht als Schande erleben.»

Für die deutschsprachigen Kinder steht im Mittelpunkt des begegnungssprachlichen Unterrichts ebenfalls nicht der Erwerb einer Sprachfertigkeit, sondern für sie geht es um eine erste bewusst herbeigeführte Begegnung mit einer fremden Kultur. In ihnen sollen mit diesem Unterricht die Kräfte zum interkulturellen Dialog gefördert werden. Sie sollen ermutigt werden, das Fremde als das Andere schätzen zu lernen, dem zu begegnen für das eigene Werden fruchtbar und hilfreich ist. Durch diese erste *Begegnung mit dem kulturell Fremden* soll bei den sehr jungen Schülern kulturelle Vielfalt etwas Selbstverständliches, Interessantes und zugleich Vertrautes werden. Sie sollen eine Liebe zum Andersartigen und ein freudiges Interesse dafür als grundlegende Haltung entwickeln, und es sollen Fähigkeiten zur achtungsvollen Begegnung mit dem Fremden veranlagt werden. In den deutschsprachigen Schülern soll eine Ahnung aufgehen, dass es angesichts der Vielfalt der kulturellen Lösungen so wenig «richtig» oder «falsch», «besser» oder «schlechter», «über-« oder «unterlegen» gibt wie etwa angesichts der Vielfalt der Blumen oder Gräser. Wenn das kulturell Fremde im Fühlen der Kinder nicht als Angriff auf die eigenen kulturellen Wurzeln erlebt wird, müssen sie ihm auch nicht mit Angst, Abwehr, Verteidigung oder Verachtung begegnen. Vielmehr lernen sie, die Vielfalt der kulturellen Erscheinungsformen als Bereicherung und Gewinn zu erleben, der sie mit Staunen, Neugier, Achtung, Interesse und Verständnis gegenübertreten können.

In den Kindern wird hier von klein auf eine Haltung angelegt, die eigene kulturelle Prägung ernst zu nehmen, zu ihr zu stehen und sie zu lieben, sie aber nicht als universelle Norm zu betrachten, die wie ein Naturgesetz für alle Menschen gilt. Fremdes zu achten heißt keineswegs, das Eigene in Frage zu stellen. Im Gegenteil gilt für die deutschsprachigen ebenso wie für die Migrantenkinder: Die liebe- und verständnisvolle Begegnung mit dem jeweils Fremden stärkt und festigt das Gefühl der Zugehörigkeit, auch des Stolzes auf die eigenen kulturellen Wurzeln, und wirkt so auch der Entfremdung von der eigenen Herkunft entgegen. Denn die fremde Kultur stellt das Eigene keineswegs in Frage, sondern hebt es im Gegenteil in seiner Eigenart erst hervor. In den ersten Schuljahren, lange bevor es gedanklich durchdrungen werden kann, wird so erfahren und erfasst, dass Identität stets das Andere, Nicht-Identische braucht, um überhaupt in Erscheinung treten, um sich als Identisches bewahren zu können – eine Grundlage jeder Erziehung zu Freiheit und Individualität. Deshalb ist der begegnungssprachliche Unterricht an der Interkulturellen Waldorfschule Mannheim ein wesentlicher Beitrag zu einer *Erziehung zur Toleranz*.

Der Name «Begegnungssprache» deutet bereits auf den Kern dieses Unterrichts, auf die Chance einer Begegnung zwischen den Kulturen. Selbstverständlich kann man sagen, dass dies eine Aufgabe der ganzen interkulturellen Schule ist. Aber man muss erkennen, dass für alle Zuwandererkinder im Vordergrund doch immer die Auseinandersetzung mit und die Integration in die deutsche Sprache und Kultur steht, während die deutschen Kinder hier «zu Hause» sind, von ihnen wenig Anpassungsleistung verlangt wird und sie immer diejenigen sind, deren Sprache und Kultur tonangebend sind. So gesehen verteilt die interkulturelle Schule die Gewichte der verschiedenen Kulturen, die hier aufeinandertreffen, nicht wirklich symmetrisch und gleich, denn sie hat ja immer auch eine Integrationsaufgabe zu erfüllen. Der begegungssprachliche Unterricht ist der Ort, an dem sich diese Gewichte einmal für kurze Zeit umkehren: Für zwei Stunden in der Woche sind die deutschsprachigen Kinder die «Ausländer», denen die Unterrichtssprache fremd ist, während die Migrantenkinder diejenigen sind, die alles problemlos verstehen, vieles erläutern können; die anderen müssen sich an sie anpassen. Dieses Unterrichtsarrangement beruht damit im Kern auf einem Tausch der sonst üblichen Rollen der Kinder in der Schule und in ihrer aktuellen Lebenswelt: Die deutschsprachigen Schülerinnen und Schüler erleben sich als diejenigen, die sich in einer unbekannten Unterrichtssprache zurechtfinden und mit fremden kulturellen Gebräuchen auseinandersetzen müssen, während die Migrantenkinder der entsprechenden Sprachgruppe nun diejenigen sind, deren Muttersprache gesprochen wird und für die auch die meisten Unterrichtsinhalte vertraut sind. Damit können sie den anderssprachigen Kindern – insbesondere den deutschen, die sonst immer diesen Part haben – vieles vormachen, erklären, vertiefen oder ausschmücken. Die deutschsprachigen Kinder werden somit für die Dauer des Unterrichts zu den «Fremden», während die muttersprachlichen Kinder sich vorübergehend als «Einheimische» fühlen dürfen.

Dieser vorübergehende Rollentausch ist nicht nur sozial außerordentlich heilsam: Kinder, die sonst durch sprachliche

Schwierigkeiten behindert werden, blühen hier auf und werden von ihren Mitschülern ganz anders – und oft durchaus «strahlend» – erlebt, während die deutschen Kinder elementar erfahren, wie es ist, ein «Ausländerkind» zu sein. Dieser Unterricht stellt damit einen kleinen Akt ausgleichender Gerechtigkeit dar, der insbesondere den deutschen Kindern ein Erfahrungsfeld erschließt, das ihnen sonst nicht zugänglich wäre, für ihre fremdsprachigen Mitschüler aber Alltag ist. Die fremde Kultur wird damit selbstverständlicher Bestandteil der eigenen Welt, und kulturelle Vielfalt wird zur ursprünglichen, lebenslang wirksamen Grunderfahrung: Für alle menschlichen Belange kann es unterschiedliche Antworten geben, und alle diese Antworten sind es wert zu existieren und können verstanden werden. Bei den Migrantenkindern wiederum veranlagt dieser Rollentausch ein Gefühl der Anerkennung und Bedeutung der eigenen Kultur, die ja sonst im gesellschaftlichen Leben außerhalb der Schule und ihrer Familie – zumindest in den meisten Fällen – nicht ernst genommen, sondern eher diskriminiert und abgewertet wird durch die Forderung, sich an die in der deutschen Gesellschaft geltenden kulturellen Standards anzupassen. Das wird auch im Bericht einer Sprachlehrerin deutlich: «Wenn z.B. das polnische Kind einen Auszählreim kennt und ihn den deutschen Kindern beibringt, übernimmt es die Rolle des Lehrers. Für das Kind ist das natürlich sehr gut, es fühlt sich im Mittelpunkt. Und die anderen Kinder lassen es sich ja vielleicht von dem Kind besser erklären. Und das macht mehr Spaß.»

## Menschenkundliche und pädagogische Gesichtspunkte

Die Kinder besuchen den begegnungssprachlichen Unterricht in einem Alter, in dem sie nicht über gedankliche Erörterungen und Erklärungen zu erreichen sind. Denn sie leben – wenn zuvor keine Störungen ihrer Entwicklung eingetreten sind – stark im spontanen Erleben, in der Sinneswahrnehmung, in einer ursprünglichen Sympathie zu allen Dingen, die sie nicht gedanklich verarbeiten, sondern sich nachahmend aneignen. Das Lernen ist noch kein intellektueller Vorgang, sondern ein unbewusstes, unbefangenes und intensives Aufnehmen. Bevor das erwachende Bewusstsein zunehmend Distanz zu den Dingen der Welt schafft, sind die Kinder eins mit der Welt: Bis in die dritte Klasse hinein «verstehen» viele Kinder intuitiv alles, was gesagt wird, ganz gleich, in welcher Sprache – erst danach sagen sie, dass sie etwas nicht verstehen, und verlangen eine Übersetzung. Selbstverständlich ist dieses Verstehen kein rationaler, gedanklicher Vorgang, sondern eher ein spontanes «Erfühlen», vergleichbar vielleicht dem Zustand, der nach dem biblischen Mythos vor dem Turmbau zu Babel unter den Menschen bestanden hat. Zugleich wissen wir, dass das, was auf diese Weise von den Kindern aufgenommen wird, zunächst weniger zu unmittelbar äußerlich sichtbaren Fertigkeiten und Fähigkeiten führt als vielmehr grundlegende innere Haltungen, Veranlagungen, Bilder und Strukturen formt, die nicht mehr verloren gehen, sondern die Grundlage bilden, auf der jedes spätere bewusste Lernen aufbauen kann.

Dieser entwicklungspsychologische Hintergrund dient im Rahmen der interkulturellen Pädagogik überall als Begründung dafür, dass schon in diesem frühen Alter mit der Erziehung zur Inter- bzw. Transkulturalität begonnen werden soll. Auch die Interkulturelle Waldorfschule Mannheim nutzt die Fähigkeiten der Kinder dieses Alters pädagogisch-praktisch, greift bei der methodischen und didaktischen Gestaltung des begegnungssprachlichen Unterrichts auf sie zurück und fördert und stärkt sie damit zugleich.

Denn in der Unterrichtsmethodik der Begegnungssprache vertrauen die Lehrerinnen und Lehrer auf diese spezifischen Lernkräfte der jungen Schüler insofern, als sie nicht eigentlich «lehren»; vielmehr werden den Kindern Dinge gezeigt, erlebbar gemacht, vorgeführt, sodass die Kinder sie nachahmend aufgreifen und tätig übernehmen können. Das zunächst Fremde wird ganz selbstverständlich in den Handlungs- und Bewusstseinshorizont der Kinder integriert – wie dem kleinen Kind ja alles, was ihm begegnet, zunächst fremd ist und ohne Beurteilung angeeignet und in seinen Weltbezug «eingebaut» wird. Alles zuerst Fremde wird *durch Lernen* zu Bekanntem, Vertrautem, Eigenem. Lernendes Aneignen ist die angemessene Antwort auf die Begegnung mit dem Fremden. Dies wird den Kindern im begegnungssprachlichen Unterricht zu einer Grunderfahrung, die mit viel Spaß und Freude verbunden ist: Das Lernen entbehrt von der Anlage des Unterrichts her jeglicher Schwere, die ihm später so oft zukommt und sich dann immer lähmend auswirkt. Die Kinder machen viele spontane Entdeckungen an der fremden Sprache, sie finden Zusammenhänge, auch manchmal Ähnlichkeiten mit der eigenen Sprache, und sie können mit der fremden Sprache spielen; sie tauchen in die fremde Sprachgeistigkeit ein und erweitern dadurch den eigenen Weltbezug. Hierzu zwei Stimmen: «Die Lehrer, die das unterrichten, mussten ja erst einmal Erfahrungen sammeln: Wie läuft das überhaupt? Wie kann ich das schaffen, dass ein deutscher Drittklässler Interesse an meinem Unterricht findet und gleichzeitig das türkische Mädchen aus der ersten Klasse? Das ist für die Sprachlehrer nicht ganz einfach.» – «Das Begegnungssprachenkonzept finde ich nicht einfach umzusetzen, denn es ist schwer, die Gebräuche beizubringen, wenn die Kinder zum Teil gar nicht spanisch sprechen können. Es gibt kein Material, keine Erfahrungen.»

Trotz solcher Schwierigkeiten ist der begegnungssprachliche Unterricht inzwischen zu einem festen Teil der Interkulturellen Waldorfschule geworden, und das hier Erarbeitete befruchtet das Schulleben in vielfältiger Weise: Beim Mittagessen werden türkische, serbokroatisch, polnische oder russische Lieder gesungen, an den Monatsfeiern werden die eingeübten Sketche, Abzählverse und Gedichte vorgeführt. Manchmal entstehen «neue Identitäten», etwa wenn auch deutsche Kinder «wir Türken» oder «wir Polen» sagen, wenn sie sich als Teilnehmer der entsprechenden begegnungssprachlichen Gruppe bezeichnen – ein unbewusst-humoristischer Hinweis darauf, wie selbstverständlich der Umgang mit der anderen Kultur inzwischen geworden ist.

Wie kann es nach der dritten Klasse weitergehen? Gerade für die Migrantenkinder wird mit dem begegnungssprachlichen Unterricht ein Fundament gelegt, auf dem dann ab der vierten Klasse für sie ein *muttersprachlicher Unterricht* einsetzen könnte – und eigentlich unbedingt einsetzen müsste, denn hier liegt eines der großen ungelösten Probleme aller interkulturellen Pädagogik. Zweifellos müssen die Zuwandererkinder Deutsch so gut wie möglich lernen, wenn sie in der deutschen Gesellschaft eine Heimat und Erfolg haben wollen. Das heißt heute aber meistens zugleich: Damit entwickelt sich ihr muttersprachliches Vermögen nicht über das in der Familie oft informelle, diffuse und introvertierte Niveau hinaus, oft erlangen sie gar nicht die Stufe der Schriftlichkeit und versäumen die Ausbildung der Schriftsprache. So verlieren sie aber die Möglichkeit, sich die Traditionen, Auseinandersetzungen und Werke ihrer eigenen Hochkultur zu erschließen. Sie bleiben in dieser Hinsicht Kinder – und abhängig von jenen Bauernfängern ihres eigenen Kulturkreises, die diese partielle Unmündigkeit und Abhängigkeit ausnutzen und damit, etwa in religiösen Fragen, ein Deutungsmonopol erlangen, dem die Migranten der zweiten Generation selbst nichts entgegenzusetzen haben.

Die Lehrerstimmen zu dieser Problematik: «Wir müssen auch die Linie ‹Muttersprache› weiter verfolgen. Denn das ist ebenfalls interessant. Die Kinder sollen ihre Muttersprache nicht vergessen. Ich kenne viele Kinder, die sprechen russisch wie ausländische Kinder, mit Fehlern ... wie ich deutsch spreche!» – «Begegnungssprache, das ist eine sehr gute Möglichkeit für uns gewesen. Aber ich würde trotzdem eine Muttersprache für sich unterrichten, denn das ist die Grundlage für das Erlernen der anderen Sprachen. Es muss so sein, dass das Kind seine Muttersprache hören und sprechen kann und etwas darüber lernt. Es muss von dem Land, von der Kultur, von der jeweiligen Grammatik und Rechtschreibung etwas lernen.» – «Es gibt auch Forschungen darüber, dass der Jugendliche einer anderen Nation, ungefähr ab sechzehn, selber nach seinen Wurzeln, nach seinen Quellen forschen will. Und da müsste er eben seine Muttersprache lesen und schreiben können.»

Weil das so ist, wünschen sich viele Eltern an der Interkulturellen Waldorfschule einen systematischen muttersprachlichen Unterricht für ihre Kinder, der auf den mit der Begegnungssprache gelegten Grundlagen – die sehr bejaht werden – aufbaut. Der begegnungssprachliche Unterricht selbst kann und will kein muttersprachlicher Unterricht sein: «Es ist wirklich nur eine Begegnung, die wir hier machen», resümiert ein Sprachlehrer, «es ist also kein muttersprachlicher Unterricht.» Einen solchen ab der vierten Klasse einzurichten ist das erklärte Ziel der Interkulturellen Waldorfschule. Wie das im Einzelnen realisiert werden kann angesichts der sehr vielen und zum Teil recht kleinen Sprachgruppen unter den Schülern, ist derzeit offen und dürfte unter anderem eine Frage der Finanzierbarkeit sein.

# 9. Der Projektunterricht: Sinnesschulung und praktisches Lernen

Kommt man als Besucher nach 14 Uhr in die Interkulturelle Waldorfschule und es ist nicht gerade Freitag,[43] kann man eine Seite dieser Schule kennenlernen, die mit den mitgebrachten Vorstellungen von Schule nichts mehr zu tun hat. Im großen Pausenraum werden gerade Zielscheiben aufgebaut und die Bogen für das Bogenschießen hergerichtet. In der Küche studiert eine Schülergruppe das Rezept für ein orientalisches Reisgericht und überlegt, welche Gewürze dazu verlangt werden und woher man die wohl bekommen kann. Im Schulhof graben Kinder in einer Ecke ein Beet um, weil sie, wie sie auf Nachfrage erklären, hier einen kleinen Kräutergarten anlegen wollen. Kommt man ins untere Foyer, stößt man erst auf drei Kinder, die sich abmühen, mit einem Tretolo quer durch den Raum zu kommen, dann auf zwei andere, die sich mit Jonglieren versuchen. In einem der unteren Werkräume sind die Kinder einzeln dabei, von kleinfingerdicken Baumzweigen Dutzende von Stäben ungefähr gleichen Durchmessers exakt auf die gleiche Länge (15 oder 20 cm) zuzusägen. Daraus sollen, wie man von der Lehrerin erfährt, Pfahlbauten entstehen als praktische Vertiefung der Hausbauepoche in der dritten Klasse. In einer Ecke des Raums ist eine andere Kindergruppe dabei, Hausmodelle aus Ton aufzubauen. Im Nachbarraum findet man eine Gruppe, die mit ihrem türkischen Lehrer die Puppen und die Bühne für ein echt türkisches Schattenspiel herstellt, während in einem weiteren Raum andere Schüler aus dieser Klasse sich damit abmühen, die Texte mit verteilten Rollen zu lesen, und zwei Schüler an türkischen Instrumenten versuchen, eine geeignete Musik für das Stück zustande zu bringen, das in etwa vier Wochen vor den Eltern aufgeführt werden soll.

Überall herrscht emsige Geschäftigkeit, planvolle Aktivität, beharrliches Üben oder ernsthafte Beratung. Die Klassen sind in kleine Gruppen aufgeteilt, manche Gruppen arbeiten allein, manchen erklärt ein Erwachsener gerade etwas, bei anderen sitzt der Lehrer in einer Ecke und ist umlagert von Kindern, die ihn etwas fragen wollen oder eine Hilfestellung brauchen, und in wieder anderen Gruppen ist der Lehrer integrierter «Mitarbeiter», der seinen Arbeitsanteil leistet.

Zu anderen Zeiten könnte man auch Fünftklässler antreffen, die unter Mitwirkung ihres Lehrers nach gemeinsam erarbeitetem Plan im Schulhof eine ganze Spiellandschaft mit Klettergerüst, Balancierbalken und Turngeräten entstehen lassen, oder Drittklässler, die in großer Konzentration insgesamt fünfhundert Zöpfe flechten, die für Faschingsperücken gebraucht werden, oder Viertklässler, die aus selbst gesammelten Pflanzen und Erden nach gemeinsamen Überlegungen und einigen Tipps einer Mutter, die diese Arbeit als Künstlerin begleitet, Naturfarben herstellen, die sie dann auf unterschiedlichen Maluntergründen ausprobieren wollen. Zeigt man Interesse, wird man in einen Vorraum geführt, wo noch vom letzten Fest ein mehrere Meter langes Wandbild hängt – ein von einer dritten Klasse in tagelanger Arbeit gemeinsam gemaltes großes Landschaftspanorama. Es gab eine Trommelgruppe, Flugdrachen wurden gebaut, Volkstänze eingeübt, Fahrradständer errichtet und vieles andere mehr.

Was man hier miterlebt hat, ist der sogenannte Projektunterricht, der jeden Nachmittag nach dem gemeinsamen Mittagessen stattfindet – also zu einer Zeit, in der «der Kopf» nicht mehr gerne lernt. Die Kinder bleiben in ihren Klassenverbänden, die Klassen werden jedoch grundsätzlich so geteilt, dass Gruppen mit möglichst nicht mehr als zwölf Kindern entstehen. Steht nur ein Projektlehrer für eine Klasse zur Verfügung, muss er mehrere Gruppen mit eventuell unterschiedlichen Aufgaben betreuen. Oft arbeiten jedoch mehrere Projektlehrer parallel mit verschiedenen Gruppen einer Klasse. Projektlehrer können Lehrer, aber auch Eltern sein, die sich hier engagieren und mit den Kindern ein spezielles Projekt durchführen.

Kommt man vielleicht ein halbes oder ein ganzes Jahr später erneut zur selben Zeit vorbei, wird man wieder den Projektunterricht erleben, aber nun mit völlig anderen Aktivitäten: Vielleicht wird irgendwo gerade ein Theaterstück einstudiert oder ein Roller gebaut oder eine Erkundung bei der Polizei vorbereitet oder ein Fest geplant oder eine größere Weihnachtsbäckerei veranstaltet ...

Denn der Projektunterricht ist grundsätzlich *nicht curricular gebunden*, seine Wirksamkeit und seine Kraft leben gerade daraus, dass nicht ein Lehrplan eingehalten und vorgegebene Lernziele erreicht werden müssen, sondern dass er völlig flexibel das aufgreifen und dem Raum geben kann, was sich im Blick auf die Kinder als notwendig oder wünschenswert herausstellt. Es werden nicht immer wieder bestimmte Projekte durchgeführt, sondern der Projektunterricht bildet einen zeitlichen Rahmen, in dem sehr beweglich neue Projektideen realisiert werden können – entsprechend der pädagogischen Situation der Kinder bzw. der Klasse und natürlich entsprechend den Möglichkeiten der Projektlehrer, die sich zu einer bestimmten Situation von überall her Anregungen holen können. Die Projekte liegen also nicht fest, sondern die betreuenden Personen sind hier völlig frei, ihre Ideen und Möglichkeiten aufzugreifen und umzusetzen. Genauso wenig ist genau definiert, was ein «Projekt» ist: Die aufgezählten Beispiele zeigen schon, dass ein Projekt mal eher handwerklich, mal eher sportlich, mal stärker künstlerisch ist. Immer aber haben die Projekte sehr viel mit *Bewegung* zu tun, auch mit körperlicher Geschicklichkeit, immer wird etwas mit den Händen, also *praktisch,* getan, und immer beanspruchen sie die *Sinneswahrnehmung.*

Eine Projektlehrerin, die an der Entwicklung dieses Unterrichts maßgeblich beteiligt war, erläutert die aus ihrer Sicht wesentlichen Prinzipien, die in einem Projekt gelten sollten: «Das Erste ist die strikte jahreszeitliche Bindung. Das Zweite ist die Herstellung eines Lebensbezugs bei allem, was unterrichtet wird. Das dritte Prinzip ist das Erüben von Regeln, das Einhalten von Regeln. Das vierte Prinzip ist Sinnesschulung und Leiberfahrung, also eigentlich: über die Empfindungserfahrung und Erlebnisse zu lernen.»

Dieses Lernen lebt aus der Spannung zwischen der Notwendigkeit der Zusammenarbeit in der Gruppe und den dazu erforderlichen Fähigkeiten einerseits und der Tatsache andererseits, dass hier auch Aufgaben ganz selbstständig bewältigt werden müssen. «Da war ja erst die Frage: Wie können die Kinder in der Gemeinschaft die Sache durchführen, wie können sie das in einer kleinen Gruppe tun, dann in der Zweiergruppe und schließlich: Wie kann ein Kind ganz auf sich gestellt seine Aufgabe erledigen? Dass es also nicht immerfort angestoßen werden muss vom Lehrer: ‹Nun mach mal, nun tu mal!›»

## Wie kommen die Projekte zustande?

Die curriculare Ungebundenheit des Projektunterrichts ist eine kleine pädagogische Sensation: Da gibt es einen pädagogischen Freiraum in der Schule, der nicht schon längst von Lehrplan und Stundentafel, von Stofffülle und Prüfungsdruck aufgesaugt und erdrückt ist! In dem die pädagogischen Ideen und Intuitionen und die Fantasie der Lehrer sich frei entfalten können, in dem die Frage praktisch gestellt werden kann, was die Kinder augenblicklich benötigen und was für sie vielleicht gut wäre, und in dem diese Frage nicht schon längst durch die Zwänge und Notwendigkeiten von Stoffvorgaben und Leistungsstandards beantwortet ist! Ebenso überraschend ist der Mut des Kollegiums, die Methode des Projektunterrichts – die üblicherweise erst ab der Mittelstufe eingesetzt wird – schon von der ersten Klasse an zu praktizieren. Die Interkulturelle Waldorfschule erbringt damit den lebendigen Beweis, dass dies möglich ist, dass es von den Kindern mit großer Freude aufgenommen wird und auch in der Unterstufe eine große Bereicherung des Lernens darstellt, gerade für solche Kinder, die sich mit dem normalen Unterricht etwas schwerer tun.

Dabei sind die Projekte so bunt und vielfältig wie die Kinder: Es gibt Projekte von wenigen Stunden Dauer und solche, die sich über ein ganzes Schuljahr hinziehen. Es gibt sportliche, handwerkliche oder künstlerische Projekte, aber auch technische oder musikalische, es gibt welche, die mehr die Geschicklichkeit ansprechen, ebenso wie solche, bei denen es vor allem darum geht, etwas zu verstehen und zu durchschauen oder etwas Rätselhaftes zu lösen. Es gibt Projekte, die man allein macht, und solche, die man arbeitsteilig in mehr oder weniger großen Gruppen bewältigen muss. Und es gibt Projekte, die man in den Schulräumen bearbeitet, und solche, die man nur außerhalb der Schule realisieren kann. Die Fülle und die Vielfalt sind grenzenlos, keine Idee wird von vornherein gleich verworfen oder schief angesehen.

Dennoch haben sich konstitutive Regeln für das Zustandekommen eines Projekts herausgebildet:

- Grundregel Nr. 1: Jedes Projektvorhaben muss *pädagogisch* begründet sein. Es reicht also nicht, wenn ein Lehrer oder ein Elternteil große Lust hat, etwas zu tun, oder etwas gut kann, genauso wenig wie es ausreicht, dass etwas den Kindern doch so viel Spaß macht oder dringend gebraucht wird oder doch so nützlich ist für das spätere Leben. Oberste Leitlinie für ein Projekt ist nicht, was der Lehrer gerade anbieten kann, sondern was die Kinder brauchen. Pädagogisch begründet heißt: Das Vorhaben muss in einem nachvollziehbaren Zusammenhang mit konkreten Lernbedürfnissen der Kinder stehen – also mit einem altersgemäßen Lernschritt oder mit einem erkennbaren Defizit, einer Einschränkung, einer Lernblockade, und es muss zumindest plausibel gemacht werden können, dass dieses Projekt geeignet sein kann, dieses Lernbedürfnis aufzugreifen bzw. ihm zu entsprechen.
- Grundregel Nr. 2: Jedes Projektvorhaben muss *altersgemäß* sein, das heißt, es muss dem Entwicklungsstand und dem normalen Können der Kinder der jeweiligen Klassenstufe angemessen sein, darf das Bewusstsein nicht überfordern und die Kinder nicht zu Handlungen oder Erlebnissen veranlassen, für die sie noch nicht reif sind. Dazu könnte man auch sagen: Das Vorhaben muss menschenkundlich begründet und auf die kindliche Entwicklung abgestimmt und von daher legitimiert sein. Dazu gehört, dass die Projektlehrer einen dem Entwicklungsalter der Kinder entsprechend enger oder weiter gestalteten Rahmen

vorgeben müssen, damit zu große Offenheit nicht zur Überforderung führt.

- Grundregel Nr. 3: Jedes Projektvorhaben muss mit dem Klassenlehrer besprochen und gemeinsam durchdacht werden und sollte einen direkten Bezug zu den Themen und Lernschwerpunkten des Hauptunterrichts haben. Dieser Bezug kann inhaltlich sein (wie oben der Bezug zur Hausbauepoche), er kann aber auch eher pädagogisch gemeint sein, indem er bestimmte Entwicklungsschritte unterstützt, die in dieser Klassenstufe gemacht werden sollten. Diese Regel heißt konkret: Der Projektunterricht darf sich nicht verselbstständigen, sondern er verlangt die enge Zusammenarbeit mit dem Klassenlehrer, dessen pädagogisches Urteil einbezogen und beachtet werden muss: «Der Projektlehrer kann überhaupt ohne den Klassenlehrer nicht auskommen!»

Der Projektunterricht hat die Aufgabe, im Sinne einer *praktischen Vertiefung* thematisch an das anzuschließen und mit seinen Mitteln das weiterzuführen, was insbesondere im *Hauptunterricht* veranlagt wird, dort aber aus Zeitgründen nicht ausreichend behandelt werden kann. Insofern unterstützt der Projektunterricht den Hauptunterricht, aber selbstverständlich nicht im Sinne eines «Nachhilfeunterrichts», sondern dadurch, dass er das, was im Haupt- oder Fachunterricht eher kognitiv behandelt wurde, in Tätigkeit umsetzt und so noch stärker ins *Erleben* führt. Im Projektunterricht sollen die Kinder durch *Tun* begreifen. Manchmal können sie auch etwas, das sie vom Intellekt her nicht verstanden haben, dadurch verstehen, dass sie es tun. Insofern ergänzt und erweitert der Projekt- den Hauptunterricht. Während im Hauptunterricht das Lernen durch Nachahmung bzw. durch Aufnehmen im Vordergrund steht, sollten im Projektunterricht insbesondere

Selbstständigkeit und eigengestalterische Kräfte gefordert und damit gefördert werden.

Projekte kommen zumeist dadurch zustande, dass in der Besprechung mit den Projektlehrern die Klassen- oder Fachlehrer bestimmte Erfahrungen, Beobachtungen oder Probleme schildern, die ihnen bei den Kindern aufgefallen sind und die pädagogisches Handeln herausfordern. (Wo fällt den Kindern etwas schwer? Woher kommt das?) Die Projektlehrer überlegen, welche praktischen Aufgaben und tätigen Übungen ihnen dazu einfallen bzw. was sie aus ihrem Repertoire dazu anbieten können (Wie kann ich durch Tätigkeiten an diese Probleme herankommen?). Im gemeinsamen Gespräch und der gemeinsamen Suche nach geeigneten Erfahrungsfeldern entstehen die Konturen, Grenzen und Ziele eines Projekts. Dessen pädagogische Wirksamkeit hängt oft von der Gestaltung im Detail ab: Gibt man z.B. beim Basteln immer nur eine Schere für zwei Kinder, müssen sie sich absprechen und einigen – und man hat stillschweigend eine soziale Übung eingebaut.

Dieser Weg kann selbstverständlich auch seinen Ausgangspunkt bei Beobachtungen und Ideen der Projektlehrer nehmen, die aus ihren Wahrnehmungen an den Kindern einen Lernbedarf erkennen und aus ihren spezifischen Kompetenzen zu Ideen kommen, wie man diese Aufgabe angehen könnte. Solche – immer pädagogisch zu begründenden – Vorschläge werden dann mit den Klassen- und Fachlehrern besprochen und ausgearbeitet. Grundsätzlich muss jedes Projekt auf einem Konsens und gegenseitigem Vertrauen der beteiligten Lehrer beruhen.

Der Projektunterricht wird immer wieder, von Jahr zu Jahr, von Klasse zu Klasse, ja oft von Woche zu Woche neu gestaltet und inhaltlich gefüllt. Er lebt von der pädagogischen Fantasie und der pädagogischen Intuition der Projektlehrer. Projektunterricht ist «Gegenwartspädagogik» per se. Die enge Zusammenarbeit und der Austausch mit dem Klassen- und den Fachlehrern ist eine wichtige Voraussetzung dafür, es hat sich sogar eine relativ stabile Zuordnung von Projektlehrern zu Klassenlehrern herausgebildet mit dem Vorteil der reibungsloseren Verständigung. Die Projektlehrer sollten in den Klassenstufen eins bis vier eine Klasse mindestens ein Schuljahr lang im Projektunterricht betreuen, damit sie die Möglichkeit haben, die Kinder wirklich kennenzulernen.

Diese enge pädagogische Einbindung des Projektunterrichts verlangt regelmäßige Projektbesprechungen, Klassenkonferenzen und Kinderbesprechungen. Projekte werden aus der Zusammenarbeit derer entwickelt, die die Kinder kennen. Insbesondere die Klassenlehrer müssen aus den Wahrnehmungen im Unterricht sagen, was die Kinder brauchen, wo für die Klasse eine Vertiefung sinnvoll sein könnte oder wo man das einzelne Kind unterstützen sollte. Dazu ist es eine große Hilfe, dass die klassischen praktischen Bestandteile des Waldorfunterrichts in der Unterstufe – wie z.B. Flöten, Stricken, Häkeln, Turnen im Hauptunterricht, Mauern, Gartenbau und Werken – in ersten Fachunterrichten an der Interkulturellen Waldorfschule ebenfalls stattfinden, unberührt vom Projektunterricht, und somit die Wahrnehmungsbasis der Klassenlehrer auch ins Praktische verbreitern.

Projektunterricht bietet für pädagogisch engagierte Lehrer aufgrund seiner curricularen Ungebundenheit und Offenheit einen großen pädagogischen Gestaltungs- und Entfaltungsraum, den sie authentisch für eine von äußeren Zwängen freie Pädagogik nutzen können, die sich ausschließlich am Kind und seiner Entwicklung orientiert. Insofern stellt der Projektunterricht für die *Lehrer* einen «Markt der Möglichkeiten» dar, einen offenen Gestaltungsraum, der von den Projektlehrern bewusst pädagogisch ergriffen und gemeinsam mit den Kindern gestaltet wird. Für die *Kinder* muss der Projektunterricht allerdings stets einen klaren Aufgabenrahmen bieten, innerhalb dessen ihr Gestaltungsfreiraum liegt. In diesem Sinne ist Projektunterricht eine der Unterrichtsformen der Zukunft.

## Warum Projektunterricht?

Außenstehende, auch viele Eltern fragen sich immer wieder, warum die Interkulturelle Waldorfschule diesen Projektunterricht durchführt. Zwar erkennen alle, dass er den Kindern viel Freude bereitet, auch haben die meisten ein gewisses Verständnis dafür, dass den Kindern unmittelbar nach dem Mittagessen Bewegung und praktisches Tun guttun. Aber so lange? Während des gesamten Nachmittags? Ist das nicht ein bisschen zu viel Spielerei? Sollte man nicht wenigstens einen Teil der kostbaren Zeit für das «Lernen», d.h. für Vertiefungen im Lesen und Schreiben, für Rechenübungen, noch mehr Sprachunterricht usw., verwenden? Lernen denn die Kinder auf diese Weise genug?

In diesem Zusammenhang ist ein pädagogisches Denken zu hinterfragen, das Leistung in schlichter monokausaler Verknüpfung als Folge vorangehenden Trainings in dem jeweiligen Fach sieht. Wird ein Schüler automatisch besser im Rechnen, wenn er vermehrt Rechenaufgaben zu lösen hat, verbessert sich seine Sprachkompetenz allein durch verstärktes Lesetraining? Entwicklungspsychologische Untersuchungen deuten darauf hin, dass die Zusammenhänge komplexer sind: Die Fähigkeit zu gedanklichen Operationen wurzelt in der basalen Sinnesorganisation des Kindes, besonders im Tast-, Eigenbewegungs- und Gleichgewichtssinn.[44] Die Waldorfpädagogik beruht auf der Entdeckung, dass die Denk- und Lernfähigkeit eines Kindes (wie alle seine «höheren» kognitiven Leistungen) eng zusammenhängen und sich nur entwickeln können auf der Grundlage reger Sinnestätigkeit und motorischer Geschicklichkeit. Deshalb enthalten ihr Lehrplan wie ihre pädagogischen Methoden viele Besonderheiten, die auf deren Förderung abzielen.

Betrachten wir in diesem Kontext zunächst das Rechnen. Ausgang mathematischer Operationen ist für die Geometrie das Erfassen von Formen, für das Rechnen das Begreifen von Zahlen, beides entwickelt sich durch zumeist vorbewusste Urteilsprozesse. Für die Formerfassung ist das Organ des Auges wesentlich. Mit ihm führt der Mensch verschiedene Sinnestätigkeiten aus: Auf elementarer Stufe vermittelt es Helligkeits- und Farberlebnisse. Werden darüber hinaus Gegenstände erfasst, so tastet man mit dem Blick durch kleine ruckartige Bewegungen, die sogenannten sakkadischen Bewegungen, die Grenzen zweier Farbflächen ab. Auf diese Weise erschließt sich die Form. Schließlich wirkt neben dem Bewegungssinn noch der Gleichgewichtssinn in das Sehen hinein. Es gibt neurologische Verknüpfungen zwischen dem Gleichgewichtsorgan, den drei halbzirkelförmigen Bogengängen, und den Augen; dadurch hat man ein besonders sensibles Empfinden für alle vertikalen und horizontalen Strukturen der Umgebung. Erst durch die im Urteil vollzogene Verbindung des Farbensehens und des Bewegungs- und Gleichgewichtssinnes entsteht die Vorstellung eines geformten und farbigen Dinges. Damit ist die Grundlage für das Verstehen von Zahlen gegeben. Denn dazu muss eine Menge von gleichen Objekten unter einem Begriff subsumiert sein. Liegen beispielsweise zehn Kastanien auf dem Tisch, so fassen wir sie durch unsere Aufmerksamkeit zusammen. Indem wir nun den Blick von einer Kastanie zur anderen wandern lassen, erscheint die Gesamtheit als zehnmalige Wiederholung des Urteils: Das ist eine Kastanie. Dabei kann die im zeitlichen Prozess ablaufende Urteilsbildung auf elementarer Stufe als rhythmische Bewegung betrachtet werden, bei der sich ähnliche Abläufe wiederholen.

Im Erfassen von Form und Zahl bilden wir also nicht die Außenwelt ab, sondern vollziehen eine innere Tätigkeit: Geometrisieren und Rechnen können als ein «verinnerlichtes Betätigen des Bewegungssinns»[45] angesehen werden. Der angedeutete Zusammenhang ist für die pädagogische Praxis von zentraler Bedeutung. Denn er weist darauf hin, dass die Rechenschwächen mancher Kinder auf Sinnesdefizite, besonders auf Störungen in der Feinmotorik, zurückzuführen sind.[46]

Entsprechend baut schon der «normale» Rechenunterricht an Waldorfschulen auf den basalen Sinnesfähigkeiten auf und bildet sie weiter aus. Dabei ist der Geometrieunterricht noch weitgehend im künstlerisch gestalteten Formenzeichnen aufgehoben, in dem besonders die Augen-Hand-Koordination geschult wird. Auch das Rechnen setzt bei Willenstätigkeiten an, die nun allmählich «verinnerlicht» werden: Beginnend mit Stampfen und Hüpfen von Zahlenreihen: 1 2 3, 4 5 6, 7 8 9 etc. werden die Bewegungen nach und nach beruhigt, bis die ganze Klasse fast unbeweglich die rhythmischen Gliederungen vollzieht. Manches kann dann folgen, was zu einem stärkeren Bewusstwerden führt: Rhythmenwechsel wie 1 2 3, 1 2 3, 1 2 3, Abwechseln von Einzelkindern mit Gruppen, das Gehen von willkürlich aufgerufenen Zahlen durch einzelne Kinder bis hin zu Betrachtungen über das kleinste gemeinsame Vielfache als Zusammenklang von Zahlenrhythmen in einer dritten Klasse.

Auch das Erlernen von Sprachen kann nicht als rein kognitives

Problem aufgefasst werden. Das wird sofort deutlich, wenn man sich vergegenwärtigt, wie das Kind in seine Muttersprache durch ein Zusammenspiel von Hören, nachahmendem Sprechen und eigenem Tun hineinwächst. Die bahnbrechenden Untersuchungen von W. S. Condon auf der Grundlage von Film- und Videoaufnahmen, bei denen 48 Bilder pro Sekunde aufgenommen wurden und die man im Zeitlupentempo ablaufen ließ, ergaben, dass beim Sprechen, Singen und Zuhören der Körper fast synchron mit dem Sprachverlauf kleinste, höchst differenzierte Bewegungen vollzieht – schon im Säuglingsalter «tanzen» wir die gesprochene und auch gehörte Sprache mit.[47]

Dieser tätige Mitvollzug ist die Grundlage für das Sprachverstehen, das sich durch das gefühlsmäßige Einleben in die Intonation, die Mimik und Gestik der Sprechenden ergibt, sodass allmählich bestimmte Lautkomplexe Situationen, Menschen oder Gegenständen zugeordnet werden. Das eigene Sprechen schließt sich an, wobei der Wortbestand sich vor allem durch Nachahmung des Gehörten aufbaut, wenn auch immer wieder sprachschöpferisch eigene Wörter gebildet werden wie etwa «Einspitzel» für Reißnagel, «Regenturm» für Springbrunnen und manches mehr. Die zunächst noch unflektiert nebeneinander gestellten Wörter werden dann – zumeist im vierten Lebensjahr – in Zusammenhang mit der fortschreitenden Eroberung der grammatikalischen Struktur von vollständigeren syntaktischen Gebilden abgelöst.

Die Aneignung der Muttersprache ist also ein Vorgang, der den ganzen Menschen erfasst; entsprechend geht die moderne Fachdidaktik davon aus, dass auch Fremdsprachen in den ersten Grundschuljahren am besten durch ein ganzheitliches, mündliches, nachahmendes und handlungsbezogenes Einleben erlernt werden – im vorangegangenen Kapital über die Sprachförderung ist das eingehend beschrieben worden. Es ist leicht nachvollziehbar, dass Tonfall, Mimik und Gestik dabei von entscheidender Bedeutung sind; zudem ist es wichtig, «bei den Kindern ein Wechselspiel zwischen Eigenaktivität und hingegebenem Zuhören zu erreichen».[48]

Alle diese wissenschaftlich belegten Zusammenhänge kann man so interpretieren: Sinnvoller als nur ein punktuelles Rechen-, Lese- oder Sprachtraining einzuführen – was bei einzelnen Kindern notwendig sein mag – ist es, eine *Lernkultur* zu schaffen, die Bewegung, Rhythmus, künstlerisches und handwerkliches Tun als zentrale Elemente des Schulgeschehens versteht.[49] Schulung der Motorik, der Sinne, des künstlerischen Ausdrucks ist nicht nur für sich wichtig, sondern legt zugleich unverzichtbare Grundlagen für die Entfaltung auch der kognitiven Fähigkeiten! Man kann nicht die Lern- und Entwicklungsbereiche des Kindes fein säuberlich in kognitive, affektive und motorische auseinanderlegen, wie das allzu gern in zahlreichen «Lernzieltaxonomien» gemacht wird und zu einer Zuordnung von Unterrichten und Lerngegenständen führt, sondern diese Bereiche stehen in einem direkten Zusammenhang miteinander und untereinander, und es kommt in der Pädagogik darauf an, diese Zusammenhänge zu nutzen. Also: Möglicherweise wird die Rechenfähigkeit eines Schülers erheblich mehr gefördert, wenn er hundert Zöpfe flicht, als wenn er in derselben Zeit zehn zusätzliche Rechenaufgaben lösen soll, an denen er nur immer wieder sein gleiches Nichtverstehen erlebt.

Das ist eine der Begründungen für den Projektunterricht mit seinem hohen Handlungsanteil: Er fördert letztlich auch ganz andere, z.B. kognitive Lernprozesse, um die sich die Schule bemühen muss. Es gibt hier keinen Gegensatz im Sinne: Sollte man die schöne Zeit statt fürs Drachenbasteln nicht lieber für zusätzliche Einmaleins-Übungen nutzen!?

Aber selbstverständlich hat der Projektunterricht auch darüber hinausgehende eigene Lernziele. Waldorfschulen sehen ihre Aufgaben ja nicht darauf beschränkt, Lehrstoff zu vermitteln und den Schülern das Bestehen von Prüfungen zu ermöglichen, sondern sie versuchen, grundlegender anzusetzen: Ihr Ziel ist es, die Kinder und Jugendlichen zur Fähigkeit des selbstständigen produktiven Handelns in der Welt – frei von inneren und äußeren Zwängen – entsprechend ihren individuellen Impulsen und vielleicht zunächst verborgenen Möglichkeiten zu führen. Dieser Prozess erstreckt sich entsprechend der Entwicklungsschritte der Kinder stufenweise von der ersten bis zur letzten Klasse, in der die Fähigkeiten der Selbstführung und Selbsterziehung auf dem eigenen Lebensweg erlangt sein sollten.

Zu diesem Lernprozess gehört es selbstverständlich auch, Kulturtechniken zu beherrschen, Wissen anzueignen, das in der Welt gebraucht wird, und Prüfungen zu bestehen, die heute oft eine Voraussetzung für eine aktive Wirksamkeit in der Welt darstellen. Um selbstständig handlungsfähig zu sein, braucht ein Mensch aber noch viel mehr: Er muss seine Gliedmaßen geschickt zu gebrauchen wissen, seinen Körper beherrschen, alle seine Sinne ebenso wie seine Gefühle zu differenzierten Wahrnehmungen befähigen, seine Antriebe und Willensimpulse lenken, Weltinteresse und vielfältige soziale Fähigkeiten entwickeln ebenso wie Freude am Schaffen und an tätiger Welterfahrung, und er muss ebenso erfahrungs- und lernfreudig wie -fähig werden.

All dieses Können (das heute auch von der Arbeitswelt hoch geschätzt und gefordert wird) gehört ebenfalls zu den Erziehungsaufgaben einer Waldorfschule. Wie aber kann man die Gefühle und den Willen erziehen, wie den Gebrauch der Sinne lernen, wie bilden sich soziale Fähigkeiten, wie lernt der Mensch, zwischen verschiedenen Möglichkeiten abzuwägen, wie, mit Konflikten umzugehen, wie, den Gesetzen der Sache zu folgen, nicht dem eigenen Wunsch und Behagen? Wie lernt er, zuverlässig zu sein, eine Sache zu Ende zu bringen, auf andere Rücksicht zu nehmen, mit anderen zusammenzuarbeiten, sich selbst etwas abzuverlangen? Wie entwickelt sich das «Gespür» für eine Sache, wie Selbstbewusstsein und Durchsetzungskraft? Wie kann jemand fähig werden, Dinge nicht nur zu denken und zu bereden, sondern tatsächlich zu tun? Er kann dies nicht anders lernen als dadurch, dass er immer wieder in konkrete Handlungssituationen kommt, in denen genau diese Leistungen von ihm verlangt werden. Er lernt es nicht durch Nachlesen und nicht durch Ermahnungen oder längere Predigten, er lernt es überhaupt nicht von anderen, sondern er muss es in realen Situationen *selbst* lernen. Erst wenn er die erforderlichen Fähigkeiten tatsächlich in einem Handlungszusammenhang braucht und einsetzen muss, obwohl er sie noch nicht besitzt, hat er eine Chance, sie – zu lernen!

Der Projektunterricht bietet mit seinen vielfältigen, höchst differenzierten Aufgaben für die Kinder genau das, nämlich reale Handlungssituationen, in denen diese Fähigkeiten gefordert werden und die Kinder sie genau deshalb bilden können. Der Projektunterricht ist, modern gesagt, ein großes Feld des *praktischen Lernens*, d.h. eines Lernens, bei dem im Untergrund Handlungskompetenzen gebildet werden, während die Kinder vordergründig etwas ganz anderes tun. Indem die Kinder ihre praktische Aufgabe lösen, bilden sie auf einer ganz anderen Ebene wie «nebenbei» die gewünschten, zur Lösung der Aufgabe erforderlichen Fähigkeiten. Die praktische Aufgabe selbst ist immer nur eine Art «Alibi» für die eigentlichen pädagogischen Ziele. Dieser Grundsatz des praktischen Lernens hat zur Folge, dass die Lehrenden die (den Kindern nicht bewussten) pädagogischen Ziele im Auge haben, während die Kinder sich ganz auf die jeweiligen Sachziele konzentrieren. Pädagogisch gesehen kommt es natürlich nicht auf die Pfahlbauten an; die sind das vordergründige Handlungsziel, das die Kinder motivieren kann, sich überhaupt auf den Prozess einzulassen. Sondern es kommt auf das an, was an Handlungsfähigkeiten «informell», wie man heute sagt, durch die Arbeit an den Pfahlbauten an persönlichen Fähigkeiten mitgelernt wird – wie z.B. Geduld und Ausdauer und Achtsamkeit, wenn ein paar Dutzend genau gleich lange Stäbe zugesägt werden sollen, und eine Schärfung des Tast- und Sehsinnes, wenn diese Stäbe aus sehr ungleichmäßig gewachsenen Zweigen so gewonnen werden sollen, dass sie ungefähr gleich dick sind.

Damit bietet der Projektunterricht prinzipiell die Chance, einzelne Kinder oder kleine Gruppen in Bereichen zu fördern, in denen die Lehrer besondere Schwierigkeiten festgestellt haben – oder auch besondere Stärken, denen sie im gemeinsamen Klassenunterricht nicht genügend Raum zur Entfaltung geben können. Insofern leistet der Projektunterricht auch einen nötigen *Beitrag zur Individualisierung des Unterrichts*. Diese Aufgabe ist nicht zu verwechseln mit therapeutischen Maßnahmen des Kollegiums an anderer Stelle – wobei es im Einzelfall sinnvoll und wünschenswert ist, wenn Anregungen aus diesen Bereichen gegeben werden, die der Projektunterricht aufgreifen kann.

Ein Projektlehrer führt dazu aus: «Das Kognitive, das die Kinder vormittags im Hauptunterricht mitbekommen, können einige schneller erfassen, manche nicht so schnell, man muss ihnen Zeit lassen. Aber man darf auch nicht den richtigen Zeitpunkt verpassen, denn wenn er verpasst ist, ist es zu spät, dann kann man es auch mit Förderunterricht nicht nachholen, den Schaden kann man nicht wiedergutmachen. Durch diese eineinhalb Stunden Projektunterricht kann man ganz gezielt daran arbeiten: Wo stehen die Kinder in den Haupt- und Fachunterrichten und wo hängt es? Hier hat man absolute Freiheit, da ist kein Erwartungsdruck, wie in den Fachunterrichten, hier kann ich als Pädagoge völlig frei handeln.»

Fassen wir zusammen: Der Projektunterricht bietet den Kindern unter pädagogischer Führung einen Freiraum für selbstständiges, tätiges, praktisch-spielerisches Welterleben, in dem die Kinder aus eigener Kraft und Tätigkeit zu Erfahrungen kommen, dabei zugleich sich selbst und ihre Fähigkeiten erleben und weiterentwickeln und «handlungskompetent» werden können.

In einem Umfeld, das wegen beengten Wohnraums, Naturferne und städtischer Lebensverhältnisse immer weniger Möglichkeiten bietet, die Sinne zu gebrauchen und die Welt spielend zu entdecken, werden, pädagogisch bewusst und gezielt, Spiel-Räume geschaffen, in denen die Kinder sich bewegen, in denen sie praktisch tätig sein können und die ihnen die Freude an eigenen Ideen und Entdeckungen eröffnen. Mit dem Projektunterricht wird ein Rahmen geschaffen, in dem die Kinder altersgemäß *spielen* können und dürfen und dadurch *spielend lernen*, ihre Sinne, ihren Körper, ihr Wahrnehmungsvermögen für die Welt und für sich selbst, ihre soziale Sensibilität, ihre Gefühle, ihre Erlebnisfähigkeit zu gebrauchen und durch den Gebrauch zu verfeinern und zu schulen. Denn so, wie die Kinder gelernt haben zu spielen, werden sie später auch arbeiten können.

## Warum Projektunterricht gerade an der interkulturellen Schule?

Die angeführten pädagogischen Begründungen für den Projektunterricht gelten selbstverständlich allgemein, für alle Kinder und für alle (Waldorf-)Schulen, auch wenn es dort einen solchen Unterricht – wohl auch, weil der Rahmen der Ganztagsschule üblicherweise fehlt – kaum gibt (trotz vieler Bemühungen, Elemente des praktischen Lernens stärker in die Schulen zu integrieren). Hat es einen Grund, dass gerade die Interkulturelle Waldorfschule Mannheim diesem Unterricht solch breiten Raum gibt, und was hat das mit der Integration von Zuwandererkindern zu tun?

Der Projektunterricht ist selbstverständlich insofern eine besondere Hilfe zur Integration, als praktische ebenso wie künstlerische Tätigkeiten zwar zweifellos kulturell gefärbt sein können, in ihren Handlungsabläufen und Erlebnishorizonten aber universell, transkulturell sind: Einen Nagel schlägt man in China nicht anders ein als in Spanien, und er dient in beiden Kulturen denselben Zwecken, auch wenn diese ganz anders heißen mögen. Ebenso ist die Kunst eine «Sprache», die überall verstanden werden kann, gerade auch in ihrer kulturellen Prägung. In der praktischen wie künstlerischen Tätigkeit fällt also das kulturell trennende Element, die Sprache, weitgehend weg, es sind sprachfreie Begegnungen und Verständigungen möglich, und das sind Begegnungen über kulturelle Grenzen hinweg. Hier kann auch nicht das deutsche Kind mehr, weil es besser Deutsch kann, sondern individuelle Leistungsdifferenzen hängen hier eindeutig mit individuellen Fähigkeitsunterschieden zusammen. Die können aber ganz anders verlaufen als die Unterschiede im

Beherrschen der deutschen Sprache. Im Projektunterricht begegnen und erleben sich die Kinder gewissermaßen in einem transkulturellen Raum: Sie lassen die kulturellen Unterschiede hinter sich und können sich ohne den kulturellen «Schleier» als Individuen wahrnehmen.

Bietet so der Projektunterricht eigentlich eine Unterrichtsform, die weitgehend abgekoppelt ist von Sprache und sprachlichen Differenzen, so findet die verbleibende verbale Kommunikation notwendigerweise auf Deutsch statt. Dieses Deutsch ist aber direkt handlungsbezogen, also anschaulich, konkret und vom Sprachbau her eher einfach, überschaubar, handlungsgesättigt, also keine literarische, elaborierte Sprache. Das erleichtert den Migrantenkindern zweifellos die Teilhabe und verstärkt ihre alltagssprachliche Integration, ganz abgesehen davon, dass sie mit jedem Projekt, mit jeder neuen Aufgabe auch ein neues Sprachfeld betreten, das ihren Wortschatz erweitert. Da man für die Verständigung über praktische Tätigkeiten präzise und differenzierte Begriffe und genaue Wahrnehmungen benötigt, wirkt der Projektunterricht zugleich *sprachfördernd.*

Im Bewusstsein der Lehrer spielt allerdings der Beitrag des Projektunterrichts zur interkulturellen Begegnung bzw. zur kulturellen Integration eine eher marginale Rolle. Viel bedeutsamer erscheint ihnen der Zusammenhang des Projektunterrichts mit der sozialen Lage der Kinder bzw. ihrer Herkunftsfamilien. Die Kinder kommen, wie schon beschrieben, teilweise aus sozialen Schichten, in denen üblicherweise weniger über Erziehungsfragen nachgedacht wird, die Kinder sich oft selbst überlassen sind, weniger Spielmöglichkeiten bestehen und diverse Medien eine größere Rolle spielen, während sich die Eltern wegen ihrer Berufstätigkeit weniger mit den Kindern beschäftigen können. Wenn diese dann Schwierigkeiten beim Lernen haben, liegt das zumeist nicht daran, dass sie nicht *wollen*, sondern dass sie aufgrund der genannten Einschränkungen gar nicht *können*.

Unter diesen Gesichtspunkten ist der Projektunterricht in erster Linie *kompensatorisch*: Er gleicht innerhalb des geschützten pädagogischen Raums der Schule insbesondere die nicht-intellektuellen, nämlich sprachlichen, affektiven, motorischen und sozialen Entwicklungsrückstände und -einschränkungen aus, denen die Kinder aufgrund ihrer spezifischen Milieubedingungen unterliegen, die ein kindliches Spielen als ursprüngliches Medium dieser Entwicklungen erschweren oder gar verhindern. Zugleich vermag der Projektunterricht Neugier und Interesse für die Welt zu wecken und den Kindern Angst vor dem Neuen, Unbekannten zu nehmen und ihr Vertrauen in ihre Fähigkeiten – auch ihre Fähigkeit, Neues zu lernen – zu stärken. Indem er in Gruppen stattfindet und die Zusammenarbeit in der Gruppe immer soziale Gestaltung verlangt, ist der Projektunterricht auch ein Ort des *sozialen Lernens*. Das gilt für alle Kinder, unabhängig von ihrer kulturellen Herkunft. Aber für die Migrantenkinder gilt es eben auch, und deshalb ist der Projektunterricht für sie ein besonderes und zusätzliches Angebot, das ihre Integrationschancen ebenso wie ihre individuellen Entwicklungs- und Lebenschancen verbessern kann.

«Diese Schule hat ja nicht nur den Anspruch des Interkulturellen. Sondern von Anfang an war hier auch die Frage leitend: Wie fange ich jetzt schon, in der Unterstufe, an, den Willen aus dem Muskel-Gliedmaßen-System zu lösen, sodass er dann dem beweglichen Lernen zur Verfügung steht, d.h. letztlich, wenn man weit vorausschaut: der Berufsvorbereitung zur Verfügung steht?» So die Aussage einer Projektlehrerin.

## Lehrer werden Lernbegleiter

Kann man den Projektunterricht auch wegen der großen Gestaltungsfreiheiten, die die Lehrer hier haben, als pädagogisches Paradies betrachten, so muss man sich doch klarmachen, dass die Arbeit mit den Kindern selbst alles andere als einfach ist. Zum einen reizen sicher die Tageszeit und die «Befreiung» vom Stillsitzen und Zuhören, die Chance, selbst aktiv zu sein, dazu, dass es im Projektunterricht etwas munterer und lebendiger zugeht, als man das vom Unterricht sonst gewohnt ist. Schwerer wiegt aber, dass sich in der praktischen Tätigkeit eben genau die Entwicklungsrückstände und Selbstführungsdefizite der Kinder bemerkbar machen, die ja auch der Grund sind, weshalb dieser Unterricht für sie besonders wichtig ist.

Eine Projektlehrerin schildert die ersten Erfahrungen so: «Die Projektarbeit ist nach meiner Einschätzung sehr schwierig. Ich finde es notwendig und gut, dass wir das machen. Es ist eben so: Gerade den Nachmittagsteil empfinde ich als sehr anstrengend. Die Kinder sind dann noch einmal schwieriger. Wir versuchen da ja wirklich in einer freieren Form etwas mit den Kindern zu erarbeiten, was aber auch seine Tücken birgt. Kinder, die ungeordnet sind: malen Sie mal mit denen Wasserfarben! Das ist etwas anderes, als wenn Sie 35 ‹geordnete›, mehr oder weniger geordnete Kinder haben und das Wasserglas hinstellen können und es nicht jedes Mal umfällt. Einfach, weil wir das unseren Kindern zum Teil nicht zumuten können. Die *können* die Farbe gar nicht in Ruhe lassen! Sie *müssen* sie umschmeißen. Noch! Wir sind ja in einem Lernprozess …»

Ohne die Aufteilung der Klassen in die Gruppen wäre dieser Unterricht kaum durchführbar, schon gar nicht von Eltern als

players league
Notizen...

GAZI
HENGLEIN

Projektlehrern. Der ganze Reichtum des Projektansatzes ist aber erst auszuschöpfen, wenn auch geeignete Eltern mitwirken, die bereit sind, ihre besonderen Fähigkeiten pädagogisch einzubringen. Eine interkulturell zusammengesetzte Elternschaft bietet da einen besonders breiten Schatz an elterlichen Fähigkeiten, auf den zurückgegriffen werden kann! Hier liegt eine wichtige Basis für eine spätere Einbindung externer Fachleute in den Oberstufenunterricht.

Die Bildung der Kleingruppen gehört bereits zum Lernarrangement und ist eine eminent pädagogische Aufgabe. Ein Klassenlehrer dazu: «Wir haben uns vorher zusammengesetzt und versucht, die Kinder immer wieder in andere Gruppen zu verteilen, um den sozialen Aspekt zu stärken. Wir wollten eigentlich zur Hälfte des Jahres wechseln; das haben wir nicht gemacht, weil beide Projektlehrerinnen mir sagten, sie würden gern die Gruppe behalten. Dann haben wir am Elternabend noch einmal gefragt, ob das von Elternseite her so in Ordnung ist, weil ich das angekündigt hatte, und im nächsten Jahr werden wir wieder dazu übergehen, diese Gruppen zu mischen, aber überhaupt nicht nach Förderbedarf. Wir werden eine Gruppe bilden, in der fortgeschrittene und schwächere Schüler sind, und nicht alle Schwachen zusammen nehmen.»

Eine Anforderung stellt sich allen Lehrenden, die mit dem Projektunterricht zu tun haben: Sie sollten in der Lage sein, den praktischen Projektideen gegenüber die «Lernbrille» aufzusetzen und von jedem Vorhaben zu erkennen, welche Fähigkeitsanforderungen an den Handelnden darin enthalten sind und welche Kompetenzen daran gebildet werden können. Bei jeder neuen Projektidee ist zu prüfen, welche (motorischen, affektiven, methodischen, persönlichen, sozialen) Anforderungen die jeweiligen Tätigkeiten an die Kinder stellen und was die Kinder daran lernen bzw. an

Fähigkeiten bilden können, wenn sie diese Projektaufgaben lösen. Die Tätigkeiten werden so gewissermaßen «pädagogisch evaluiert». Weiß man das, kann man die entsprechenden Projektaufgaben pädagogisch gezielt – je nach den Bedürfnissen der Kinder – einsetzen.

Außerdem müssen die Projektlehrer relativ schnell erkennen, mit welchem Lernarrangement – d.h. mit welcher konkreten Gestaltung der Aufgabenstellung und ihrer Bearbeitung – welche Lernchancen variiert oder besonders betont werden können. Dann erst ist eine gezielte pädagogische Auswahl der Projekte möglich, und der Kreis schließt sich, wenn die Klassen- und Fachlehrer sagen können, worin der persönliche Lernbedarf der Kinder besteht, welche Fähigkeiten die Klasse oder einzelne Kinder jetzt also stärker entwickeln sollten. Dann können die Projekte genau die Lernwege darstellen, auf denen die festgestellten Lernbedürfnisse der Kinder gestillt werden können. Projekte zu entwickeln erfordert also *exakte pädagogisch-praktische Fantasie.*

Zum Grundsatz des Lernens durch Tun, des praktischen Lernens, der diesen Projektunterricht vollständig prägt, gehört es, die Projekte immer so anzulegen, dass jedes Kind seine Arbeit zu Ende bringen kann und zu eigenen Erfolgserlebnissen kommt. Dies verlangt von den Projektlehrern oft eine weitgehende Individualisierung ihres pädagogischen Vorgehens. Ferner kann man das pädagogische Potenzial praktischer Tätigkeiten nur dann voll zur Entfaltung bringen, wenn die Kinder diese Tätigkeiten *möglichst selbstständig* gestalten und durchführen und auch zu Ende bringen. Im Projektunterricht müssen die Kinder kreativ sein können, Raum für eigene Ideen haben und Freude über das gemeinsame Tun wie über das erreichte Ergebnis empfinden können. Es geht für den Lehrer darum, etwas zu finden, was er ehrlichen Herzens am Ende der Stunde *loben* kann. Während des Unterrichts aber muss er sich selbst mit seinen Tätigkeiten und Eingriffen zurückhalten: Wo er dem Kind «Arbeit» abnimmt, nimmt er ihm Lernchancen. Er soll hier gerade nicht alles vormachen oder zeigen, wie es geht, sondern dem Kind einen möglichst weiten Raum für eigene Entdeckungen eröffnen – und für sich immer das Motto beherzigen: Umwege erweitern die Ortskenntnis!

Er kann sich das leisten und u.a. auch deshalb die Kinder selbstständig suchen, arbeiten, ausprobieren, entdecken lassen, weil ihn keine Leistungsnorm, kein Lernstandard, kein Zeithorizont und keine Lernzielvorgaben drücken. Deshalb sollte er nun seinerseits keinen Druck aufbauen, sondern den Kindern das weite Feld des Lernens erhalten.

Dazu gehört, dass die Projektlehrer einen dem Entwicklungsalter der Kinder entsprechend enger oder weiter gestalteten Rahmen vorgeben müssen, damit zu große Offenheit nicht zur Überforderung führt. Sie müssen den Lern- bzw. Bearbeitungsweg so weit vorstrukturieren wie nötig – z.B. indem sie bestimmte Punkte setzen, an denen ein kurzes Zwischengespräch sinnvoll ist – und so viel Freiraum und Eigeninitiative zulassen wie möglich. Dies beherzigend, verstehen sich die Projektlehrer grundsätzlich nicht als Personen, die die Kinder «unterrichten» oder «belehren» oder ihnen gar sagen oder vormachen, was sie wie tun sollen, sondern als Lehrende, die den *richtigen Rahmen* schaffen, in dem die Kinder selbstständig tätig sein und ihre Erfahrungen machen können. Projektlehrer praktizieren das Leitbild vom «Lehrer als Lernbegleiter der Kinder»[50], d.h. von einem, der (gezielt) Räume und Gelegenheiten für das eigenständige Lernen schafft und sich dann so weit wie möglich zurückhält und die Kinder ihre Entdeckungen machen lässt – getreu dem Grundsatz: «Niemand kann gelernt *werden*!»

Der Lehrer ist erst wieder aktiv gefragt, wenn sich ein Kind verrannt hat und tatsächlich nicht weiter weiß und ihn dafür von sich aus um Hilfe bittet, oder wenn es gilt, Lernklippen zu überwinden, oder – und das ist sehr wichtig – wenn eine Arbeit abgeschlossen ist und er versucht, ein abschließendes Fazit zu ziehen, auf wichtige Ereignisse im Prozess nochmals kurz zurückzublicken oder den Kindern zu spiegeln, was sie jetzt geschafft haben und worauf sie stolz sein können.

Der Projektlehrer schält sich somit deutlich als eigener Lehrertypus, als eigenes «Berufsbild» von Lehrern heraus: Er muss pädagogische Herausforderungen erkennen bzw. in der Zusammenarbeit mit anderen Lehrern aufgreifen können, und er benötigt pädagogische Fantasie und Technik, um die Herausforderungen in praktische Übungen zu «übersetzen», in denen genau das gelernt werden kann, was gebraucht wird. Dies gelingt ihm nur, wenn er selbst über ein großes Repertoire solcher Übungen und Tätigkeiten verfügt und den in ihnen enthaltenen Lerngehalt bzw. die mit ihnen verbundenen Lernchancen erkennen kann. Schließlich muss er diese praktischen Aufgaben in einen konkreten Unterrichtsablauf geistesgegenwärtig umsetzen, die Kinder dafür begeistern, ihren Arbeitsprozess verfolgen und ihnen von Fall zu Fall genau die Tipps und Hilfen geben, die sie brauchen. Schließlich sollte er im pädagogisch bewusst gesetzten Wechsel von Aktion und Reflexion mit den Kindern angemessen auf deren Erfahrungen zurückblicken können und so allmählich bei ihnen auch ein Bewusstsein vom eigenen Lernprozess und dessen Früchten veranlagen.

## Ausflüge und Klassenfahrten

An dieser Stelle soll auf eine weitere Besonderheit der Interkulturellen Waldorfschule hingewiesen werden, weil sie – normalerweise am Freitag – in der Zeitschiene des Projektunterrichtes stattfindet und zudem mit dessen Anliegen in enger Verbindung steht: die wöchentlichen Ausflüge.

Die Gründungsidee war, dass es gerade für die Migrantenkinder wichtig sein würde, sich in ihrer zum Teil neuen Umgebung zu verwurzeln und hier so etwas wie «Heimat» zu erleben. Im Rückblick auf die ersten Jahre lässt sich sagen, dass sich diese Idee bewährt hat. Die Ausflüge gehören zu den «Highlights» des Schullebens, und inzwischen nimmt sogar die erste Klasse daran teil. Konkret wird dabei, immer im Rahmen der Klassengemeinschaft, Unterschiedliches unternommen. Die ganz Kleinen gehen zumeist in den nahe gelegenen Herzogenriedpark, die Schülerinnen und Schüler der zweiten Klasse brechen gegen elf oder zwölf Uhr auf, um nach einer Straßenbahnfahrt städtische oder zumindest stadtnahe Gegenden am Neckar oder Rhein zu erkunden, die Älteren fahren teilweise auch weiter nach Heidelberg oder an den Rand des Pfälzer- oder Odenwaldes.

Die Schilderungen der Lehrerinnen und Lehrer zeigen, dass diese Ausflüge ganz verschiedene Funktionen haben. «Wir waren jetzt im Herzogenriedpark», berichtet die Lehrerin der 1. Klasse, «und vorher haben wir klare Regeln aufgestellt anhand der Frage: Wie kommen wir dahin, ohne überfahren zu werden? Dann der Moment, wo wir diese Wiese sehen: dieses Freilassen, dieses Ausatmen für die Kinder! Picknick auf der Wiese, die Kinder sitzen da, und dann kommen noch freche Gänse und wollen was haben ... Und dann dürfen die Kinder spielen, und wir spielen ja auch mit. Das gibt den Kindern einfach Luft. Mir ist aufgefallen, wie wichtig das ist: den Kindern noch einmal Luft zu geben für das Wochenende.»

Ein solches Erleben enthält verschiedene Facetten: Der Ausflug gibt Gelegenheit, soziale Regeln aufzustellen und einzuüben, beim Spielen und oft auch Klettern werden die unteren Sinne, besonders der Bewegungs- und der Gleichgewichtssinn, angesprochen, es lebt die Freude an der Natur und die Vorfreude auf das Wochenende. Und darüber hinaus bildet sich bei diesen Ausflügen die Klassengemeinschaft. Der Klassenlehrer der 5. Klasse: «Die Kinder haben eine unendliche Energie! Ich mache ja jede Woche mit ihnen einen Ausflug. Das tut ihnen außerordentlich gut. Da sind wir dann so zwischen drei und vier Stunden unterwegs, manchmal auch ein wenig länger, und gehen an einen Ort, wo die Kinder einfach für sich sein können. Da mache ich dann gar nichts. Die Schüler sollen untereinander klarkommen. Und das scheint enorm wichtig zu sein für das Zusammenleben der Klasse.»

Der Erfahrungsraum der Kinder weitet sich somit allmählich aus: von der Projektarbeit in der Schule zunächst in die nähere, dann in die weitere Umgebung – und dann noch darüber hinaus: «Und in den Projekten – sagen wir ab der fünften Klasse – sollte hinzukommen dieses Leben in einem anderen Land. Leben lernen und arbeiten in einem anderen Land, in der Begegnung mit den Menschen dort – das ist interkulturelle Arbeit. Aber eben im Lebensbezug, im Arbeitsbezug, oder besser gesagt: im Erlebnisbezug» – so eine Projektlehrerin.

Tatsächlich war schon die erste vierte Klasse fast zwei Wochen auf einer dänischen Insel, um Seefahrt, Meer und Landschaft kennenzulernen. Welche Erfahrungen dort – auch mit den Menschen – gemacht werden konnten, sei exemplarisch mit der folgenden Begebenheit angedeutet, die ein Betreuer festgehalten hat: «Ein besonders schöner Ausflug war eine Tagesfahrt zur Nachbarinsel auf einem Segelschiff. Alle freuten sich, nur einer nicht: D. Bereits Tage vorher hatte er angekündigt, dass er auf keinen Fall mitgehen würde und er eher das Schiff abbrennen würde als einen Fuß auf es zu setzen. Er war in meiner Gruppe gewesen, und alles Zureden führte nur zu vermehrter Sturheit und Wut. Herr W. ließ jedoch keinen Zweifel daran, dass jeder bei der Segelfahrt mitmachen werde, und so wurde ein fluchender und schimpfender D. mitgenommen.

Unser dänischer Skipper war nicht nur ein guter Seefahrer, sondern ein mindestens ebenso guter Pädagoge. Kurz nach dem Ablegen teilte er D. für kleinere Arbeiten an Bord ein, die dieser dann auch bereitwillig ausführte. Dabei bemerkte er, dass D.s Hose dauernd rutschte, weil D. keinen Gürtel hatte. Kurz entschlossen nahm der Skipper eines seiner kostbaren Befestigungsseile, schob es durch D.s Gürtelschlaufen und zurrte es mit einem fachmännischen Seemannsknoten fest. D.s Hose hielt den ganzen Tag, und er war von einem erbitterten Feind der Seefahrt zu einem glühenden Freund derselben und des Skippers geworden.»

Die Fahrt nach Dänemark war bisher die längste Fahrt, die an der Interkulturellen Waldorfschule unternommen wurde. Aber auch die anderen Unternehmungen – Klassenfahrten in die Oberlausitz, den Schwarzwald und die Pfalz – waren reich an Begegnungen und Erlebnissen, bis dahin, dass bei der Rückkehr alle empfunden haben, wie sehr Mannheim zur gemeinsamen Heimat geworden ist. Ein Betreuer: «Die lange Fahrt, leere Proviantbeutel und die Sehnsucht, endlich wieder zu Hause sein zu können, zerrte doch sehr an den Nerven der Kinder. Das eine oder andere strenge Lehrerwort, Kekse und Schokolade aus dem Reserveproviantbeutel und schließlich die Einsicht der meisten Kinder sorgten dafür, dass auch der letzte Abschnitt unserer Heimreise glücklich endete.

Kurz vor 23 Uhr rollte unser ICE unter Klatschen und Jubeln im Hauptbahnhof ein. ‹Mannem!!!› hatten die Kinder geschrien beim Anblick ihrer Heimatstadt, ohne Unterschied der Hautfarbe, der Nation und der Religion.»

# 10. Die Schulgemeinschaft: Eltern und Lehrer

Lehrer erziehen die Schulkinder niemals allein, sondern die Erziehungsverantwortung bleibt grundsätzlich bei den Eltern der Kinder und damit unter anderem auch die Entscheidung darüber, welche Schulform das Kind besuchen soll. Die Waldorfschulen haben aus dieser gemeinsamen Verantwortung den Schluss gezogen, dass Lehrer und Eltern sehr eng zusammenarbeiten sollen – im Hinblick auf das einzelne Kind ebenso wie im Hinblick auf die ganze Klasse, ja auch die ganze Schule: Elterngespräche, Elternabende, vielfältige Arbeitskreise, in denen Eltern mitwirken, Beteiligung der Eltern an der rechtlichen Vertretung der ganzen Schule (Vorstand) usw. sind einige der institutionellen Formen, die sich für diese Zusammenarbeit in der Waldorfwelt herausgebildet haben. Eine Waldorfschule kann weder pädagogisch noch rechtlich oder wirtschaftlich ohne enge Zusammenarbeit mit den Eltern existieren.

Dabei ist dieses Verhältnis zwischen Eltern und Lehrern wohl nirgends völlig spannungsfrei. Lehrern wie Eltern fällt es nicht immer leicht, diese Verantwortungsteilung zu akzeptieren. Dazu sind zum einen die Sichtweisen auf das eigene Kind bzw. auf die ganze Klasse zu verschieden, und dazu gibt es auf beiden Seiten zu unterschiedliche Vorstellungen von den jeweiligen Verantwortungsgebieten bzw. von «Grenzübertritten», und es gibt auch zu viele Bilder davon, was der jeweils andere Teil tun oder lassen sollte. Jede Schule muss deshalb ihre eigenen Formen der Zusammenarbeit von Lehrern und Eltern finden, sodass hier auch sehr unterschiedliche Ausgestaltungen verbreitet sind – von recht geschlossenen «Lehrerrepubliken» bis hin zu sehr weitgehender Beteiligung der Eltern im Sinne einer «Eltern-Lehrer-Trägerschaft».

In der Waldorfschulbewegung ist es in diesem Zusammenhang verbreitet, Eltern- von Lehrergründungen zu unterscheiden, weil die Entstehungsgeschichte einer Schule zweifellos die Gewichte beider Seiten und die Formen der Zusammenarbeit stark beeinflusst. Die Interkulturelle Waldorfschule Mannheim ist in diesem Sinne ganz ohne Zweifel eine klassische Lehrergründung: Der Impuls zur Gründung der Schule ebenso wie ihr Aufbau war allein Sache von Lehrern und waldorfpädagogischen Fachleuten (des bestehenden Kindergartens, der Mannheimer Hochschule). Die Idee der Schule, die Entwicklung des Schulkonzepts, die Standortwahl, die Räume, die gesamte Genehmigungsplanung usw. – alles das war ausschließlich Sache von Waldorfpädagogen.

Eltern kamen erst ins Spiel, als die Schule eröffnen wollte und Kinder brauchte. Ob man überhaupt genügend Eltern finden würde, die bereit waren, ihre Kinder der neuen Schule mit ihrem ungewöhnlichen Konzept anzuvertrauen, war bis wenige Wochen vor der Eröffnung im Prinzip offen. Diejenigen Eltern, die dann zur Schule dazugestoßen sind, kamen in der Regel nicht, weil sie an einer Schulgründung mitwirken wollten, sondern weil sie das pädagogische Angebot der Schule für ihre Kinder attraktiv fanden. So gesehen sind die Eltern der Interkulturellen Waldorfschule Mannheim in der Entstehungszeit der Schule in der Rolle von Abnehmern eines pädagogischen Angebots gewesen; sie standen der Schule zunächst wie Kunden gegenüber, die sich für ein Angebot entscheiden. Zu diesem Zeitpunkt bemerkte eine Lehrerin: «Meine Vermutung ist, dass die Schule als *Angebot* genommen wird. Es herrscht nicht die Vorstellung: Wir stellen hier gemeinsam etwas auf die Beine! Ich habe das Gefühl, dass eine gewisse Erwartungshaltung da ist, dass etwas ‹geboten› wird.»

## Zusammensetzung der Elternschaft

Mit dieser Ausgangshaltung der Eltern muss eine freie Schulgründung wohl immer rechnen, wenn sie sich in ein soziales Milieu vorwagt, in dem die Menschen nicht ohne Weiteres auf die Idee kommen, für ihre Kinder eine eigene Schule zu gründen, sondern Schule zunächst einmal als etwas ansehen, wofür der Staat zu sorgen hat und um das sich Eltern nicht selber kümmern müssen. Die Elternschaft, die von der Interkulturellen Waldorfschule angesprochen wird, gehört zu einem «waldorfuntypischen» Teil zu diesem Milieu: Bei rund der Hälfte der Eltern der ersten drei Klassen, die im Rahmen der wissenschaftlichen Begleituntersuchung befragt wurden, liegt ein Migrationshintergrund vor, bei knapp einem Drittel ist der höchste erreichte Schulabschluss der Hauptschulabschluss, bei deutlich weniger als der Hälfte der Elternschaft hat zumindest ein Elternteil das Abitur oder Fachabitur.[51] Man kann hier also mit Berechtigung davon sprechen, dass diese Elternschaft sozial bzw. von ihren Bildungshintergründen her signifikant anders zusammengesetzt ist als sonstige Waldorfelternschaften, und zwar eben «bildungsferner» – auch wenn der Bildungshintergrund dieser Elternschaft immer noch deutlich günstiger zusammengesetzt sein dürfte als bei den benachbarten Grundschulen.

Im Bewusstsein dieses Milieus haben Eltern bei Fragen der Schule traditionell eigentlich nichts mitzureden, und es ist aus ihrer Sicht schon merkwürdig genug, wenn eine Gruppe von Lehrern – unabhängig von einem staatlichen Auftrag – eine freie, d.h. «private» Schule gründen will. Privatschulen sind außerdem etwas für die besseren Kreise und kosten viel Geld. Eltern aus sozialen Brennpunkten – ob mit Migrationshintergrund oder ohne – haben eine weite kulturelle Distanz zu Privatschulen, zumal ihnen auch pädagogische Fragen in der Regel nicht so sehr auf den Nägeln brennen. Und das Motiv, eine Waldorfschule aufgrund der eigenen anthroposophischen Überzeugung gründen zu wollen, fällt hier ebenfalls weg. Mit anderen Worten: Eine Schule wie die Interkulturelle Waldorfschule Mannheim kann wohl gar nicht anders denn als «Lehrergründung» und Angebotsschule entstehen.

Umso bemerkenswerter ist es zweifellos, dass sich genügend viele dieser Eltern gefunden haben, um die ersten drei Klassen, mit denen gegründet werden sollte, durch den Eintritt ihrer Kinder zu ermöglichen. Die Interkulturelle Waldorfschule war für die Mehrzahl ihrer Eltern zunächst ein neuartiges und erklärungsbedürftiges Angebot, das seine Kunden – die Eltern – anziehen und überzeugen und das für sie erheblich attraktiver sein musste als die parallel zur Verfügung stehenden staatlichen Schulen, die außerdem noch kostenlos sind. Insofern war klar, dass eine Waldorfschule im sozialen Brennpunkt sicher kein «Selbstläufer» würde.

Dass die Gründung in Mannheim überhaupt gelungen ist, ist zweifellos zu einem nicht zu unterschätzenden Teil dem Waldorfkindergarten zu verdanken, der im Stadtteil seit vielen Jahren erfolgreich tätig ist, und einem zweiten in einem angrenzenden Viertel.[52] Dadurch gab es nicht nur einen kleinen Grundstock von waldorfpädagogisch erfahrenen Eltern, sondern es bestand aufgrund der vorangegangenen Arbeit ein Vertrauensvorschuss in die Solidität des Vorhabens. Dies erwies sich als besonders wichtig, gehört es doch ebenfalls zum «Milieu», weniger Hochglanzprospekten und überzeugenden Reden zu trauen als dem Urteil von Freunden und Verwandten: Wenn die sagen, dass sie gute Erfahrungen gemacht haben, dann entsteht die Offenheit, sich das Projekt einmal näher anzuschauen.[53]

## Motive der Eltern für die Schulwahl

Was hat nun die Eltern, die für ihre Kinder diese neue Schule gewählt haben, zu ihrer Entscheidung bewogen? Auch darüber können die Befunde der wissenschaftlichen Begleitung einigen Aufschluss geben: In den Augen der Eltern waren es insbesondere vier Gründe, die sie überzeugten, ihr Kind in die neue Schule zu schicken, nämlich das Konzept der interkulturellen Pädagogik und das waldorfpädagogische Konzept (jeweils 75 Prozent, Mehrfachnennungen), die Ganztagsbetreuung (48 Prozent) und die Wohnortnähe (41 Prozent).

Bei den ersten beiden Gründen handelt es sich durchaus um *pädagogisch-konzeptionelle Gründe*. Das steht im Gegensatz zu manchen Vorerwartungen und lässt darauf schließen, dass es dem Gründungskollegium im Vorfeld gelungen ist, auch diese scheinbar pädagogisch weniger vorgebildeten Menschen auf die Waldorfpädagogik mindestens neugierig zu machen. Das Bemühen um *interkulturelle* Pädagogik schließlich überzeugte offenbar nicht nur manche Akademikerfamilie aus prinzipiellen gesellschaftlichen

Gründen, sondern offenbar und bemerkenswerter Weise auch und gerade die betroffenen Migrantenfamilien selbst: Gefragt, warum sie ihr Kind zu der Interkulturellen Waldorfschule schickt, brach es aus einer Migrantenmutter – wie bereits geschildert – stellvertretend für viele heraus: «Ja, wie soll sich denn mein Kind in die deutsche Gesellschaft integrieren, wenn in seiner Klasse nur überhaupt zwei Kinder vernünftiges Deutsch sprechen!?»

Als Beweggründe, die Kinder nach dem Besuch des Kindergartens *nicht* auf die Regelschule zu schicken, wurden von den Eltern genannt:

- Erfahrungen mit hohem Ausländeranteil (mit schlechten Deutschkenntnissen) im (städtischen) Kindergarten und die Sorge über eine ähnliche Situation in der Regelschule
- Probleme, einen Hortplatz zur Ganztagesbetreuung zu bekommen
- schlechte Erfahrungen mit Erziehern (Ausgrenzung des Kindes, mangelnde Unterstützung bei fehlenden Deutschkenntnissen)
- Unzufriedenheit mit der pädagogischen Arbeit im (städtischen) Kindergarten.

Zwei Stimmen von Müttern mögen stellvertretend für die Grundstimmung der Elternschaft im Hinblick auf die Zielsetzung der sozialen und kulturellen Integration stehen. Zunächst eine deutsche Mutter: «Für mich hat das einen ganz hohen Stellenwert: die soziale und die interkulturelle Arbeit. Wir haben seit fünfzig Jahren Migration in diesem Land, sind aber noch sehr rückständig, was das betrifft. Daher ist es gerade in meiner Erziehung sehr wichtig, dass die Kinder da keine Unterschiede mehr lernen. Die Menschen, die hier geboren sind, sind hier geboren ... Ich frage mich: Wo ist die Sprachförderung in den letzten Jahren geblieben, dass wir so ein großes Defizit haben? Ebenso ist es mit dem Sozialen. Es darf keine sozialen Unterschiede in Schulen geben, und das findet man einfach hier. Hier weiß man nicht: Wer ist was? Und das ist eine ganz wichtige Sache.»

Und eine türkische Mutter: «Es ist sehr gut, dass sie mit uns unser türkisches Fest feiern. Das machen die anderen staatlichen Schulen nicht. Für die ist das uninteressant. Und auch das russische Fest, das gefällt mir natürlich. Weil wir ja alle hier fremd sind in Deutschland, und deutsche Kultur, auch die türkische Kultur, auch die russische Kultur, das interessiert uns alles! Das find' ich gut, wirklich. Dass wir mal alle Kuchen backen oder was wir als türkische Spezialitäten haben, dass wir zusammen essen, das ist doch gut! Das gefällt mir auch am meisten. Ich komme immer, wenn so etwas ist.»

Integrationswille und Wille zur interkulturellen Kompetenz – beides zentrale inhaltliche Ansatzpunkte der Schule – bilden also die inhaltlichen Hauptmotive für fast alle Eltern, in Verbindung mit einer prinzipiellen Zustimmung zur Waldorfpädagogik – soweit die Eltern sie bisher aufgenommen haben. «Ich behaupte nach wie vor – wie auch im Waldorfkindergarten schon –, dass diese Schule mit ihrer Pädagogik mehr auf das Individuum eingeht, auf die Anlagen, auf die Fähigkeiten, die für meinen Geschmack besser berücksichtigt und auch entsprechend gefördert werden», sagt eine Mutter. «Ich war selbst an einer Regelschule, und da war das nicht so. Das liegt auch wiederum am Engagement der Lehrer. Für die Lehrer hier ist der Beruf das, was er vom Wort her irgendwann mal war, nämlich ‹Berufung›.»

Auch die anderen beiden sehr oft genannten Gründe für die Schulwahl – Ganztagsschule und Wohnortnähe – betreffen zentrale Konzeptbausteine der Interkulturellen Schule, auch wenn es sich dabei vielleicht nicht um originär pädagogische Motive handelt. Auf der Ebene der Motive gibt es somit eine grundlegende Übereinstimmung von Eltern und Lehrern, und es zeigt sich, dass die Bausteine des Konzepts von den Eltern – den «Kunden» – auch angenommen wurden und sich aus Marketingsicht als richtig erwiesen. Anders gesagt: Mit diesen Konzeptelementen können Waldorfschulen auch im Bildungsmilieu sozialer Brennpunkte erfolgreich sein und wichtige pädagogische Dienstleistungen für die dort wohnenden Familien erbringen.

«Was mir besonders gut gefällt, das sind ganz unterschiedliche Dinge», bilanziert ein Vater. «Mir gefällt gut, dass die Kinder per Handschlag den Lehrer begrüßen, dem Lehrer dabei in die Augen gucken müssen, dass die Kinder aufessen müssen, was auf dem Teller liegt, das sind diese Fragen des Grenzen-Setzens ... Mir gefällt gut, dass die Kinder nicht fallengelassen werden oder eine Klasse wiederholen müssen, weil sie vielleicht irgendwo hintendran hängen, und mir gefällt gut, dass die Kinder ‹allgemeingebildet› werden. Dass sie sowohl Handwerkliches als auch künstlerisches Urteilsvermögen lernen und eben auch nicht gedrillt werden. Ganz besonders wichtig ist mir die Rücksichtnahme der Kinder gegenseitig, dass das gepflegt wird von den Lehrern, finde ich ganz toll. Die Kinder müssen sich entschuldigen, sie müssen wirklich dastehen, es wird oft gesprochen, und das finde ich ganz toll. Die haben ihre gewisse Freiheit, die haben ihre gewissen Dinge, wo sie sich auch mal kabbeln, schlagen, machen und tun, aber es hält sich alles in Grenzen. Da haben die Lehrer schon ein Auge drauf. Und wenn die Grenze überschritten wird, werden weder die Eltern noch sonstwer, der irgendwo zugeguckt hat, sondern nur diese beiden zur Seite genommen, und die müssen dann sagen: Wer? Wo? Was? Und alles andere wird zur Seite geschoben. Das finde ich ganz o.k. Die Kinder müssen sich selbst verantworten für das, was sie getan haben. Das finde ich klasse.»

Die Eltern bringen folgende Haupterwartungen an die interkulturelle Schule mit:

- «Es kommt mir vor allem darauf an, dass mein Kind sich in der Schule wohlfühlt» – diese Aussage bejahen die meisten Eltern
- «... dass mein Kind nach seinen individuellen Fähigkeiten gefördert wird» folgt gleich dahinter
- «... dass mein Kind einen möglichst guten schulischen Abschluss macht» steht an dritter Stelle.

Für nichtdeutsche Eltern und für Nicht-Akademiker scheint dabei das Erreichen eines möglichst guten schulischen Abschlusses eine etwas höhere Bedeutung zu haben als für deutsche Eltern und für Akademiker.

Für die Eltern der zweiten und dritten Klasse des Gründungsjahrs sowie für alle Eltern, die mit ihren Kindern «quer» einsteigen, kommt als beachtenswertes Motiv die Unzufriedenheit mit der bisherigen Schule bzw. Probleme des Kindes an und mit der bisherigen Schule[54] hinzu, verbunden mit der besonders hohen Erwartung, dass die Interkulturelle Waldorfschule viel besser sein soll als die frühere Schule und die Probleme des Kindes an der früheren Schule lösen soll.[55]

Ein Klassenlehrer schildert: «Von Waldorfpädagogik haben die meisten Eltern natürlich noch nie etwas Richtiges gehört. Das heißt, sie haben andere Beweggründe, ihre Kinder hierherzubringen. Ein Beweggrund ist, dass sie für ihre Kinder etwas Besonderes möchten, aber das ist einer der selteneren Gründe. Ein anderer ist, dass das Kind im Kindergarten oder auch später in der Schule sowieso schon Schwierigkeiten hatte. Und dass man gehört hat, wir machen gute Arbeit. Die Kinder kommen ja alle – das kann man wirklich sagen – gern her. Das gilt für alle Klassen. Auch in der dritten, vierten Klasse, gerade bei den Älteren. Die sind zwar auch mal am Maulen, aber man merkt eigentlich: Für viele ist das jetzt ein ganz anderes Leben als vorher an der normalen Schule, denn da hatten sie ja zum größten Teil Riesenschwierigkeiten.»

Die Befunde zeigen zweierlei:

- Trotz weitgehend flächendeckender schulischer Versorgung der Kinder trifft auch in Neckarstadt-West ein qualitätvolles pädagogisches Angebot auf einen entsprechenden «Bedarf» und hat durchaus eine Chance; es ist der Interkulturellen Waldorfschule offensichtlich gelungen, sich hier entsprechend zu positionieren.
- Die Interkulturelle Waldorfschule sieht sich mit sehr hohen, vor allem *pädagogischen* Erwartungen der Eltern im Hinblick auf ihr eigenes Kind konfrontiert, die zwar zumeist mit dem eigenen Leistungsanspruch der Schule übereinstimmen (interkulturelle Pädagogik, Integration, Waldorfpädagogik, anderes Verhältnis zwischen Lehrern und Schülern, individuelle Förderung gerade auch «schwieriger» Kinder), aber durchaus auch auf mögliche Überforderungen und Bruchlinien hinweisen, wie vor allem die Orientierung an möglichst guten Abschlüssen und die Erwartung an die Kraft der Schule, pädagogische Schäden und individuelle Auffälligkeiten von Schülern zu «heilen».

## Vom Wachsen der Schulgemeinschaft

Wir haben gesehen, dass am Anfang der Schulgeschichte Eltern und Lehrer sich eher in einer Dienstleistungsbeziehung gegenüberstanden und dass dies in dem gegebenen Umfeld auch gar nicht anders zu erwarten war: Eltern, die Waldorfschulen nicht kennen, sind es einfach nicht gewohnt, mehr als einmal im Jahr zu einem Elternsprechtag geladen zu werden oder sich sonst um irgendetwas zu kümmern, was die Schule braucht.

An Waldorfschulen ist das bekanntlich anders, und so merkten auch die Lehrer bald nach Schulbeginn, dass die Schule dringend die Mitarbeit und Mithilfe der Eltern an Dutzenden von Einsatzpunkten benötigt: Es stand der Ausbau der Schulräume an, bei Festen war für die Verköstigung zu sorgen, das Mittagessen sollte täglich auf dem Tisch stehen, es stellte sich die Frage, von wem das Schulhaus gereinigt werden sollte, und anderes mehr. Wieder kam ihnen hilfreich entgegen, dass die ehemaligen Kindergarteneltern solche Anfragen und Bitten gewohnt waren und sich nicht weiter überrascht zeigten, und die anderen wurden allmählich einbezogen, sodass heute die Elternmitarbeit an den praktischen Dingen des Schulalltags an dieser Schule eher höher ist als an mancher etablierten Waldorfschule. Außer dem auch hier inzwischen greifenden «Pionierfaktor» spielen dafür sicher zwei weitere wichtige Tatsachen eine große Rolle: Das niedrige Schulgeld von 40 Euro ist für zahlreiche Eltern zwar durchaus nicht leicht aufzubringen, weckt bei ihnen aber keine Anspruchshaltung im Sinne der Erwartung, nun für das Geld auch etwas geboten zu bekommen. Zudem zeigt es sich immer wieder, dass diese Eltern, die oft praktische Berufe ausüben, es sehr schätzen, auf diese Weise etwas zum Wohlergehen der Schule beitragen zu können (wenn sie schon nicht mehr zahlen können), zumal sie alle den Arbeitseinsatz der Lehrer hautnah miterleben, ihn bewundern und über die finanzielle Lage der Schule gut informiert sind.

Die Eltern loben allesamt die freundliche und offene Atmosphäre zwischen Eltern und Lehrern, aber auch unter den Eltern: Es seien weder «Hochnäsigkeiten» noch andere Unfreundlichkeiten anzutreffen. Die Eltern fühlen sich wohl in der Schulgemeinschaft und finden die Mischung der Eltern «interessant». Besonders hervorgehoben wird von den Eltern immer wieder der «offene und undogmatische Umgang» der Lehrerinnen und Lehrer mit ihnen: «Hier wird niemand eingenordet!»

Eine Mutter: «Meiner persönlichen Meinung nach ist das hier vollkommen unkompliziert mit den verschiedenen Gruppen. Ich weiß nicht, wie es anderen Eltern geht, ich habe einen sehr guten Kontakt zu allen Eltern, aber ich könnte Ihnen jetzt nicht sagen, ob da jemand vom Sozialamt lebt oder ein superguter Verdiener ist. Die Leute sind – auch von der Kleidung her – gleich, da gibt es niemanden, der da irgendwie mit Schlips und Kragen heraussticht. Ich kann da keine Unterschiede erkennen, und das ist das, was ich sehr an dieser Schule schätze.»

Ein Vater: «Für mich ist die soziale Integration erfolgreich, *weil* man die Unterschiede nicht merkt! Es ist selbstverständlich, dass der andere eine andere Kultur hat oder einen exotischen Namen oder einen Namen, der vielleicht im Deutschen exotisch klingt. Das *ist* einfach so! Das spielt einfach keine Rolle, dass es diese Unterschiede gibt. Das ist zumindest mein Gefühl. Und das, finde ich, ist eigentlich der Erfolg dabei. Dass das Andere selbstverständlich ist. Und ich finde, das gelingt hier. Da gibt es gar keinen Unterschied bei den Kindern ... Ein Beispiel: K. (ein dunkelhäutiges Kind) wird auf dem Schulweg mitgenommen: Meine Tochter und er sitzen im Wagen, sehen die Sonne. Meine Tochter sagt: ‹Du musst ja keine Sonnenmilch nehmen, du bist ja schon braun!› Das fand ich ganz nett, dass sie so natürlich damit umgehen. Da lachen die drüber! Und wenn das so bliebe, wäre das ein toller Erfolg.»

Alle Befragten äußerten sich besonders positiv über die Wertschätzung ihrer kulturellen Herkunft an der Schule. Eine Mutter mit türkischem Hintergrund sagte, ihr gefalle insbesondere, dass man ihrer Religion gegenüber Respekt erweise, dass man z.B. die Feste kennt und weiß, wann der Ramadan beginnt und zu Ende ist. Dies hätte sie bei anderen Schulen nicht in der Weise erlebt. Zur Zielsetzung der sozialen und kulturellen Integration meinte eine Mutter: «Hier findet das statt, worüber die Politiker draußen nur reden!» Die Integration der Elternschaft hängt selbstverständlich immer sehr eng mit der Integration der Kinder zusammen: Werden Kinder Freunde, lernen sich früher oder später auch die Eltern näher kennen. Das lässt sich auch an der Interkulturellen Waldorfschule beobachten: Die Klassen- und Schuleltern fühlen sich umso mehr zur Schulgemeinschaft gehörig, je mehr auch die Gemeinschaftsbildung unter den Kindern fortschreitet – und hier lässt sich beobachten, wie sich in den Klassen von Jahr zu Jahr engere soziale Bindungen unter den Kindern entwickeln.

Eine Mutter: «Die Lehrer haben das so prima im Griff, dass man weiß: Die Kinder sind gut aufgehoben. Bei der anderen Schule hatte ich das Gefühl: Oh, hoffentlich kommt er heil nach Hause! Und das legt man nicht so ohne Weiteres ab, das geht schon ein Stück weit mit einem mit … Aber als mein Sohn die erste Zeit hier war und ich gemerkt habe, das läuft, war ich eigentlich doch ganz beruhigt. Hier hat er in der Klasse, denke ich mal, mit den anderen Schülern überhaupt keine Probleme. Die gehen auch untereinander so schön miteinander um, habe ich den Eindruck. Er war kaum da, da hatte ein Kind Geburtstag, hat ihn auch direkt eingeladen … Da merkt man natürlich auch schon, dass hier eine andere Kultur herrscht, dass man auch ein Kind, das man noch nicht so gut kennt, einfach so mit hineinnimmt, dass es auch mal eingeladen wird. Und das gibt natürlich einen schönen Einstieg, wenn man mit auf dem Geburtstag dabei war.»

Interessanterweise zeigen die Befragungen und Beobachtungen der wissenschaftlichen Begleitung, dass heute faktisch *alle* Elterngruppen der Interkulturellen Waldorfschule intensiv und rege an den Aktivitäten der Schule teilnehmen und die Lehrkräfte auch aktiv bei Vorbereitung und Durchführung der zahlreichen Schulfeste und Veranstaltungen unterstützen. Die an Waldorfschulen übliche Einbindung der Elternschaft in die Schulgestaltung findet tatsächlich auch in der Freien Interkulturellen Waldorfschule Mannheim – und hier sogar in einem besonders lebendigen und engagierten Maße – quer durch alle kulturellen und sozialen Gruppierungen statt: Die Eltern beteiligen sich am Putzen der Schulräume, sie stehen für größere Umbauaktionen zur Verfügung, sie helfen bei der Vorbereitung von Aufführungen – und vor allem: Sie wirken intensiv an der Vorbereitung und Durchführung der vielen Feste mit, die in der Schule gefeiert werden. Darüber hinaus engagieren sich Eltern im Schulgestaltungs- und Öffentlichkeitsarbeitskreis, manche kümmern sich um die Pflege der Pflanzen auf dem Schulhof. Sie diese Mitarbeitsformen selbst wiederum als außerordentlich gemeinschaftsbildend und machen sich viele Gedanken – oft mehr als die Lehrer –, wie man die Beteiligung der Eltern an all diesen Aktivitäten noch steigern könnte. Obwohl es hier – wie wohl an allen Waldorfschulen – auch immer wieder die Klage gibt, man «sähe immer dieselben Eltern, wenn es was zu tun gibt», sind die Lehrer doch durchaus zufrieden mit dem Grad an Mitwirkung und Integration, und auch die Ergebnisse der Begleituntersuchung belegen eine hohe Identifikation der Eltern mit der Schule: Die «gute Einbindung der Elternschaft» loben ausdrücklich 63 Prozent der befragten Eltern (bei nur 5 Prozent Eltern, die sich «kaum» eingebunden fühlen), sogar 77 Prozent der Eltern fühlen sich über die Belange der Schule genügend informiert, und zwar unabhängig vom Migrationshintergrund oder Akademikerstatus. Sogar 86 Prozent fühlen sich «in Bezug auf ihre kulturelle Herkunft wertgeschätzt», und 71 Prozent fühlen sich an der Schulgestaltung genügend beteiligt. Das sind zweifellos Ergebnisse, die sich jede Waldorfschule nur wünschen kann, auch wenn man einen gewissen «Pionierfaktor» abzieht. Der wird ja ohnehin etwas relativiert durch die Tatsache, dass die Schule eine «Lehrergründung» ist, der Eltern normalerweise etwas distanzierter gegenüberstehen. Alle Befragungen zeigen: Die Elternschaft steht hinter der Schule und ihrem Konzept – selbst dann, wenn es vorübergehend einmal dem eigenen Kind nicht ganz so gut geht.

Ein gewisses Konfliktpotenzial existiert allerdings zwischen Eltern aus eher sozial schwachen Schichten und Eltern mit Migrationshintergrund: Während Erstere zum Teil – ohne dabei bewusst fremdenfeindlich sein zu wollen – unbedacht von den «Ausländern» an der Schule sprechen, fühlen sich Letztere durch diese Wortwahl verletzt («Da heißt es ‹interkulturelle Schule›, und dann nennt man uns ‹Ausländer›!»). Auch das könnte ein Hinweis auf einen Wunsch nach einer integrierten Gemeinschaft sein. Die Integration der Eltern verschiedener Herkunft und verschiedener sozialer Lagen ist eine der großen Zukunftsaufgaben der Interkulturellen Waldorfschule. Ihre Bearbeitung ist angelegt, auch schon ein Stück vorangekommen, aber in dieser Hinsicht bleibt zweifellos noch sehr viel zu tun.

Eine deutsche Mutter sagt dazu: «Es findet schon Kontakt statt mit Eltern, mit denen man normalerweise nichts zu tun hätte. Es findet ein Austausch statt, der nicht immer einfach ist, aber immerhin ist er da. Dass es einfach so gleichwertig ist, kann ich nicht sagen. Ich merke das sowohl an mir, dass Kontakte schon eher zu Eltern laufen, zu denen ich einfach einen

Draht habe, und bei meinem Sohn ist es auch so. Die Kinder, die er sich zum Spielen aussucht, sind Kinder, die von der Familiensituation ein bisschen ähnlich sind. Ja, ich würde jetzt denken, eher kulturell findet eine Durchmischung statt, mit dem Sozialen ist es schwieriger. Natürlich spricht man mal ein paar Worte miteinander ... Aber dass man sich dann einmal zum Kaffee trifft mit Frauen, die sozial so völlig anders sind, hab' ich noch nicht erlebt. Und auch bei meinem Sohn, dass er jetzt mit Kindern kommt, die eigentlich immer so die ‹Verpönten› in der Klasse sind, weil sie sich irgendwie aufführen, das will er natürlich nicht. Er hat da auch seine Vorlieben, mit wem er sich trifft, und das sind die Kinder, die eher ähnlich sind wie er, auch in der Art zu spielen ... Ich hab' mich jetzt auch noch nicht mit türkischen Frauen zum Kaffee getroffen, aber wenn es solche Feste gibt, sind da schon türkische Frauen, mit denen man redet, wenn Kontaktmöglichkeiten bestehen.»

Und ein Klassenlehrer berichtet: «Ich finde das sehr schön, dass man einfach sitzt und sich mit den Eltern unterhält. Zum Beispiel gab es nach einer Monatsfeier Kuchen und Kaffee und Säfte und so. Da war eine Begegnungsmöglichkeit. Hier sind alle Eltern dabei, auch Großeltern ... Dann setzen sie sich miteinander oder mit den Lehrern oder man geht als Lehrer von einem zum anderen, grüßt, fragt, wie es den Kindern geht. Das war dann z.B. auch beim Zuckerfest der Fall, dass man da saß und sich mit den Eltern in einer ganz lockeren Atmosphäre unterhalten konnte. Das ist sehr schön.»

Der Elternarbeit kommt in der interkulturellen Pädagogik allgemein ein besonders hoher Stellenwert zu, da die «Öffnung der Familie gegenüber der Gesellschaft» – bei gleichzeitiger Bewahrung von stützenden Traditionen der Herkunftskultur – laut vorliegenden Untersuchungen einen hohen Einfluss auf eine gelungene

Integration von Migrantenfamilien hat.[56] Das «kulturelle Milieu» und die «kulturelle Identifikation des Haushaltsvorstandes» haben demnach außerdem einen maßgeblichen Einfluss auf den Schulerfolg von Migrantenkindern.[57] Integration der Migrantenkinder ist immer auch eine Frage der Integration ihrer Eltern – ein Problem, das für viele betroffene Schulen kaum zu lösen ist. Das aktive Einbeziehen der Eltern jeder kulturellen und sozialen Herkunft in eine aktive Zusammenarbeit und direkten kulturellen Austausch stellt also eine wichtige Integrationsleistung der Interkulturellen Waldorfschule Mannheim dar.

Auch hierzu zitieren wir noch einen Projektlehrer, der seine Erfahrungen berichtet: «Jetzt trägt die Arbeit der letzten ein, zwei Jahre Früchte. Eine relativ gute, homogene Elterngemeinschaft, die auch stärker zusammengewachsen ist. Das zeigt sich z.B. beim Fest, das neulich stattfand, bei dem die Eltern zum großen Teil die Organisation übernommen haben. Alle Eltern haben geholfen, die türkischen, die deutschen, alle. Das sind Punkte, an denen das Zusammenleben, die Integration deutlich wird. Da passiert etwas. Die soziale Gemeinschaft in der Schule fängt langsam an zu wachsen. Es kommen immer wieder Eltern auf mich zu mit Vorschlägen, Überlegungen ... Sie nehmen immer aktiver teil an der Schule. Das ist für mich ein Zeichen, dass unsere Arbeit gefruchtet hat.»

## Pädagogische Zusammenarbeit: Elternabende, Elternbesuche, Elterngespräche

Die Lehrer der Interkulturellen Waldorfschule haben die Erfahrung gemacht, dass an dieser Schule – mehr als an anderen Waldorfschulen – darauf geachtet werden muss, die Eltern sehr gut und gründlich zu informieren. Das gilt nicht nur für alle konzeptionellen Besonderheiten der interkulturellen Schule, sondern auch für eher elementare Dinge, wie z.B. für die Bedeutung des Elternabends, ganz besonders für die Bedeutung des Eurythmieunterrichts, eigentlich für alle Besonderheiten des Waldorfunterrichts, die in dieser Elternschaft eher noch weniger bekannt sind als sonst. In der Anfangszeit der Schule haben die Lehrer in der pädagogischen Zusammenarbeit mit den Eltern die größte Herausforderung des Unternehmens «Interkulturelle Waldorfschule» gesehen. «Die schwierigste Grenze und Hürde, die ich sehe, ist die Zusammenarbeit mit den Eltern», berichtet die Englischlehrerin. «Ich glaube, das ist wiederum ein soziales Problem, das sich mit dem kulturellen vermischt. Das lässt sich wohl gar nicht trennen. Ähnlich wie jetzt z.B. mit dem Lesen. Dass zu Hause eben so wenig Angebot da ist. Und dass man hier einfach sehen muss: Wie komme ich an dieses Problem heran? Oder wie dieser eine Junge, der eben nur vor dem Fernseher sitzt und Dinge mitbringt, die unseren Möglichkeiten hier Grenzen setzen.»

Eine Besonderheit an Waldorfschulen sind die regelmäßigen, fünf- bis sechsmal im Jahr (bei Bedarf und aus gegebenen Anlässen auch öfter) stattfindenden (Klassen-) Elternabende. Sie dienen dazu, den Eltern Einblicke in die pädagogische Arbeit in der Klasse zu geben, und bilden eine Art ständige Weiterbildung der Eltern in praktischer Waldorfpädagogik. Die Interkulturelle Waldorfschule hat diese Praxis vollständig übernommen. Aber sie stellt selbst die erfahrenen Lehrer tatsächlich vor neue Herausforderungen.

Ein Klassenlehrer schildert seine Erfahrungen: «Elternarbeit. Da habe ich einfach festgestellt: So wie ich das sonst hinbekommen habe, dass das wirklich zündet, geht es hier nicht. Das ist vielleicht nicht nur der Migrantenhintergrund, aber der auch. Ich habe gespürt: Was ich erzähle, lässt meine türkischen Eltern einfach kalt. Es macht ihnen nichts aus. Bei den Elternbesuchen im Einzelnen haben wir schon immer irgendwie einen Draht gefunden. Aber im Elternabend – oder im Schulgestaltungskreis, wo oft noch weniger Eltern teilnehmen – gibt es wenige, die wirklich mitziehen, die tragend einsteigen können.»

Das Interesse der meisten Eltern an den Elternabenden ist groß. Nach den Befragungen schätzen sie es, dass alle wichtigen Themen zur Sprache kommen, und auch die Häufigkeit ist für die meisten Befragten in Ordnung («besser alle zwei Monate als nur zweimal im Jahr wie an den Staatsschulen»). Dennoch ist es manchmal recht unbefriedigend für die Lehrer, dass üblicherweise nur etwa ein Drittel bis die Hälfte der Klasseneltern zu den Elternabenden kommt. Das beunruhigte die Lehrer zeitweise sehr, und sie haben einige zusätzliche Vorkehrungen getroffen, die die Teilnahme erleichtern sollen. So achteten sie darauf, dass es bei jedem Elternabend Übersetzungsmöglichkeiten für solche Eltern gibt, deren Deutschkenntnisse für die Teilnahme nicht ausreichen. Das wurde von den Eltern dankbar zur Kenntnis genommen, aber die Beteiligung wurde insgesamt nicht besser: Jedes Mal fehlten wieder andere Eltern.

Die wissenschaftliche Begleitung fand heraus, dass für die eher geringe Beteiligung an den Elternabenden vor allem äußere Gründe ausschlaggebend sind:

- berufliche Termine, Arbeitszeiten, Schichtdienst
- familiäre Verpflichtungen
- Kinderbetreuung bei Alleinerziehenden (insbesondere bei Krankheit der Kinder)
- Zeitpunkt (Zubettgehzeit, vor allem bei Alleinerziehenden ungünstig).

Ein Teil dieser Gründe gilt für alle Waldorfschulen. Hinzu kommen einige «milieuspezifische» Gründe (wie die Arbeitszeiten und die familiären Verpflichtungen), die vielleicht an anderen Waldorfschulen etwas weniger ins Gewicht fallen. Und sicher spielt auch bei manchen Eltern die Einstellung eine Rolle: «Solange es kein Problem gibt, brauche ich nicht hinzugehen.» Manchmal kommen sie allerdings gerade dann nicht, wenn es Probleme gibt. So sagt eine türkische Mutter: «Ich komme nicht regelmäßig zum Elternabend, das wäre Lüge, wenn ich jetzt sage, ich komme regelmäßig. Aber wir haben immer eine Unterhaltung mit dem Klassenlehrer, wenn ich hier Zeit habe. Nach dem Elternabend wird noch einmal schriftlich informiert, welche Themen durchgegangen wurden. Bei Eltern, die da waren, kann ich mich informieren, was besprochen wurde. Das ist auch gut ... Manchmal ist es wirklich kein bestimmter Grund, aber ich bin so müde. Wissen Sie, ich habe vier Kinder, und ich betreue noch eine Oma, die bei uns zu Hause lebt. In letzter Zeit ist es so schlimm geworden, sie liegt im Bett und muss gepflegt werden ... Es würde mich sehr interessieren, auch andere Eltern hier noch mehr kennenzulernen, auch Kontakt aufzunehmen, aber ich habe keine Zeit.»

Die Lehrer haben längst aufgehört, mit mehr oder weniger druckvollen Mitteln die Eltern zu den Elternabenden bewegen zu wollen. Sie haben die genannten Gründe eingesehen und als eine Besonderheit einer Waldorfschule im sozialen Brennpunkt akzeptiert; sie haben sich diesem Sachverhalt angepasst, indem sie nicht versuchen, den verhinderten Eltern noch nachträglich ein schlechtes Gewissen zu machen, sondern deren Abwesenheit stillschweigend anerkennen, indem sie ihnen alle relevanten Informationen, die auf dem Elternabend mitgeteilt wurden, noch einmal schriftlich über die «Ranzenpost» zukommen lassen. Das ist ein sehr konkretes Beispiel für den bewundernswerten Pragmatismus des Kollegiums im Umgang mit den Eltern und für die unbedingte Bereitschaft der Lehrer, den Eltern nicht ihre eigene Sicht der Dinge überzustülpen, sondern sie ernst zu nehmen und so zu akzeptieren, wie sie sind. Die Eltern danken es ihnen mit großer Kooperationsbereitschaft und unbedingter Loyalität.

Eine Mutter: «Ich denke, das Konzept der Schule spricht auch Eltern an, die normalerweise nicht an der Waldorfschule wären. Und das beinhaltet auch, dass es Eltern gibt, die sich einfach nicht dafür interessieren. Die Schule hier hat sich ja wirklich auf die Fahne geschrieben, diese sozialen Unterschiede mit aufzufangen, und dazu gehört dann eben auch, dass wir das alle aushalten müssen, dass es Eltern gibt, die sich *nicht* dafür interessieren! Oder dass es Eltern gibt, die wutentbrannt einen Elternabend verlassen, weil sie sagen: ‹Der Lehrer redet Scheiße› – wortwörtlich übrigens.»

Interessant ist, dass gerade einigen der befragten Eltern – besonders denen mit einem «Waldorfhintergrund» – diese Beteiligung am Elternabend zu gering ist und sie sich den Kopf darüber zerbrechen, wie man sie verbessern kann. So gab es unter anderem Vorschläge für «lockerere» Formen des Elternabends (z.B. mit Kaffee und Kuchen) oder für eine andere zeitliche Gestaltung. Auch wenn hier bisher noch keine Patentlösung gefunden wurde, zeigen diese Bemühungen doch auf, wie sehr Eltern mit der Schule mitdenken und das Gemeinschaftsleben in der Schule fördern wollen.

Elterngespräche als Orte der Besprechung von Belangen des einzelnen Kindes finden in der Interkulturellen Waldorfschule in derselben Weise statt wie an anderen Waldorfschulen. Besonders am Anfang der Schulzeit gibt es sie eher häufiger, weil die Lehrer möglichst früh alle Eltern und ihr Verhältnis zu ihrem Kind kennenlernen und vermeiden wollen, dass der Kontakt erst dann aufgenommen wird, wenn es irgendein Problem mit dem Kind gibt. Zum Teil müssen die Elterngespräche in der Schule auch die in den Waldorfschulen verbreiteten Hausbesuche in den ersten Klassen ersetzen.

Hier gibt es vielleicht eine Besonderheit gegenüber dem, was sonst an Waldorfschulen üblich und möglich ist: Die Lehrer der ersten Klassen haben bemerkt, dass ein Hausbesuch für manche Eltern befremdlich bis peinlich ist und als eine Art Grenzverletzung empfunden wird. Nicht jeder möchte der Lehrerin oder dem Lehrer Einblick in das häusliche Milieu gewähren, spüren die Eltern doch wohl, dass diese einer anderen sozialen Schicht angehören.

Bei Hausbesuchen hat ein Klassenlehrer folgende Erfahrungen gemacht: «Da gab es bei drei Familien Reserven, davon einer deutschen. Und es war jedes Mal der gleiche Grund. Das sind eben Menschen, die aus ihrer Sicht sozial ‹ganz unten› sind und dann nicht noch einen Pauker dazwischenhocken haben wollen. Sie sagen: Gehen wir lieber in die Wirtschaft oder hier in die Schule. Ich habe dann auch nicht insistiert, denn ich lade auch nicht unbedingt jeden zu mir nach Hause ein. Ich habe mir gesagt: ‹Das ist Ihr gutes Recht, da könnte ja jeder kommen.›»

Die Lehrer der Interkulturellen Waldorfschule haben das sehr bald bemerkt und beschlossen, hier sehr sensibel vorzugehen und grundsätzlich nur dann einen Hausbesuch zu machen, wenn sie dazu eingeladen werden. Stattdessen finden eben Elterngespräche im Schulhaus statt, die auch sehr gut ankommen.

Die Eltern wissen, dass sie auch außerhalb von Elternabenden und offiziellen Elterngesprächen jeden Lehrer jederzeit ansprechen können, wenn irgendwo der Schuh drückt, und dass sie immer eine offene und hilfreiche Antwort bekommen und niemals mit ihren Sorgen einfach stehen gelassen werden. Diese Möglichkeit wird sehr geschätzt und den Lehrern hoch angerechnet: Diese ziehen sich nicht hinter eine Mauer der Unnahbarkeit zurück, die Eltern haben vielmehr den Eindruck, dass die Lehrer wirklich interessiert sind, etwas über die Kinder in ihrem häuslichen Umfeld zu erfahren, und solche Gespräche durch ihr Verhalten immer ermutigen, auch wenn sie gerade erkennbar viel zu tun haben.

Wie an Waldorfschulen üblich, gibt es auch Elternvertreter im Vorstand des Trägervereins. Es liegt nahe, dass in dieses Amt zunächst Eltern mit akademischem Hintergrund gewählt wurden, aber in den letzten Jahren hat sich dies durchaus verändert, und es ist nur eine Frage der Zeit, wann sich auch Mütter oder Väter mit Migrationshintergrund zur Wahl stellen werden: Geeignete und chancenreiche Kandidaten gibt es schon jetzt. Außerdem können sich die Eltern in verschiedenen Arbeitskreisen engagieren. «In der Schulgestaltungsgruppe treffen wir uns alle sechs bis acht Wochen», berichtet eine Mutter. «Und wenn es irgendwelche Aktionen im Rahmen von Festen oder Infoständen gibt, dann helfe ich meistens auch mit. Im Schulgestaltungskreis wird besprochen, wie sich die Eltern einbringen, wie die Eltern die Schule unterstützen können.»

## Umgang mit der Waldorfpädagogik

Waldorfschulen bemühen sich immer, auch fernerstehenden Eltern ihr besonderes Konzept, ihre pädagogisch-menschenkundlichen Grundlagen und Methoden nahezubringen, weil diese von der Mainstream-Pädagogik häufig deutlich abweichen. Das ist an der Interkulturellen Waldorfschule besonders notwendig. Die für Waldorfschulen neuen Elternkreise, die die interkulturelle Schule erschlossen hat, kennen sich verständlicherweise mit der Waldorfpädagogik noch weniger aus, als das in den eher bürgerlichen Elternhäusern der Fall ist, die man sonst an Waldorfschulen findet, und sie haben auch weniger Möglichkeiten, sich diese Pädagogik selbst zu erschließen.

Zwei Lehrerstimmen dazu: «Bei den Migranteneltern ist es so: Sie hören ‹Privatschule›, sie haben irgendeine bestimmte Vorstellung davon, was eine Privatschule ist. Das ist eine Schule, die sich mehr anstrengen muss, weil sie eben privat ist, eine Schule, die auch strenger ist, denken viele. Sie haben ein bestimmtes Bild, was sie da erwartet ... Und das hat mit Waldorfschule erst mal überhaupt nichts zu tun. Und die Pädagogik ist auch für viele gar nicht so wichtig. Sie sagen: ‹Ja, wie ihr das jetzt macht, ob ihr Formen zeichnet oder ob ihr es lasst, ist mir eigentlich egal, Hauptsache, mein Kind lernt nachher lesen und schreiben.› Und das hat natürlich etwas *für* sich. Ich kann mir überhaupt nicht vorstellen – was man ja von anderen Waldorfschulen hört –, dass es Entrüstungsstürme bei den Eltern gibt, wenn man das ‹A›» falsch einführt. Das wird Ihnen bei uns nicht passieren. Sondern da sagen die Eltern: ‹Machen Sie das, Sie werden es schon richtig machen.› Aber das Ergebnis muss eben stimmen.»

«Ich kenne relativ viele Waldorfschulen. Der Unterschied ist natürlich hier, dass es eine ganz andere Klientel ist. Auch bei den deutschen Eltern. Und von daher ist einfach die Grundlagenarbeit erst einmal die, Menschen überhaupt dazu zu bewegen, diese Schule mit zu unterstützen. Die Eltern erst einmal zu erreichen und zu versuchen, eine Basis zu schaffen. Und vor allem nicht irgendwas überzustülpen. Das ist ganz wichtig.»

Aber auch bei behutsamer Einführung der Waldorfpädagogik bleibt die Tatsache, dass sich ein Teil der Eltern einfach gar nicht für pädagogische Theorien interessiert und damit auch nichts anfangen kann. Manche Eltern stört das. «Ich finde, dass die Eltern sich auch mehr mit dem Schulkonzept auseinandersetzen müssen», meint eine Mutter. «Mit der Art, wie hier gelernt wird. Ich kann nicht einfach sagen: Ich gebe mein Kind auf die interkulturelle Schule, weil da auch Albaner sind oder Türken oder gemischte ausländische Kinder. Ich muss mich mit der Konzeption schon auseinandersetzen.»

Auf der anderen Seite gibt es natürlich auch die «überzeugten» Waldorfeltern, die ihr Kind gerade wegen der Waldorfpädagogik an diese Schule gebracht haben und nun schockiert sind, wenn sie erleben, wie «Waldorfprinzipien» von den «unwissenden» Migranten und den Eltern aus bildungsfernen Schichten verletzt und missachtet werden. Ein Klassenlehrer schildert einige Beispiele: «Es gibt schon eine gewisse Angst – auch unter den Lehrern –, dass die Eltern etwas Fremdes mit hereinbringen und es vielleicht auch nicht waldorfgerecht ist. Manchmal habe ich den Eindruck, dass man mit den Eltern hier nicht ganz glücklich ist … Natürlich gibt es Probleme, z.B. wenn man einen Flohmarkt macht. Wir fragten uns: Was wird da angeboten? Wir haben Videospiele und einige ähnliche Dinge ausgeschlossen. Trotzdem. Es kommt sehr viel ‹Junk›, wie wir sagen.

Das ist nicht leicht mit Eltern, die nie mit unserer Pädagogik konfrontiert wurden, mit unseren Erziehungsvorstellungen und -werten.»

Hier sind die Lehrerinnen und Lehrer der interkulturellen Schule noch einmal ganz besonders und anders gefordert. Sie müssen nicht nur Waldorfpädagogik erklären und vermitteln und die Waldorfeltern um Toleranz bitten, ohne die eigenen Ansichten in Frage zu stellen, sondern sie müssen die Waldorfpädagogik Menschen mit nur relativ geringer theoretischer Bildung vermitteln. Das ist eine ebenso neue und schwierige wie reizvolle Aufgabe.

Im Bericht eines Klassenlehrers wird das deutlich: «Klar kommen auch Aussagen wie: ‹Ach, die kann immer noch nicht lesen! Warum machen Sie jetzt schon wieder diese komischen Strichübungen?› Formenzeichnen also ... Dann sage ich: ‹Setzen wir uns mal hin, machen wir ein paar Strichübungen! Mal so, mal so: Was passiert denn da mit Ihnen?› Also ganz einfache Dinge. ‹Ach ja, da passiert ja was! Tatsächlich!› – ‹Na sehen Sie! Und wenn ich jetzt das mit den Schülern mache und sie für sich im Herzen erleben, was da los ist, dann kann ich mit den Kindern Übungen machen, die ihnen helfen, dass sie mehr zu sich kommen, dass sie weiter arbeiten, dass sie in ihrer Seele Kraft kriegen, dass sie die Dinge besser lernen können!› – ‹Ah ja!› Das mag banal klingen, aber es ist wichtig. Und dann sehen die Eltern auch erst einmal: O.k., der denkt sich etwas bei dem, was er macht, und das ist das Entscheidende!»

Jeder Lehrer muss sich darüber klar sein, dass er noch nicht die richtige Weise gefunden hat, einen waldorfpädagogischen Zusammenhang zu erklären, wenn Eltern ihn verständnislos anschauen, und dass dann nicht einfach die Eltern unfähig sind, seine erleuchteten Worte aufzunehmen. Nicht das elegante Argument zählt hier, nicht der geschliffene Vortrag. Die Lehrer müssen ganz andere Zugänge zu den Eltern finden, vornehmlich solche, die an ihre eigene unmittelbare pädagogische Erfahrung anschließen.

Solche konkrete, lebensnahe pädagogische Fragen, an denen sich waldorfpädagogische Gedanken anschließen und entfalten lassen, ergeben sich für die Eltern natürlich immer dann, wenn sie bei ihrem eigenen Kind Probleme wahrnehmen oder die Schule etwas verlangt, das ihnen fremd und unverständlich ist. Dazu gehören manche Erwartungen des Kollegiums an die Elternhäuser, etwa die Einschränkung des Medienkonsums. Auf diesem Felde mussten die Lehrerinnen und Lehrer lernen, dass sich nur allmählich und mit langem Atem etwas verändern lässt. Sie bemühen sich daher, das Medienthema nicht zur Spaltung der Elternschaft und zur Belastung ihres Verhältnisses zu einigen Elternhäusern werden zu lassen. Immer wieder gilt es abzuspüren, was momentan vorrangig und gestaltbar ist.

Eine immer wiederkehrende Sorge insbesondere auch von Eltern mit Migrationshintergrund betrifft die vielen in ihren Augen zunächst einmal «unnützen» Aktivitäten in den unteren Klassen wie Flöten, Stricken und Gartenpflege. Was haben solche Tätigkeiten mit Schule zu tun? Sollte man die Zeit nicht besser nutzen, damit die Kinder richtig lesen und schreiben lernen? So sagt eine Lehrerin: «Wenn die Eltern nicht lesen und nicht schreiben können, wenn sie kaum Deutsch können, ist klar, dass für sie erst einmal per se unwichtig ist, dass das Kind bei uns im Garten umgräbt. Sondern sie wollen einfach sehen: Kann mein Kind Deutsch, kann mein Kind schreiben, kann es lesen, kann es rechnen? Punkt. Und unsere Aufgabe ist es zu vermitteln, dass das eben keine Spielereien sind, die wir hier machen, sondern wir tatsächlich davon überzeugt sind, dass das eine das andere fördert. Also: Wer Schwierigkeiten hat mit seinen Händen, mit seinen Gliedmaßen, der wird wahrscheinlich auch Schwierigkeiten haben mit dem anderen.»

Zu den Fragen, die den Eltern wichtig sind, gehören beispielsweise das Lerntempo in den unteren Klassen und die bange bis kritische Frage nach der Erreichbarkeit respektabler Abschlüsse. Im Vergleich zu den staatlichen Schulen geht manchen Eltern an der Interkulturellen Waldorfschule manches einfach zu langsam, und die Disziplinprobleme, mit denen einige Kinder zu kämpfen haben und die den pädagogischen Alltag der Schule manchmal sehr bestimmen, wecken bei manchen die Frage, ob hier nicht zu viel Zeit und Kraft verschwendet wird, die für das Lernen fehlt.

«Es kommen Eltern zu uns, gerade bei diesen Quereinsteigern, und sagen: ‹Die haben vorher schon mal besser geschrieben und gelesen!› Oder: ‹Was macht ihr denn eigentlich, was ist denn hier eigentlich los?›, und natürlich versuchen wir immer wieder klarzumachen, was unsere Haltung dazu ist. Aber wir können nicht selbstverständlich davon ausgehen, dass diese Haltung auch so angenommen wird, und das liegt natürlich immer auch an unserer persönlichen Glaubwürdigkeit und unserer Beziehung zu den Eltern.»

Eltern mit Migrationshintergrund sind aus ihren Herkunftsländern mitunter wesentlich rigidere, autoritäre Schulformen gewohnt. Sie bringen manchmal nur schwer Verständnis für den Langmut und die Geduld der Lehrer mit einigen disziplinlosen Kindern auf und für das, was sie als ein zu langsames Vorgehen im Unterricht empfinden.

Solche Ängste einiger Eltern verlangen von den Lehrerinnen und Lehrern viel Standfestigkeit und Geduld, um klarzumachen, dass jedes Kind ein Recht auf seine individuelle Entwicklung hat, dass die Schule sich verantwortlich fühlt für alle ihre Kinder und dass der schulische Lernerfolg nur eines von mehreren Erziehungszielen der Schule ist. In solchen Fällen ist es dann sehr gut,

66

wenn die Lehrer Fortschritte bei den jeweiligen Kindern aufzeigen und besprechen können, um das Vertrauen, das die Eltern dieser Schule und diesen Lehrern in reichem Maße entgegenbringen, nicht allzu sehr zu strapazieren. Den Lehrern wird dabei immer wieder klar, wie gewaltig eigentlich der Vertrauensvorschuss ist, den sie den Eltern abverlangen, und wie groß die Aufgabe, sie nicht zu enttäuschen.

Das Konzept der interkulturellen Schule ist ja keineswegs rund und fertig, und es gibt auf viele Zukunftsfragen, die von den Eltern gestellt werden, (noch) keine Antworten. Zwar ist deutlich, dass alle Abschlüsse – Hauptschul- und Realschulabschluss, Fachhochschulreife und Abitur – angeboten werden sollen, doch liegt noch nicht fest, auf welcher Klassenstufe das geschehen soll, ebenso ist in der Gestaltung der Mittel- und Oberstufe noch manches offen. Die Eltern wissen, dass diese Konzepte erst im Laufe der Schulentwicklung entstehen, und auch wenn ihnen das mitunter ein wenig unheimlich wird, ist doch bemerkenswert, wie zuversichtlich sie dieser Offenheit und diesem Experimentiercharakter gegenüberstehen. Das Interesse an der Schule und die Identifikation mit ihr nimmt durch dieses experimentelle, prototypische Vorgehen eher zu als ab, und das Vertrauen in die Lehrer steigt, wenn und weil diese sich nicht als die Allwissenden darstellen, sondern alles das offen ansprechen, was tatsächlich offen ist und noch geklärt werden muss. Diese Authentizität der Lehrer, auch das noch Unvollkommene, Ungeklärte zuzugeben, macht sie in den Augen der Eltern glaubwürdig und wahrhaftig – und erneuert die Vertrauensbasis eher, als dass sie sie schwächt. Jedem ist klar, dass er hier dabei ist, wenn neue Wege gesucht und erprobt werden, und das begründet ein ganz eigenes Gemeinschaftsgefühl, weil den Eltern vermittelt wird, dass sie mit ihren Kindern und ihrem wachen Bewusstsein, ihren Beobachtungen und Fragen, ihren Befürchtungen und Ängsten unverzichtbare Teile dieses Entwicklungsprozesses sind, ohne den er nicht gelingen kann. Alle wissen, dass die interkulturelle Pädagogik in Deutschland dringend einer Erneuerung bedarf, und jedem ist klar, dass es dafür nirgends fertige Konzepte gibt, sondern genau ein solcher experimenteller praktischer Forschungsprozess nötig ist, wie er an der Interkulturellen Waldorfschule Mannheim stattfindet – und daher lohnt es sich, mit den eigenen Kindern teilzunehmen. Eine Mutter mit Migrationshintergrund drückt das so aus: «Diese Schule strahlt für mich etwas sehr Liebevolles aus. Und das finde ich auch bei den meisten Lehrern wieder. Dass sie *sehr* engagiert sind, dass sie sich sehr, sehr viel Mühe geben, dass da keine Routine herrscht, dass man nicht einfach nur irgendeinen Stoff durchzieht, weil es sein muss, sondern dass da wirklich so mitgedacht wird – ja, das ist schon toll. Ist schon eine tolle Schule!»

Selbstverständlich hat diese gemeinsame Forschungsbereitschaft dort eine Grenze, wo Eltern den Eindruck haben, dass es ihrem Kind schlecht geht oder es nicht die Förderung erfährt, die es benötigt. Solche Situationen gibt es an der Interkulturellen Waldorfschule ebenfalls, wenn auch glücklicherweise ziemlich selten. Letzteres ist erstaunlich, denn angesichts des recht hohen Anteils von als «schwierig» geltenden Kindern, die an anderen Schulen ihre Probleme hatten, wäre eigentlich damit zu rechnen, dass gerade die eher bürgerlichen Eltern viel häufiger ihr eigenes Kind in Sicherheit bringen wollen.

Immerhin gibt es diesen Konflikt, und die Lehrer müssen sich aktiv mit ihm auseinandersetzen. Sie bemühen sich dann, aus solchen Krisen keine lang sich dahinschleppende Krankheiten werden zu lassen, sondern begegnen diesen Eltern in aller Offenheit und mit allem Verständnis und der Bereitschaft, ihr Anliegen ernst zu nehmen und zu unterstützen. So kam es auch schon zu einigen

Abmeldungen von Kindern, aber glücklicherweise erfolgte keine einzige wirklich im Streit, und es gab auch einen Fall, in dem die Lehrer für einen Schulwechsel plädierten. Wie sehr es bisher gelungen ist, solche schwierigen Entscheidungen im Konsens zu treffen, wird unter anderem wohl daran deutlich, dass in manchen dieser Fälle die betroffenen Kinder und ihre Eltern wieder an die Interkulturelle Waldorfschule zurückwollten – und dort auch wieder in aller Freundschaft aufgenommen wurden.

Hierzu der ausführliche Bericht einer Mutter: «Meine Tochter J. hat über ein dreiviertel Jahr den Wunsch geäußert, die Schule zu wechseln. Am Anfang bin ich stur geblieben und habe ‹Nein› gesagt, aber sie hat sich viel einfallen lassen, die Finger in der Tür eingeklemmt usw. … Dann hab ich die Realschule in der Gartenstadt angefragt, ob sie auf Probe dort hinkommen kann. Dem wurde stattgegeben, und sie ging dorthin. Meine Vermutung, dass sie irgendwann zurückkommt, ist voll eingetroffen, und zwar hat sie vor kurzem festgestellt: Der Herr X (ihr alter Klassenlehrer) ist der beste Lehrer, den sie überhaupt in ihrem Leben gehabt hat, und sie vermisst auch *so* viel … Der Unterschied zur Regelschule und den Anforderungen dort ist doch gravierend. Das geht so weit, dass man auf Schulbücher achten muss, man Hausaufgaben machen muss, *auch* mindestens bis vier oder fünf Uhr lernen muss, man schlechte Noten hat, wenn man nicht lernt. Der Druck auf J. ist dann so groß geworden, dass sie wirklich gesagt hat, sie will wieder in die alte Schule. Und ab der nächsten Woche kommt sie wieder zurück. Das ist ja schön, dass das geht … Es war wichtig, dass das Kind selbst die Erfahrung gemacht hat. Gut, dass beide Schulen mitgearbeitet haben!»

Strukturell liegt hier eines der großen Risiken der interkulturellen Schule: Auf der einen Seite möchte sie eine «normale» Schule sein (keine Förderschule), auf der anderen drängen viele

Kinder mit Verhaltensauffälligkeiten, Lernproblemen oder Entwicklungsverzögerungen in die Schule, deren Eltern für sie an anderen Schulen keine Chance mehr sehen. Diese Kinder werden hier auch offen aufgenommen – mit der ständigen Gefahr, dass die Schule doch als Förderschule wahrgenommen wird (und damit ihre pädagogischen und interkulturellen Ziele nicht mehr erreichen könnte). Hier muss die Interkulturelle Waldorfschule Mannheim einen ständigen Balanceakt vollbringen, eine Schule wirklich für alle Kinder zu sein – und das kann sie eben nur, wenn nicht eine bestimmte Gruppe mit Problemen überhand nimmt.

«Zu uns kommen Kinder, die an anderen Schulen nicht mehr tragbar waren und bei uns eben getragen werden. Wir müssen überlegen: Werden wir Sonderschule für Verhaltensauffällige? Das wollten wir eigentlich nicht. Oder versuchen wir, eine normale Waldorfschule mit buntem Bildungsniveau zu werden, dem Stadtteil angemessen?», fragt sich ein Klassenlehrer.

# 11. Das interkulturelle Element: aktives Interesse und Toleranz

Es ist schon geschildert worden, auf welche Weise interkulturelle Elemente – Lieder, Texte, Märchen, Tänze, Speisen, Traditionen aus allen an der Schule vertretenen Ländern und Kulturen – den Unterricht, die Feste und das gesamte Schulleben bereichern. Die Fülle der Stoffe und Materialien, aus denen die Lehrer an der Interkulturellen Waldorfschule ihren Unterricht gestalten können, ist wesentlich größer als beim herkömmlichen Unterricht und gibt einen kleinen Eindruck davon, welches gewaltige Potenzial diese Vielfalt der kulturellen Ausprägungen und Erfahrungen birgt. Dabei zeigt sich: Dieses Potenzial steht den Lehrenden in dem Maße zur Verfügung, wie es dem interkulturellen Kollegium untereinander gelingt, zusammenzuarbeiten, sich auszutauschen und gegenseitig anzuregen.

Es ist zudem dargestellt worden, dass die Kinder im Allgemeinen kaum nationale und kulturelle Unterschiede machen: Die Sitzordnung in den Klassen ist gemischt, die Kinder spielen problemlos miteinander und besuchen sich auch in der Freizeit. Ein solcher Befund muss zunächst erstaunen. Gibt es in Zeitungen und Fernsehen nicht andauernd negative Schlagzeilen über Mobbing und Diskriminierungen zwischen Schülern verschiedener Volksgruppen? Hört man nicht immer wieder von Konflikten gerade mit muslimischen Schülerinnen und Schülern, die eine Sonderrolle beanspruchen: Dispensierung der Mädchen vom Turn- und Schwimmunterricht aus religiösen Gründen, Verweigerung der Teilnahme an Klassenfahrten, Fehltage während des Ramadan?

Wenn es solche Vorkommnisse an der Interkulturellen Waldorfschule kaum gibt, hängt das sicher vor allem damit zusammen, dass selbst die ältesten Schülerinnen und Schüler erst gerade in die Pubertät kommen und damit in ein Alter, in dem die kulturellen Differenzen stärker bewusst werden und zudem die Neigung wächst, sich Cliquen und Clans anzuschließen. Für die jüngeren Kinder sind kulturelle Unterschiede – dies eine wichtige Grunderfahrung der Schule – nicht bedeutsam (wenn sie nicht nachplappern, was sie von Erwachsenen hören).

So resümiert der Klassenlehrer der vierten Klasse nach einer Klassenfahrt: «Wir haben ja über einen Zeitraum von sechzehn Tagen vierundzwanzig Stunden zusammengelebt. Wenn es da eine scharfe Konkurrenz zwischen den Nationalitäten gegeben *hätte*, dann hätte ich das sicher gemerkt! Gibt es aber nicht.»

Viele kulturelle Unterschiede gewinnen erst mit oder nach der Pubertät persönliche Bedeutung. Dem muslimischen Mädchen etwa wird sich erst dann die Frage stellen, ob es ein Kopftuch tragen soll und welche Konsequenzen für den Schulalltag aus religiösen Verpflichtungen erwachsen, und auch das Bewusstsein für die eigene soziale Lage und die Frage nach dem persönlichen Schicksal als Angehöriger einer bestimmten Kultur wird sich erst von diesem Zeitpunkt an wirklich stellen. Noch befindet sich die Interkulturelle Waldorfschule also in einem Schonraum – und wenn punktuell Hänseleien vorkommen, lässt sich das verhältnismäßig leicht korrigieren. «Die dunkelhäutige S. ist kurz gehänselt worden», erzählt die Klassenlehrerin der ersten Klasse, «und darüber haben wir gesprochen. Dass jeder seine Eigenarten hat und dass S. eben eine ganz tolle dunkle Haut hat. Da bin ich zu ihr gegangen und habe gesagt: Schaut, wie schön!»

Es besteht in den ersten Schuljahren, von den Kindern her gesehen, somit eine Art Moratorium, bevor die kulturellen Unterschiede virulent werden, eine Zeit, in der die Kinder selbst diese Unterschiede noch kaum erleben und sie von sich aus nicht betonen, sondern sehr leicht Freundschaften und gemeinsame Aktivitäten quer zu den kulturellen Zugehörigkeiten entstehen. Die Kinder sind hier in erster Linie und in einem universellen Sinne «Kind» – jenseits aller kulturellen Unterschiede.

Das ist eine höchst wichtige und folgenreiche Feststellung, denn sie besagt nicht mehr und nicht weniger, als dass das Kindsein, die kindliche Entwicklung, wie das Menschsein überhaupt, ein transkulturelles Geschehen ist, also eine Realität jenseits aller kulturellen Unterschiede, und dass deshalb die «allgemeine Menschenkunde» keine Abstraktion ist, sondern die Beschreibung einer universellen Realität.

Die Waldorfschule braucht also ihre wissenschaftliche Grundlage weder zu verlassen noch zu verändern, wenn sie sich interkulturellen Fragen zuwendet, sondern im Gegenteil: Mit ihrer Anthropologie verfügt sie gerade über das Erkenntnismittel für eine Pädagogik jenseits der kulturellen Prägungen.

Im Alltag des Unterrichts zeigt sich immer wieder, dass die Probleme der Kinder, ihre Entwicklungsfragen, die pädagogischen Herausforderungen ganz unabhängig sind von der kulturellen Herkunft. «Nein, die kulturellen Unterschiede spielen auch deswegen keine Rolle», sagt ein Klassenlehrer, «weil wir hier in der Schule zentral menschliche Probleme verarbeiten. Die kulturelle Herkunft ist dann wirklich nicht relevant, wenn es darum geht: Wie stehst du sozial in der Klasse? Wie entwickelt sich deine Sprache? Wie geht es dir in einem Unterrichtsgebiet? Die Probleme, die uns beschäftigen, die wir hier pädagogisch ausgleichen müssen, die Spannweite, die da ist, ist nicht nationalitätenbedingt.»

Mitunter kann das Bemühen um kulturelle Rücksichtnahme die Lehrer sogar ganz schön auf den Holzweg führen, wenn sich etwa vorgestellte kulturelle Konflikte als sehr viel banaler herausstellen. «Wie bei S., einem türkischen Mädchen, als sie donnerstags nie in die Schule kam. Mir wurde klar: Das Mädchen will nicht ins Wasser! Vielleicht hat sie Stress, sich im Badeanzug zu zeigen. Da lud ich die Mutter ein, wir hatten ein sehr gutes Gespräch. Ich sagte, es sei von meiner Seite aus kein Problem, wenn das eine Glaubenssache ist, dass sie sich so nicht zeigen kann. Da sagte die Mutter: ‹Nein, darum geht es gar nicht, S. kann nicht schwimmen und schämt sich, das zu zeigen.› Das war ein sehr konstruktives Gespräch. Und das Ergebnis war, dass S. mitging ins Schwimmbad», so der Bericht eines Klassenlehrers.

Das, was Menschen über alle kulturellen Unterschiede hinweg miteinander gemein haben, ist wesentlich mehr, als was sie kulturell unterscheidet, und es gehört zu den besonderen Herausforderungen an die Lehrerinnen und Lehrer der interkulturellen Schule – bei aller Bereitschaft, kulturelle Verschiedenheiten anzuerkennen –, nicht kulturelle Zusammenhänge zu sehen, wo gar keine sind, sondern die ganz alltäglichen Reaktionen von Kindern zu verstehen.

Die Unbefangenheit der Kinder in den ersten Schuljahren bietet eine große Chance, um – ähnlich wie beim frühen Fremdsprachenunterricht – grundlegende Haltungen bei ihnen zu veranlagen, die ihnen dann, wenn es auf die Pubertät und damit auf das Alter der großen Unterscheidungen zugeht, helfen können, einen Weg des kulturellen Miteinander *in Anerkennung der Unterschiede* zu finden. Von dieser interkulturellen Erziehungsaufgabe soll nun die Rede sein.

# Interkulturelle Erziehung

Auch im Schulgeschehen der unteren Klassen tauchen immer wieder Momente auf, in denen die Lehrerinnen und Lehrer mit Unerwartetem, Fremdem, nicht Selbstverständlichem konfrontiert werden. Mit ihnen beginnt die interkulturelle Pädagogik. Einige Beispiele:

- A., ein lebhaftes, muslimisches Kind, besucht begeistert eine Koranschule. Auf der Fahrt zum Kindergeburtstag sagt es seinem christlichen Freund und dessen Mutter mit einem tiefen Bedauern und großer Sorge, die aus vollem Herzen kommen: «Ihr werdet alle im Feuer enden, weil ihr Schweinefleisch esst!»
- C. ist immer beim rituellen Schlachten dabei. Er erzählt engagiert, wie das vor sich geht: wie die Kehle des Tieres durchschnitten wird, wie das Blut spritzt …
- L. setzt sich kurz nach Beginn des Ramadan am Anfang des Sportunterrichts demonstrativ auf die Bank und will nicht mitmachen – im Ramadan dürfe man keinen Sport treiben.
- Normalerweise ist das Essen in der Schule vegetarisch, nur selten gibt es Fleisch. Obwohl Lammfleisch gekauft wurde, haben die muslimischen Kinder zunächst nichts gegessen: Es sei nicht «halal», nicht rein.

Ganz verschiedene Situationen, aber alle haben eines gemeinsam: Ungewohntes, vielleicht Befremdliches taucht auf, Momente, in denen die kulturellen Prägungen des Lehrers ihn spontan zu Abwehr, Ablehnung, korrigierendem Eingriff veranlassen möchten. In denen der Lehrer es – von seinem kulturellen Standpunkt aus – «besser zu wissen» meint und er das Kind aufklären, belehren möchte. Wie soll man als Lehrer reagieren? Welche Haltung ist sinnvoll?

Nach den bisherigen Erfahrungen ist vor allem eines wichtig: nicht sofort eine Gegenposition einnehmen, gerade *nicht* belehren, dass es anders sei, nicht aus der «überlegenen» Erwachsenenposition reagieren. Sondern zu verstehen suchen, mit wirklichem Interesse fragen: Woher weißt du das? Was geschieht da? Warum sagst du das, warum machst du das? Und das dürfen keine rhetorischen Fragen sein, keine Fragen, die eigentlich bereits ein Urteil darstellen, sondern sie müssen wirklich ernst gemeint sein: Es *ist* für den Lehrer tatsächlich äußerst wichtig zu erfahren, woher das Kind es weiß bzw. welche Bilder es von der Sache hat und was seine Motive sind, und er sollte in solchen Situationen nicht aus der skeptischen Distanz, sondern voll zugewandt, engagiert, ganz unbefangen fragen. Das ist natürlich keine Besonderheit interkultureller Pädagogik, sondern das sollte eine Grundregel für jede pädagogische Beziehung sein. Das Ziel solcher interessierten Fragen ist auch nicht, dem Kind eine logische Unrichtigkeit nachweisen oder es widerlegen zu wollen, sondern einfühlsam in seine Welt einzutauchen und die Dinge ein wenig mit seinen Augen sehen zu können.

Der Ausgangspunkt ist nicht die Vorurteilslosigkeit – das ist zu wenig. Eher geht es darum, einen Vertrauensvorschuss zu geben: Der andere ist Gast, und damit hat er Anspruch auf ein aktives Interesse meinerseits. Ich werde mich darauf einlassen, mich mit seiner Kultur, seiner Religion zu beschäftigen. Toleranz ist also das Gegenteil von Gewährenlassen, Indifferenz und Gleichgültigkeit. Toleranz meint vielmehr *aktive* Wertschätzung und *tätige* Würdigung des Fremden. «Wir sind interkulturell, weil wir versuchen, die Andersartigkeit, die Fremdheit verstehen zu lernen, sie uns deutlich, erlebbar zu machen, weil wir sie akzeptieren, weil wir sie zulassen wollen. Das macht interkulturelle Pädagogik aus», sagt ein Klassenlehrer. «Wir wollen gerade die Begegnung und Vermischung, denn wir wollen uns füreinander ‹inter-essieren›. Deswegen ist auch dieser Name Interkulturalität genau der richtige.»

Wie aus einer solchen Haltung heraus Konflikte gelöst werden können, zeigt sich an der Interkulturellen Waldorfschule immer wieder. Beim Zuckerfest etwa, am Ende des Ramadan, war ein junger Islamwissenschaftler eingeladen. Er sprach über den Sinn des Fastens, über das Bemühen, ein besserer Mensch zu werden. Dann stellte ihm die Sportlehrerin die Frage, ob man im Ramadan keinen Sport machen dürfe. Die Antwort war ausgesprochen ausgewogen. Zunächst einmal: Kinder bis zur Geschlechtsreife sind vom Fasten befreit; wenn sie es dennoch tun, so ist es eine völlig freiwillige Tat, oftmals, um es den Eltern gleichzutun. Und: Selbst wenn Kinder fasten, ist ihnen eine leichte Gymnastik zuzumuten, wenn sie sich ausruhen dürfen, sobald die Kräfte nachlassen. Generell gilt, dass während des Ramadan in der islamischen Welt das Leben reduzierter abläuft, alles geht langsamer und besinnlicher – es ist eine Zeit des Innehaltens und der Meditation. Spiele mit starkem Körpereinsatz und verbissenem Wetteifer würden eher eine Hinwendung nach außen bedeuten, sie passen nicht recht zu dieser Zeit. Mit einer solchen Antwort konnte die Sportlehrerin leben, weil sie einen Freiheitsraum ließ. Sie hatte selbst abzuspüren, ob in diesem konkreten Fall das Mädchen – das sich im Übrigen gern vor dem Sportunterricht drückte – mitmachen sollte oder nicht.

Das Beispiel zeigt: Hat man sich mit aktivem Interesse den Hintergrund einer Religion oder Kultur erarbeitet, kann Toleranz eintreten, die nicht nur passiv alles akzeptiert, sondern die aktiv in das seelische Leben des anderen eintreten und aus dieser Perspektive, d.h. aus einer inneren Rücksicht, handeln kann. So hat sich etwa das Misstrauen, ob in der Küche wirklich kein Schweinefleisch angeboten wird, gelegt: Die Kinder wissen aus der Gesamtwahrnehmung der Schule, dass Respekt gegenüber ihrer Religion praktiziert wird, sie wissen, dass die Erwachsenen an dieser Schule grundsätzlich von der Wertschätzung gegenüber der ihnen sonst vielleicht fremden Überzeugung getragen sind. Da ist es gar nicht nötig, dass sie die gleiche Ansicht haben – viel wichtiger und wirksamer für eine interkulturelle Erziehung ist die Erfahrung, verstanden, ernst genommen und respektiert zu werden.

Wie aber steht es mit der Vorhersage ewiger Verdammnis, wie steht es mit Aussagen, die dogmatisch, vielleicht auch fanatisch sind? Kann man auch solchen Äußerungen mit jener aktiven Toleranz begegnen? Hier ist besonders viel Fingerspitzengefühl gefordert. Denn einerseits sollten solche Aussagen nicht stehen bleiben, andererseits wäre es schlecht, das Kind durch Zurückweisung einfach vor den Kopf zu stoßen. Hilfreich kann es sein, ein glattes Entweder-Oder zu vermeiden und erweiternde Gesichtspunkte ins Spiel zu bringen; im konkreten Fall etwa so: Glaubst du nicht, dass für Allah noch anderes wichtig ist als die Frage, ob einer gelegentlich Schweinefleisch isst? Auch bei dieser Frage ist der *Ton* wichtig: Katastrophal wäre ein Tonfall «aufgeklärter christlicher Überlegenheit», denn das muslimische Kind würde sich in seiner großen Sorge um den christlichen Freund nicht ernst genommen fühlen und in seiner Not allein bleiben. Eine Überzeugung korrigieren kann man nicht aus liebloser Distanz, sondern nur aus einer Haltung der Nähe. Deshalb geht es hier darum, in die Welt des Kindes einzutauchen, sie zu akzeptieren und aus dieser Weltsicht heraus mit dem Kind zusammen nach Auswegen zu suchen, die mit seiner Welt vereinbar sind. Damit hilft ihm der Lehrer nicht nur in der offensichtlichen Not eines interkulturellen Konflikts, sondern er bietet zugleich Ansatzpunkte für eine allmähliche Erweiterung der eingeschränkten Sicht des Kindes hin zu einem Miteinander der Kulturen ohne deren Relativierung.

An solchen Momenten wird deutlich, wie sehr von den Lehrerinnen und Lehrern interkulturelle Kompetenzen gefordert werden: Einfühlungsvermögen, Wertschätzung des Fremden, Akzeptanz ungewohnten Verhaltens, auch die Fähigkeit, sich in ungewissen Situationen bewegen zu lernen. Interkulturalität wird an der Interkulturellen Waldorfschule als eine Art «Seinszustand» verstanden, als eine *individuelle Haltung aller Beteiligten*, die gekennzeichnet ist von einem selbstverständlichen Interesse für andere Kulturen und einer Achtung vor ihnen. Es geht darum, das Andersartige so in sich leben zu lassen, dass ein Verständnis entwickelt werden kann. Der Kernsatz der interkulturellen Pädagogik lautet: Die Andersartigkeit achten, sich in einer vorurteilslosen interessierten Begegnung üben! Interkulturelle Pädagogik greift die Grundaufgabe aller Pädagogik auf, im Kind Interesse für die Welt zu wecken und zu fördern – und das heißt hier: Interesse für die Vielfalt der Kulturen. Die erste Neugier, «was die da anders machen», wird zu einem wirklichen inneren Interesse an der anderen Kultur weiterentwickelt.

Das trifft sich mit einer weiteren Erziehungsaufgabe: Die Kinder sollen lernen, nicht sofort zu urteilen, sondern ein Phänomen zu charakterisieren und von verschiedenen Blickwinkeln aus zu betrachten. Gerade gegenüber komplexen kulturellen Erscheinungen ist es wichtig, eine solche Haltung zu veranlagen: Interkulturelle Pädagogik ist somit eine «Pädagogik der Multiperspektivität». Es ist zu üben, Einseitiges nicht zu verneinen, sondern andere Aspekte danebenzusetzen, sodass eine einseitige Aussage in einer Gesamtheit aufgeht.

Gerade für die Entwicklung einer solchen Grundhaltung gibt es vielfältige Anregungen aus der Anthroposophie. Dezidiert weist

Rudolf Steiner darauf hin, dass es in die Zukunft hinein mehr und mehr notwendig werde, eine solche Art der Urteilsbildung zu erlernen, bei der nicht abstrakt nach Kategorien wie «richtig» oder «falsch» geurteilt wird. Vielmehr gehe es darum, ein inneres Erkenntnisorgan zu entwickeln, mit dem wir unterscheiden lernen, was «gesundend» und «krankmachend» ist, was das Leben befruchtet und anregt oder was es verhärtet und abtötet. «Und was gut ist, wird dann für den Menschen nicht nur etwas, wovon er sagt: Das ist gut, das erfüllt mich mit Sympathie. Nein, jetzt fängt der Mensch an zu wissen: das Gute ist etwas im Weltenall, das schöpferisch ist, das die Welt des Entstehens überall bedeutet. Und von dem Bösen fühlt der Mensch überall, dass es sich ausgießende Verwesung ist. Das ist ein wichtiger Übergang zu einer neuen Weltanschauung, in der man das Böse nicht mehr anders fühlen wird können denn als den Würgengel des Todes, der durch die Welt schreitet, in der man das Gute nicht anders wird fühlen können denn als den Schöpfer fortwährender Weltengeburten im Großen und im Kleinen.»[58]

## Interkulturalität oder Christlichkeit der Waldorfpädagogik?

Eine solche Art der Urteilsbildung ist besonders auf das Verhältnis der Religionen zu beziehen. Gerade auf diesem Felde besteht ja ein erhebliches Konfliktpotenzial, und es werden der Interkulturellen Waldorfschule immer wieder besorgte Fragen gestellt, wie sich denn ihr interkultureller Ansatz mit der christlichen Grundlage der Waldorfpädagogik vertrage und ob dadurch nicht diese Grundlage gefährdet werde. Wie geht das Kollegium mit dieser Problematik um?

Es ist schon angedeutet worden, wie in den Legenden, Schöpfungsmythen und alten Kulturen im Unterricht vielfach religiöse Motive auftauchen und die Lehrerinnen und Lehrer der Interkulturellen Waldorfschule anstreben, eine Vielfalt religiöser Strömungen nebeneinander stehen zu lassen. Das geschieht auch bei den Ausflügen: Verschiedene Klassen haben die Moschee in Mannheim, aber auch christliche Kirchen und das Benediktiner-Kloster bei Heidelberg besucht. Dabei entstehen immer wieder Fragen: Was ist denn nun Gott? Wie kann ich ihn finden? In den Gesprächen, die sich in solchen Situationen ergeben, kann deutlich werden, dass «Allah» nicht ein ganz anderes Wesen ist, sondern eben «Gott» meint. Es kann zudem klar werden, dass es verschiedene Wege gibt, sich ihm zu nähern, ihn zu verehren, zu ihm zu beten. In dieser Offenheit gegenüber verschiedenen religiösen Strömungen an der Interkulturellen Waldorfschule lebt ein Element, das von Anfang an in der Waldorfpädagogik angelegt wurde: Die Waldorfschule sollte nach dem Willen Rudolf Steiners keine *Weltanschauungsschule* sein.[59] Nicht Indoktrinierung, sondern Anregungen zu wachem Weltinteresse und sinnvoller Weltgestaltung sollten von einer modernen Pädagogik ausgehen. «Wir haben nicht die Aufgabe, unserer heranwachsenden Generation Überzeugungen zu überliefern. Wir sollen sie dazu bringen, ihre eigene Urteilskraft, ihr eigenes Auffassungsvermögen zu gebrauchen. Sie soll lernen, mit offenen Augen in die Welt zu sehen … unsere Überzeugungen gelten nur für uns. Wir bringen sie der Jugend bei, um ihr zu sagen: So sehen wir die Welt an; seht ihr zu, wie sie sich euch darstellt. *Fähigkeiten* sollen wir wecken, nicht *Überzeugungen* überliefern. Nicht an unsere ‹Wahrheiten› soll die Jugend glauben, sondern an unsere Persönlichkeit. Dass wir *Suchende* sind, sollen die Heranwachsenden bemerken. Und auf die *Wege der Suchenden* sollen wir sie bringen.»[60]

Mit solchen Sätzen ist eine aufregend moderne Erzieherhaltung skizziert, die wiederum keineswegs nur für die interkulturelle pädagogische Situation gilt, sondern für jedes Zusammentreffen von Erwachsenen und Kindern bzw. Jugendlichen: Es ist niemals Aufgabe der Schule, die Lebensüberzeugungen und Weltanschauungen zu tradieren, die sich die Lehrenden in ihrem Leben erarbeitet haben. Ihre Aufgabe ist es vielmehr, dafür Sorge zu tragen, dass die jungen Menschen in der Lage sein werden, sich selbst ihre eigene Weltsicht zu erringen.

Damit ist ein wichtiger Aspekt zum interkulturellen Umgang mit dem Thema Religion beschrieben: Es gilt, die Vielfalt der religiösen Phänomene ernst zu nehmen, sich zu bemühen, sie aus sich heraus zu verstehen, keine *Beurteilungs-*, sondern eine *Erkenntnishaltung* ihnen gegenüber einzunehmen. Eine solche Gesinnung ist Grundlage für die Art und Weise, wie an der Interkulturellen Waldorfschule mit der subtilen Frage verschiedener weltanschaulicher Strömungen, die in den Elternhäusern der Kinder leben – Christentum (von russisch-orthodox bis freichristlich), Islam, Buddhismus, Agnostizismus, Atheismus – umgegangen wird. Es wird den Eltern nicht vorenthalten, dass ein allgemein-religiöses Element die Waldorfpädagogik durchzieht und sich beispielsweise schon in den Sprüchen, mit denen jeden Morgen der Schultag begonnen wird, äußert. Aber es wird deutlich, dass damit nicht eine Festlegung auf ein bestimmtes Bekenntnis verbunden ist.

Um diese Offenheit zu wahren, ist bisher an der Schule noch nicht das Fach «Religion» eingerichtet worden. Verschiedene Kinder bekommen Religionsunterricht außerhalb der Schule – in der

Moschee, in der katholischen oder evangelischen Kirche. Bisher reichte das, in Verbindung mit dem allgemein-religiösen Element der Waldorfpädagogik, aus Sicht der Eltern und des Kollegiums aus. Mit zunehmendem Alter und damit zunehmender Urteilsfähigkeit der Schüler aber wird es notwendig sein, das Religiöse auch bewusster als Unterrichtsinhalt zu behandeln. Vorüberlegungen dazu gehen in eine Richtung, die von der bisher an Waldorfschulen geübten Praxis abweicht. Es ist nicht daran gedacht, die Jugendlichen in unterschiedliche Gruppen aufzuteilen, in denen die verschiedenen Bekenntnisse gelehrt werden. Vielmehr ist angestrebt, dass die Klasse zusammenbleibt und von mehreren Lehrern mit unterschiedlichen Bekenntnissen – etwa einem Muslim und einem Christen – gemeinsam unterrichtet wird. Das Religiöse sollte nicht spalten, sondern verbinden!

Solche Überlegungen wurzeln in einer bestimmten Auffassung der Waldorfschule als einer «christlichen Schule», wie sie Rudolf Steiner gelegentlich zum Ausdruck gebracht hat.[61] Vertieft man sich in diese Ausführungen, so wird deutlich: Mit dem Element des Christlichen ist niemals etwas Bekenntnishaftes gemeint, sondern die Haltung «wahrer Menschenliebe», das Bemühen um Verstehen des anderen, das Ringen um Toleranz. Im Februar 1919, wenige Monate vor der Begründung der ersten Waldorfschule, hat Rudolf Steiner ein solches Verständnis des Christentums in Vorträgen in Zürich und Dornach ausdrücklich entwickelt. Der zum Selbstbewusstsein erwachte moderne Mensch, so heißt es da, trage naturhaft einen Defekt an sich: das Beharren auf dem eigenen Standpunkt, das Pochen auf die eigene Meinung, das Vorurteil. Es sei Aufgabe der Selbsterziehung, diesen Ring egozentrischer Weltsicht zu durchbrechen und zur Vorurteilslosigkeit zu erwachen. Dieser Weg beginne mit dem *selbstlosen Interesse für die Gedanken des anderen,* selbst wenn man sie für Irrtümer hält, er setze sich fort in dem Bemühen, die eigenen Ansichten in Beziehung zu setzen zu denen des anderen, er führe hin zu einer wirklichen Empathie, zu «innerer Toleranz», dass «man liebevoll das, was der andere denkt und fühlt, in sich aufnehmen kann wie das, was man selbst denkt und fühlt».[62]

Ein solcher Weg sei eine «Art innerer Wiedergeburt»,[63] es sei der moderne Gedankenweg zu Christus: «Der Christus hat gesagt: ‹Was ihr einem der geringsten meiner Brüder tut, das habt ihr mir getan.› Der Christus hört nicht auf, immer wieder und wieder sich den Menschen zu offenbaren, bis ans Ende der Erdentage. Und so spricht er heute zu denjenigen, die ihn hören wollen: Was einer der geringsten eurer Brüder denkt, das habt ihr so anzusehen, dass ich in ihm denke, und dass ich mit euch fühle, indem ihr des anderen Gedanken an euren Gedanken abmesset, soziales Interesse habt für dasjenige, was in der anderen Seele vorgeht. Was ihr findet als Meinung, als Lebensanschauung in einem der geringsten eurer Brüder, darin suchet ihr mich selber.»[64]

Das tägliche Bemühen um eine solche Haltung ist ein zentrales Leitmotiv der Lehrerinnen und Lehrer an der Interkulturellen Waldorfschule, es ist der Kerngehalt interkultureller Pädagogik. Dabei ist deutlich, dass das Erreichen einer solchen Qualität innere Aktivität und Selbsterziehung verlangt. Das bringen auch die Lehrer zum Ausdruck. «Ich versuche bei mir Interkulturalität zu erreichen. Dass ich bereit bin für andere Kulturen, Probleme, Gedankenwelten, Muster, dass ich offen sein kann. Das ist Arbeit an sich selbst. Die mache ich gerade.» – «Ich bin im christlichen Abendland aufgewachsen und habe mir klargemacht: Meine Gedanken sind so strukturiert und ich bin so sozialisiert, dass meine Werte daher kommen. Jetzt will ich aber davon so frei werden, dass ich das andere auch in mir trage – in einer Form, dass ich es objektiv darbringen kann. Ich will nicht mein Ich verleugnen, sondern ich will mich aus dem ‹Gepressten› freimachen. Das ist eine ganz hohe Anforderung.»

Ein erstes Übfeld dieser Grundhaltung für die Lehrer der Interkulturellen Waldorfschule ist die Zusammenarbeit im interkulturellen Kollegium, ist das Miteinander der verschiedenen Kulturen im Lehrerzimmer unter den Erwachsenen. Oft bemerken die Lehrer die eigene kulturelle Prägung erst durch das Erstaunen über eine Andersartigkeit der anderen. Nach mancherlei Irritationen, nach unbefriedigenden Gesprächen, nach manchem Aneinander-vorbei-Reden kommt es dann zu einer Erkenntnis wie dieser: Den Kollegen verstehe ich nur, wenn ich seine Religion wirklich verstehe – und nicht nur abstrakt verstehe, indem ich ein paar Koranverse lese, denn das bekommt man schon hin. Es geht um viel mehr: diesen *Menschen* zu verstehen. Das ist eigentlich die Anforderung. Und wenn ich es nicht schaffe, dann doch mindestens so weit zu kommen, dass ich sagen kann: Es hat eine *volle* Berechtigung, dass er hier ist.

Dieses Bemühen der Lehrerinnen und Lehrer ist für die Kinder außerordentlich wichtig, und es macht nochmals deutlich, warum es so notwendig ist, dass das Kollegium der Schule interkulturell zusammengesetzt ist: Die Kinder können so bei den Erwachsenen den interkulturellen Umgang miteinander täglich erleben. Das Ziel der Interkulturalität wird dadurch kein abstraktes Lernziel, das man künstlich anstrebt, sondern es wird eine unmittelbare Selbstverständlichkeit.

## Von der interkulturellen zur transkulturellen Pädagogik

Eigentlich ist das Interkulturelle an der Schule nur ein exemplarisches Lernfeld für etwas viel Allgemeineres, Grundsätzlicheres, für jede Pädagogik heute Unverzichtbares. Es geht hier nämlich im Grunde darum, den Umgang mit der Verschiedenheit, der Andersartigkeit, letztlich mit der Individualität elementar zu lernen. Das wird von den Lehrern deutlich ausgesprochen: «Menschen haben einfach unterschiedliche Standpunkte, und das ist es ja auch, was diese ganze Debatte um interkulturelle Kompetenz ausmacht. Ich finde es richtig, dass wir verschiedene Positionen haben. Es ist nur manchmal für uns so unendlich mühsam.» – «Ein Highlight der Schule liegt auf jeden Fall in dem Lebendigmachen der verschiedenen Nationen, dass man wirklich dieses Miteinander erleben kann. Die Herkunft aus einem anderen Land ist überhaupt kein Thema. Es ist ganz selbstverständlich, dass die Hälfte der Klasse einen anderen Hintergrund hat und diese Kinder noch eine andere Sprache sprechen können. Das Anderssein wird als selbstverständlich gesehen und nicht so, dass jeder Fremde gleich als Eindringling empfunden wird: ‹Der ist anders, o Gott, da muss man Angst haben!› Sondern: ‹Der ist anders, und das ist o.k.› Und dennoch haben wir sehr viele Gemeinsamkeiten! Das Gemeinsame ist ja eigentlich das Größte.»

Zweifellos ist die «interkulturelle Haltung», die hier beschrieben wird und deren christliche Wurzeln angedeutet wurden, selbst nicht in jedem Fall Bestandteil des Erbes jeder Kultur. Interkulturelle Erziehung ist in diesem Sinne nicht konfliktfrei, und auch die Lehrer der Interkulturellen Waldorfschule kommen immer wieder an den Punkt, an dem sie ahnen und wissen, dass die Haltungen, die sie den Kindern zu vermitteln sich bemühen, nicht unbedingt diejenigen Haltungen sind, die im Elternhaus dieser Kinder veranlagt oder gefördert werden. Klassisch zeigt sich dies regelmäßig an der Geschlechtsrollenerziehung der Mädchen aus traditionellen muslimischen Elternhäusern.

Dazu die Englischlehrerin: «Am Anfang hatte ich meine Bedenken, weil ich dachte: ‹Oje, gerade ein kurdisches Mädchen!› Wenn man Waldorfpädagogik macht, dann erzieht man die Kinder, ob man will oder nicht, zur Freiheit. Das ist so. Das war mir noch nie so klar, wie es mir hier klar geworden ist. Und es gibt eben ein kurdisches Mädchen, das von zu Hause ganz traditionell erzogen wird nach dem Motto: Ein junges Mädchen hat eigentlich nichts zu sagen. Wir aber erziehen sie eben so, dass sie einfach selbst entscheiden muss und sich auch gegen die Jungs wehrt. Und manchmal denke ich: ‹Was ist, wenn sie nach Hause geht?› Aber ich meine: Sie *ist* hier in Deutschland, die Eltern sind länger hier in Deutschland als ich. Und das Mädchen kann später selbst entscheiden, welchen Weg sie geht.»

Das Interesse und das Verständnis für die fremde Kultur kann nicht gleichbedeutend sein damit, die eigenen Überzeugungen zu verleugnen, im Gegenteil. Die hier beschriebene interkulturelle Haltung lebt ja gerade vom Selbstbewusstsein und der Überzeugung, dass die eigenen Ansichten und Haltungen berechtigt (aber eben nicht «besser») sind. Auch insofern hat Interkulturalität nichts mit einer pseudoliberalen Gleichgültigkeit gemein, die zu Handlungsunfähigkeit führt. Sondern es geht auch immer darum, in voller Anerkennung des Fremden zu den eigenen Aufgaben und Perspektiven zu stehen. Darin ist sich das Kollegium der Interkulturellen Waldorfschule einig: Zweifellos gibt es jenen Konflikt und damit auch die Gefahr einer kulturellen Entfremdung der

Kinder von ihrem Herkunftsmilieu. Aber solange die Eltern sich frei für diese Schule entscheiden – was sie im Falle der Einschulung in eine staatliche deutsche Schule gar nicht können – und die interkulturelle Schule ihre Ziele, Grundüberzeugungen und ihr Leitbild offenlegt, haben die Eltern die Chance, dieser Möglichkeit bewusst ins Auge zu sehen. Und wenn sie im Lauf der Schulzeit den Eindruck gewinnen, dass sie diese Pädagogik nicht wollen, können sie ihr Kind abmelden. Diese Sachlage gibt dem Kollegium der Interkulturellen Waldorfschule die innere Berechtigung, seinen pädagogischen Weg zu gehen. Dieser Weg aber ist ein Weg der Erziehung zur Freiheit, er zielt auf eine innere Haltung, bei der es nicht darum geht, Deutscher oder Türke oder Russe usw. zu sein, sondern im Bewusstsein der eigenen kulturellen Herkunft mit all diesen kulturellen Unterschieden umgehen, sie respektieren und anerkennen zu können – und zugleich die Möglichkeit zu haben, sie zu transzendieren.

In diesem Sinne ist die Interkulturelle Waldorfschule eigentlich eine «transkulturelle» Schule, bei der weder die einen in die Kultur der anderen integriert werden noch separierte Kulturinseln unverbunden nebeneinander her leben, sondern die Kinder befähigt werden, in der Vielfalt interkultureller Begegnung ihre eigene Identität zu finden.

# 12. Waldorfschule und Migrantenkinder: eine offene Aufgabe

In den vorangegangenen Kapiteln ist dargestellt worden, wie das Kollegium der Interkulturellen Waldorfschule Mannheim-Neckarstadt versucht, in täglicher Praxis pädagogische Perspektiven für die soziale und kulturelle Integration von Kindern mit Migrationshintergrund zu entwickeln. Dabei konnte vielleicht deutlich werden, inwiefern Waldorfpädagogik geeignet ist, diese zentrale gesellschaftliche Aufgabe zu lösen: Aufgrund ihrer differenzierten Menschenkunde ermöglicht sie eine altersgerechte Erziehung und Bildung, welche sowohl die kulturelle Prägung als auch die Individualität jedes Kindes berücksichtigt. Waldorfpädagogik ist also nicht völlig neu zu erfinden, vielmehr sind manche Rahmenbedingungen so zu verändern, dass sie schöpferisch für die gegebene Problematik weiterentwickelt werden kann.

Nun gibt es selbstverständlich auch an den bestehenden Waldorfschulen Kinder ohne deutsche Staatsbürgerschaft bzw. solche, die in einem anderen Land geboren wurden. Aber im Allgemeinen sind das wenige, und sie kommen meistens aus denselben Milieus und sozialen Verhältnissen wie ihre deutschen Mitschüler, nämlich aus dem, was Soziologen die mittleren und oberen Schichten dieser Gesellschaft nennen, dem «Bildungsbürgertum» eben.[65] Diese Kinder bilden nicht gerade das «Ausländerproblem», von dem die Zeitungen handeln und vor dem sich die Politiker fürchten, zumal sie in durchaus überschaubarer Zahl auftreten und einer Klasse ein Flair von Weltläufigkeit und Kosmopolitismus verleihen, der das soziale Leben durchaus anregt. Das gesellschaftliche Problemfeld der Migration bzw. die große politische, kulturelle und pädagogische Aufgabe der gesellschaftlichen Integration von einigen Millionen «Kindern mit Migrationshintergrund» aber ist bisher an den Waldorfschulen weitgehend vorbeigegangen, und sie wirken an dieser Aufgabe kaum mit. Dabei ist zu fragen, ob damit nicht auch eine Chance vertan wird, nämlich in der Schule einen Ort zu bieten, an dem Kinder mit verschiedenen kulturellen Hintergründen zusammenleben und auf diese Weise interkulturelle Begegnung lernen können.

Der Gerechtigkeit halber muss allerdings darauf hingewiesen werden, dass die Waldorfschulen sich vor der Migrationsthematik nicht aktiv gedrückt oder sich ihr verweigert haben: Die Frage der Interkulturalität bzw. der Integration von Migrantenkindern, der heute viele Grund- und Hauptschulen hilflos gegenüberstehen, hat sich den Waldorfschulen einfach deshalb nicht gestellt, weil kaum Migrantenkinder um Aufnahme baten. Es fehlte und fehlt schlicht an Nachfrage von dieser Seite. Das hat eine Reihe von Gründen, die im Laufe der Darstellung schon angeklungen sind: Der wichtigste ist sicher das hohe Schulgeld, das Waldorfschulen erheben müssen, wenn sie ihr Angebot aufrechterhalten wollen, das aber für Migrantenfamilien oft unbezahlbar ist. Darüber hinaus spielt die geografische Lage vieler Waldorfschulen eine Rolle: Sie liegen zumeist nicht in den Vierteln, in denen Migrantenfamilien wohnen. Drittens gibt es zweifellos eine kulturelle Hemmschwelle: Um sein Kind an einer Waldorfschule anzumelden, ist nicht nur Geld, sondern viel mehr noch ein bewusster pädagogischer Entschluss nötig, denn «von allein» kommt das Kind eben in die Regelschule. Dieser bewusste pädagogische Entschluss setzt aber natürlich pädagogisches Interesse, entsprechende Fragen und Beschäftigung mit dem Thema voraus – und genau das geschieht in «bildungsfernen» Schichten nun einmal viel weniger, weshalb sie ja mit diesem schmückenden Beiwort belegt werden.

Das alles sind Gründe, die dazu führen, dass es im Allgemeinen kaum eine Nachfrage von Kindern mit Migrationshintergrund nach Waldorfschulen gibt, und zwar Gründe, die nicht in der Waldorfpädagogik liegen, für die die Waldorfschulen also eigentlich nicht verantwortlich sind. Allerdings muss man auch sagen, dass die meisten Waldorfschulen in der Vergangenheit nicht eben viel dazu getan haben, mit ihrem Angebot diese Hindernisse zu überwinden und um bildungsfernere Schichten der Migranten aktiv zu werben. Vielmehr haben sie die Tatsache, dass sich in ihrer Schülerschaft kaum Migrantenkinder finden, zumindest stillschweigend akzeptiert – und damit die Gefahr in Kauf genommen, den Kindern unausgesprochen ein Bild kultureller Homogenität zu vermitteln, das mit der vielerorts gelebten Wirklichkeit in dieser Gesellschaft nicht mehr übereinstimmt.

Nun haben die vorangehenden Darstellungen gezeigt, dass die Migrationsproblematik ja nicht darin liegt, dass in Deutschland Kinder mit einem fremden kulturellen Hintergrund und Defiziten im Verstehen und Sprechen der deutschen Sprache in die Schule kommen, sondern darin, dass Kinder mit Migrationshintergrund *über dies hinaus* in ihrer überwältigenden Mehrheit aus wirtschaftlich schwächeren sozialen Schichten stammen. Die Ausländerfrage ist von der Frage der neuen Unterschichten, der Armut, Vernachlässigung und Unterprivilegierung nicht zu trennen – und erst diese Verbindung macht aus der Situation der Migranten ein soziales Problem. Mit der Frage nach dem Anteil ausländischer Kinder an ihrer Schülerschaft stellt sich der Waldorfschule also eigentlich die viel fundamentalere Frage nach ihrem Verhältnis zur sozialen Ungleichheit der Lebens- und Entwicklungschancen, und die alte ungelöste Aufgabe, eine Schule für die Kinder aller Schichten sein zu wollen, erfährt mit der neuen ungelösten Aufgabe der Migrantenkinder nur eine Steigerung und Zuspitzung. Angesichts dieser Lage aber ist zu fragen, ob sie sich damit nicht ein gutes Stück weit von ihrem Gründungsimpuls entfernt hat. Hat Rudolf Steiner nicht schon in den sogenannten volkspädagogischen Vorträgen im Frühjahr 1919 darauf hingewiesen, dass man im Blick auf die Lösung der sozialen Frage eine Gesamtschule – früher sprach man von «Einheitsschule» – brauche, weil die Gesetze der Entwicklung im Alter zwischen dem siebten und vierzehnten, fünfzehnten Jahr für alle Kinder gleich seien, und dass auch noch in der Oberstufe einer solchen Schule «zusammensitzt der Tischler- oder Maschinenlehrling mit demjenigen, der vielleicht selber Lehrer wird»?[66] Und ist die erste Waldorfschule nicht auf dem Hintergrund einer revolutionären sozialen Bewegung als Schule für die Arbeiterkinder der Stuttgarter Zigarettenfabrik Waldorf-Astoria begründet worden?[67] Damals jedenfalls wurde die Neugründung in der Öffentlichkeit vorgestellt als Schule, in der «die Kinder des Arbeiters neben denen des Direktors sitzen, wo also die Klassenunterschiede von Grund aus aufhören und einmal wahrgemacht wird mit dem Ausspruch: Freie Bahn dem Tüchtigen».[68]

Wie ernst Rudolf Steiner das soziale Anliegen der Schulgründung genommen hat, zeigt sich in der Ansprache, die er am 31.8.1919, eine Woche vor der Schuleröffnung, an die damaligen Waldorfeltern gerichtet hat: «Es würde ein ungeheurer Schaden sein, wenn gerade der soziale Impuls verkannt würde, welcher der Begründung der Waldorfschule zugrunde liegt.»[69]

Ein solcher Satz kann heute als aufweckende Erinnerung erlebt werden. Wenn man einsieht, dass die gegenwärtige soziale

Frage eng verbunden ist mit der bildungsmäßigen Integration der Migrantenkinder, dann gilt es, entschiedene Anstrengungen in dieser Richtung zu unternehmen. Insofern kann die Mannheimer Initiative als ein Pilotprojekt angesehen werden, das hoffentlich bald Nachahmer findet.

Die Erfahrungen an der Interkulturellen Waldorfschule haben gezeigt, dass die Grundansätze der Waldorfpädagogik ein geeignetes Instrument für eine solche sozial-integrative, interkulturelle Erziehungsaufgabe sind. Diese Pädagogik ist weder sozial noch kulturell einseitig oder beschränkt, sie schreckt Unterschicht- und Migrantenkinder nicht ab und schließt sie nicht aus, sondern erweist sich im Gegenteil als tragfähige Brücke zu ihrer Förderung. Denn sie ist in ihrem Kern transkulturell und allgemein-menschlich und kann daher in den unterschiedlichsten Kulturen und sozialen Lagen neu erfunden werden, ohne sich selbst zu verlieren. Allerdings gilt es, Bedingungen zu schaffen, die es auch Eltern aus schwächeren sozialen Schichten ermöglichen, ihre Kinder auf eine solche Schule zu schicken. Im Falle der Mannheimer Initiative ist es inzwischen gelungen, neben den Zuschüssen vom Land und einer Unterstützung von der Stadt für eine Übergangszeit Hilfe von Stiftungen zu bekommen. Es wird im Blick auf die nächsten Jahre notwendig sein, durch Spenden und Patenschaften die Finanzierung auf eine breitere Basis zu stellen.

Eines lässt sich sicher sagen: Auch die Waldorfpädagogik gewinnt, wenn sie die Migrantenproblematik aufgreift, wird doch dadurch auf besondere Weise der Kern anthroposophischer Pädagogik freigelegt: die Entdeckung, dass gerade unterschiedliche Individualitäten einander fördern, helfen und bereichern können. Die Fähigkeit, das Fremde als bereichernd zu erleben, ist eine Zeitnotwendigkeit in der globalen, multikulturellen Welt von heute – und sie sollte in der Schule erlernt werden können.

# Anhang: Die Ergebnisse der wissenschaftlichen Begleitung

In den vorangegangenen Kapiteln ist die Interkulturelle Waldorfschule mit ihren Kindern, Lehrern und Eltern sowie den verschiedenen Aspekten ihres pädagogischen Bemühens geschildert worden. Zu welchen Ergebnissen dieses Bemühen geführt hat, ist Thema der folgenden Darstellung. In diesem Zusammenhang ist zunächst an die Grundidee, an der sich das pädagogische Konzept der Freien Interkulturellen Waldorfschule Mannheim orientiert, zu erinnern: «Alle Kinder, welcher Hautfarbe, Nationalität, Religion und sozialer Schicht sie auch angehören, sollen die Möglichkeit einer Bildung erhalten, die sich im lebendigen Prozess menschlicher Begegnung vollzieht.»[70] Es geht also um die Verwirklichung einer Chancengleichheit auch für die Kinder, die nach den Ergebnissen der PISA-Studie in Deutschland im öffentlichen Schulsystem benachteiligt werden: Kinder mit Migrationshintergrund und Kinder aus den niedrigeren sozialen Schichten, haben sie doch eine deutlich geringere Chance auf einen höheren Bildungsabschluss als Kinder ohne Migrationshintergrund und Kinder aus höheren sozialen Schichten. Im internationalen Vergleich der OECD-Staaten ist dieser Selektionsmechanismus in keinem anderen Land so stark wirksam wie in Deutschland.

Für die wissenschaftliche Begleitung stellte sich daher vorrangig die Frage, ob es der Schule tatsächlich gelingt, dass im

Hinblick auf die sprachliche, lernverhaltensbezogene und soziale Entwicklung *keine* Unterschiede zwischen Kindern mit Migrationshintergrund und Kindern deutscher Eltern oder zwischen Kindern unterschiedlicher sozialer Herkunft auftreten. Darüber hinaus war es auch Aufgabe der wissenschaftlichen Begleitung, die Entwicklung der Schule in den ersten Jahren mitzuverfolgen, in Lehrer- und Elterngesprächen und anhand von schriftlichen Befragungen Informationen, Eindrücke und Erfahrungen zusammenzutragen und die Ergebnisse der verschiedenen Erhebungen wieder in den laufenden Prozess der konzeptionellen Weiterentwicklung einzubringen.

## Zusammenfassung der Ergebnisse

Die Ergebnisse der wissenschaftlichen Begleitung der Interkulturellen Waldorfschule zeigen, dass es zum gegenwärtigen Zeitpunkt (Stand: Sommer 2006) bereits beachtliche Erfolge bei der Umsetzung der selbstgesetzten Ziele gibt:

– So ist es gelungen, eine *heterogene sozialstrukturelle Zusammensetzung* der Schülerschaft zu erreichen. Dies gilt sowohl im Hinblick auf die besonderen *«pädagogischen Zielgruppen»* der Schule als auch im Hinblick auf die Zielsetzung eines *integrativen Ansatzes*. Der Migrantenanteil von etwa 50 Prozent ermöglicht Kindern mit Migrationshintergrund eine echte Integrationschance. Das Verhältnis von 60 : 40, was Kinder von Nicht-(Fach-)Akademikern und (Fach-)Akademikern angeht, gewährleistet eine gute, integrationsfördernde soziale Durchmischung. Der Anteil von 40 Prozent Kindern mit dezidierten Lernproblemen verweist auf die schwierige Aufgabenstellung der Interkulturellen Waldorfschule Mannheim. Doch das Kollegium will sich dieser pädagogischen Herausforderung stellen und tut dies auch mit einigem Erfolg.

– Die Zielsetzung der *Stadtteilorientierung* lässt sich dank der immer weiter steigenden Nachfrage von Familien aus der näheren Umgebung ohne Weiteres umsetzen: Bis auf einzelne Kinder kommen fast alle aus demselben oder den unmittelbar angrenzenden Postleitzahlenbezirken wie die Schule. Die Schule ist zu einer eingesessenen Institution in der Neckarstadt – einem sozialen Brennpunkt der Stadt Mannheim – geworden und kooperiert eng mit zahlreichen Einrichtungen im Stadtviertel.
– Im Hinblick auf das Ziel der *Integration von Kindern mit Migrationshintergrund* lassen sich deutliche Verbesserungen erkennen, was ihre *sprachlichen Leistungen* betrifft: Kinder mit Migrationshintergrund, die teilweise mit erheblichen sprachlichen Defiziten in die Schule kamen, konnten schon nach kurzer Zeit ihre sprachlichen Kompetenzen deutlich verbessern. Die Einschätzung der Klassenlehrer ergab bezüglich der Sprachkompetenzen zu Beginn des Untersuchungszeitraums statistisch signifikante Unterschiede bei den sprachlichen Kompetenzen zwischen Kindern mit und ohne Migrationshintergrund, die sich jedoch nach zwei Schuljahren bereits so verringerten, dass sie nicht mehr statistisch signifikant waren. Beim *Lern- und Sozialverhalten* gab es zu keinem Zeitpunkt der Erhebung statistisch signifikante Unterschiede zwischen Kindern mit und ohne Migrationshintergrund. Das bedeutet: Eventuell vorhandene sprachliche Defizite von Kindern mit Migrationshintergrund konnten mithilfe des integrativen und ganzheitlichen pädagogischen Konzepts der Interkulturellen Waldorfschule

zunehmend ausgeglichen werden, und im Lern- und Sozialverhalten traten – verglichen mit Kindern ohne Migrationshintergrund – weder signifikante Unterschiede auf noch entstanden sie in den höheren Klassenstufen.

- Beim Ziel der *Integration von Kindern unterschiedlicher sozialer Herkunft* lassen sich ebenfalls positive Entwicklungstendenzen feststellen: Dies gilt – was die *sprachlichen* und *lernverhaltensbezogenen Aspekte* betrifft – insbesondere für die 1./2. Klasse, in denen die Kinder bereits seit ihrer Einschulung die Interkulturelle Waldorfschule besuchen. Bezogen auf eher *disziplinarische* Aspekte (Störverhalten im Unterricht, Schwätzen, Unterbrechen im Gespräch) liegen Kinder ohne «(Fach-)Akademiker-Eltern» allerdings oftmals schlechter als Kinder mit «(Fach-)Akademiker-Eltern». Es zeigen sich jedoch deutliche Abbautendenzen der festgestellten Unterschiede.
- Die Frage nach der Umsetzung des Ziels der *Integration von Kindern mit Lernproblemen* ist offensichtlich innerhalb eines so kurzen Untersuchungszeitraums noch nicht zu beantworten. Die eingangs festgestellten erheblichen Unterschiede bei der Ausgangssituation von Kindern mit und ohne Lernproblemen sind in den zwei Jahren, in denen wir die schulische Entwicklung verfolgen konnten, noch nicht wesentlich kleiner geworden. Insbesondere der enge Zusammenhang zwischen Lernproblemen und «disziplinarischen» Problemen wurde durch die Untersuchung noch einmal deutlich. Gleichwohl lassen sich auch bei den Kindern mit Lernproblemen überwiegend positive Entwicklungstendenzen in Bezug auf ihr schulisches Verhalten erkennen. Hier werden weitere Erhebungen zeigen müssen, ob es gelingt, den Unterschied zu den Kindern, die ohne solche Lernprobleme in die Schule kamen, allmählich zu verringern.

- Die der Vollständigkeit halber ebenfalls untersuchte Frage nach eventuellen *geschlechtsspezifischen Unterschieden* in der schulischen Entwicklung ließ sich in allen Aspekten «negativ» beantworten. Oder anders ausgedrückt: Eine geschlechtsspezifische Selektion der Kinder in Bezug auf ihre schulische Entwicklung findet in der Interkulturellen Waldorfschule nach unseren Untersuchungsergebnissen nicht statt.

Diese Ergebnisse zeigen zum einen, dass die kulturelle Integration offensichtlich leichter zu erreichen ist als die soziale Integration. Außerdem verweisen sie noch einmal deutlich auf die großen Schwierigkeiten von Kindern mit «kumulierten» Problemstellungen, insbesondere wenn Lernprobleme mit fehlender «Bildungsnähe» der Eltern zusammenkommen. Letztlich wird die Frage nach dem Gelingen des pädagogischen Ansatzes der Freien Interkulturellen Waldorfschule erst dann beantwortet werden können, wenn die ersten Klassen ihre schulischen Abschlüsse absolviert haben. Die bereits jetzt sichtbaren Erfolge der pädagogischen Arbeit der Interkulturellen Waldorfschule Mannheim – auch bei diesen zum Teil äußerst schwierigen Aufgabenstellungen – belegen, dass sie mit ihrem Konzept und den das Konzept mit großem Engagement umsetzenden Lehrkräften auf dem richtigen Weg ist.

# Die Ergebnisse im Einzelnen

## Die räumliche, kulturelle und soziale Herkunft der Schüler

Im Sommer 2006 – drei Jahre nach ihrer Gründung – bestand die Interkulturelle Waldorfschule Mannheim aus fünf Klassen mit insgesamt 97 Schülerinnen und Schülern, davon waren 40 Prozent Mädchen und 60 Prozent Jungen. Die im Konzept der Interkulturellen Waldorfschule Mannheim als Zielsetzung formulierte *Stadtteilorientierung* lässt sich am besten am Einzugsbereich der Schüler ablesen, der wiederum an der Postleitzahl ihrer elterlichen Adresse zu erkennen ist. 30 Prozent der Schüler wohnten in demselben Postleitzahlenbezirk wie die Schule, also in ihrer unmittelbaren räumlichen Nähe. 68 Prozent stammten aus unmittelbar daran angrenzenden Stadtvierteln und lediglich zwei Schüler (2 Prozent) wohnten weiter davon entfernt. Damit ist es der Interkulturellen Waldorfschule gelungen, das Ziel der Stadtteilorientierung erfolgreich umzusetzen.

53 Prozent der Schüler im Sommer 2006 hatten einen *Migrationshintergrund*, das heißt, sie sind entweder selbst im Ausland geboren oder mindestens einer ihrer Elternteile ist im Ausland geboren.[71] Die Türkei ist nach Deutschland das mit Abstand am häufigsten genannte Geburtsland bei den Müttern und Vätern. Die übrigen Kinder kamen aus Familien mit dem kulturellen Hintergrund von weiteren zehn verschiedenen Nationen. Die nachstehende Abbildung zeigt die große Vielfalt der Herkunftsländer bei den einzelnen Elternteilen der Kinder.[72] Fast neun Zehntel der

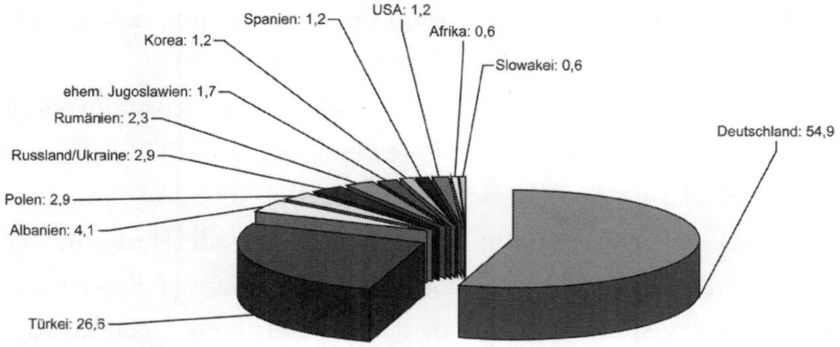


Abbildung 2: Prozentuale Verteilung der einzelnen Elternteile nach Geburtsland (N = 173)

Elternteile, die in anderen Ländern geboren sind, leben allerdings schon seit mehr als zehn Jahren in Deutschland.

Die *soziale Herkunft* der Kinder lässt sich nicht so leicht an messbaren Kriterien festmachen. Als aussagekräftiger Hinweis auf die soziale Herkunft von Kindern gilt jedoch allgemein die schulische und berufliche Bildung der Eltern. Zahlreiche Studien belegen außerdem, dass in Deutschland die sogenannte «Bildungsnähe» bzw. «Bildungsferne» der Eltern im staatlichen Schulsystem erheblichen Einfluss auf den Schulerfolg der Kinder hat.[73]

Bei der schriftlichen Befragung stellte sich heraus, dass bei 24 Prozent der Kinder die Eltern *maximal* über einen Hauptschulabschluss verfügen. Bei 19 Prozent der Kinder hat zumindest ein Elternteil einen Realschulabschluss und bei 42 Prozent einen gymnasialen Abschluss. Nach dem Vorhandensein von beruflichen Abschlüssen bei den Eltern befragt, zeigte sich: Bei 8 Prozent der Kinder hat *keiner* der beiden Elternteile einen beruflichen Abschluss, bei 22 Prozent zumindest ein Elternteil eine *betriebliche* Berufsausbildung, bei 18 Prozent zumindest ein Elternteil einen

*Fachschul*abschluss, bei 37 Prozent der Kinder zumindest ein Elternteil einen *Hochschul-* oder *Fachhochschul*abschluss.[74]

Das Vorhandensein eines (fach-)akademischen Abschlusses in der Familie wurde in unserer Datenanalyse als Indikator für die soziale Herkunft der Kinder verwendet. Die konkrete Frage der empirischen Auswertung in Bezug auf die soziale Herkunft der Kinder lautete somit: Wenn sich der Schulerfolg der Kinder aus dem «Bildungsbürgertum» – in deren Elternhaus (fach-)akademische Berufsabschlüsse vorhanden sind – *nicht* wesentlich von dem Schulerfolg von Kindern aus Elternhäusern ohne (fach-)akademische Berufsabschlüsse unterscheidet, dann kann dies als Zeichen dafür gewertet werden, dass es der Schule gelingt, einen Beitrag zur Chancengleichheit für Kinder aus unterschiedlichen sozialen Milieus zu leisten.

## Kinder mit schulischen bzw. Lern-Problemen

Ein weiteres Unterscheidungsmerkmal der Kinder erwies sich im Verlauf unserer wissenschaftlichen Begleitung als bedeutsam: Gerade in den beiden Schulklassen, die bei der Schulgründung im Herbst 2002 als «Quereinsteiger» mit der zweiten und dritten Klassenstufe begannen, gab es einen hohen Anteil von Schülern, die unter anderem auch aufgrund von teilweise erheblichen schulischen Problemen in ihrer vorigen Schule den Wechsel vollzogen. Auch in den anderen Klassen kamen fortlaufend neue Schüler in die Klassen, die ihre alte Schule aufgrund von dort aufgetretenen Problemen verlassen wollten (oder mussten).

Ein Kind ist nach unserer Einteilung dann von schulischen bzw. Lern-Problemen betroffen, wenn

- es vorher eine Förderschule (z.B. für Logopädie) besuchte

- eine «Empfehlung» für den Besuch einer Förderschule seitens des Kindergartens oder der vorigen Schule vorlag
- in der vorigen Schule kein Vorrücken mehr möglich war, weil die Klassenstufe bereits einmal wiederholt worden war
- «offiziell» attestierte Lernprobleme vorhanden sind, z.B. Aufmerksamkeitsdefizit-Syndrom (ADS), Legasthenie, Hörbehinderung, Auftreten von Absencen[75]
- erhebliche Verhaltensauffälligkeiten im sozialen Bereich auftraten, die den Besuch einer «normalen» Schule erschwert oder einen Schulwechsel erforderlich gemacht hatten.[76]

Von den 97 Kindern, die im Sommer 2006 die Interkulturelle Waldorfschule besuchten, hatten 41 Prozent mindestens eines der oben genannten Lernprobleme. Solche Lernprobleme stellen – im Gegensatz zum Migrationshintergrund und zur nicht-bildungsbürgerlichen Herkunft – ein «echtes» Hindernis für den individuellen Lernerfolg eines Kindes dar. Aus diesem Grund wurde der Faktor «Lernprobleme» ebenfalls in die Datenanalyse mit einbezogen.

## Die bunte Vielfalt der Merkmalskombinationen

Für gewöhnlich treten die verschiedenen, den schulischen Erfolg gefährdenden Faktoren bei den Schülern nicht isoliert, sondern in Kombinationen miteinander auf: 17 Prozent der 97 Schüler sind von allen drei Belastungsfaktoren zugleich betroffen, 39 Prozent von zwei Faktoren und 28 Prozent von einem Belastungsfaktor. Auf lediglich 16 Prozent der Schüler trifft keines der drei Merkmale zu. In Abbildung 3 lässt sich ablesen, wie groß jeweils der Anteil der Schüler ist, die die verschiedenen

Merkmalskombinationen (hier: Überschneidung der Kreise) auf sich vereinen:

Das Auftreten schulischer Probleme verteilt sich je nach Migrationsstatus und Zugehörigkeit zu Akademikerfamilien unterschiedlich auf die Kinder: So kommen Lernprobleme bei Kindern mit Migrationshintergrund etwas häufiger vor als bei Kindern ohne Migrationshintergrund (45 Prozent vs. 37 Prozent) und bei Kindern ohne «bildungsbürgerliche» Herkunft etwas häufiger als bei Kindern mit «bildungsbürgerlicher» Herkunft (46 Prozent vs. 34 Prozent). Diese Unterschiede sind allerdings nicht im statistischen Sinne signifikant.

Wie sich die unterschiedlichen Kombinationsmöglichkeiten der drei Einflussfaktoren anteilsmäßig auf die 97 Schüler, die im Sommer 2006 die Interkulturelle Waldorfschule besuchten, verteilen, lässt sich am besten mit einem Kreisdiagramm veranschaulichen (Abb. 3): Hier sieht man, wie komplex die Aufgabenstellung der Interkulturellen Waldorfschule Mannheims beschaffen ist. Der integrative Ansatz der Schule besteht genau darin, dass eben *nicht* ein zu starkes zahlenmäßiges Übergewicht von Migranten vorliegt – wie sonst in den Grund- und Hauptschulen der Mannheimer Neckarstadt, die teilweise einen Migrantenanteil von bis zu 90 Prozent aufweisen –, sondern dass ein Verhältnis von 50 : 50 angestrebt und verwirklicht wird. So kann den Kindern mit Migrationshintergrund eine echte Integrationschance gegeben werden. Das Verhältnis von 60 : 40, was Kinder von Nicht-(Fach-)Akademikern und Kinder von (Fach-)Akademikern angeht, zeigt auch im Sozialen eine gute, integrationsfördernde Mischung. Bei dem aktuellen Verhältnis von 40 : 60 in Bezug auf Kinder mit und ohne dezidierte Lernprobleme erscheint die Gruppe der Kinder mit Lernproblemen für eine Schule, die *keine* Förderschule ist – und dies auch nicht sein möchte –, sehr hoch. Allerdings stellt

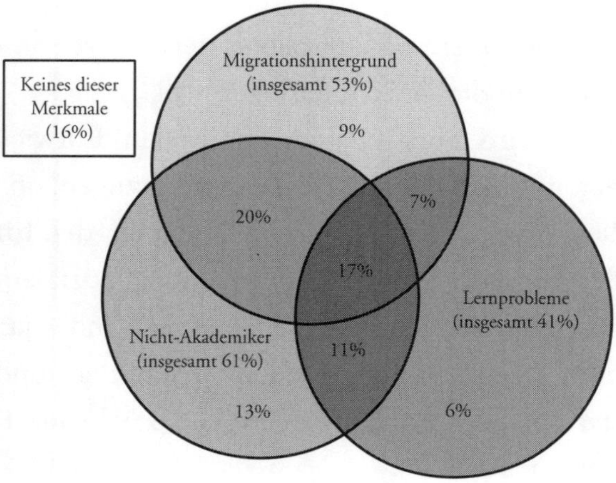


Abbildung 3: Überschneidung der drei Einflussfaktoren «Migrationshintergrund», «Nicht-Akademiker» und «Lernprobleme» mit prozentualen Anteilen der Schüler der IKWS Mannheim (Stand 07/06; N = 97)[77]

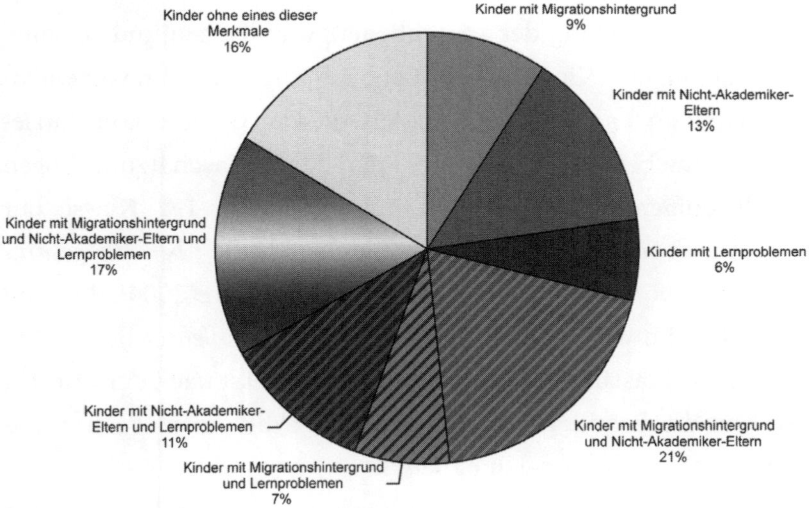


Abbildung 4: Verteilung der unterschiedlichen Kombinationen der drei Einflussfaktoren «Migrationshintergrund» (53 Prozent), «Nicht-Akademiker-Eltern» (61 Prozent) und «Lernprobleme» (41 Prozent) auf die Schüler der IKWS Mannheim (Stand 07/06; N = 97)

dies auch die besondere pädagogische Herausforderung dar, der sich das Kollegium dieser Schule stellen will.
Im Folgenden wird anhand der schulischen Entwicklung der Schülerinnen und Schüler der Frage nachgegangen, ob es der Interkulturellen Waldorfschule tatsächlich gelingt, den Einfluss der Kriterien des Migrationshintergrundes und der sozialen Herkunft – die mit den individuellen Fähigkeiten eines Kindes ja nicht von vornherein im Zusammenhang stehen – zu mildern und zugleich den Kindern mit Lernproblemen eine entsprechende Förderung zuteil werden zu lassen.

## Die sprachliche Entwicklung der Kinder im Lichte der Sprachprofilanalyse

Für eine Beurteilung der sprachlichen, schulischen und sozialen Entwicklung der Kinder ist ein Beobachtungszeitraum von einem Schuljahr zu knapp bemessen. Aus diesem Grunde konzentrieren wir uns bei der Datenanalyse der Lehrereinschätzungsbögen auf diejenigen 48 Schülerinnen und Schüler der 1./2. Klasse, der 2./3. Klasse und der 4./5. Klasse, die die Schule *über den gesamten Beobachtungszeitraum* der beiden Schuljahre 2004/2005 und 2005/2006 hinweg *bei ein und demselben Klassenlehrer* besuchten, und vernachlässigen diejenigen Schüler, die erst nach dem Herbst 2004 an die Schule gekommen sind oder die einen Wechsel des Klassenlehrers hinter sich haben.[78]

Die Sprachkompetenz stellt einen zentralen Faktor für den Schulerfolg insgesamt dar. Mangelnde Deutschkenntnisse werden als wesentliche Ursache für das schlechtere schulische Abschneiden von Kindern mit Migrationshintergrund angesehen. Die Förderung der sprachlichen Fähigkeiten gehört daher zu den wichtigsten Zielsetzungen der Interkulturellen Waldorfschule. Im Rahmen der wissenschaftlichen Begleitung wurde festgestellt, mit welchen sprachlichen Defiziten die Schülerinnen und Schüler an die Schule kommen und wie sich ihre sprachlichen Kompetenzen im Verlauf der Jahre entwickeln. Als Datenmaterial verwendeten wir zum einen Schülereinschätzungsbögen der Klassenlehrer, zum anderen führten wir bei den Kindern die sogenannte Sprachprofilanalyse durch.

Bei diesem Beobachtungsverfahren werden die sprachlichen Äußerungen eines Kindes in natürlichen Handlungskonstellationen – im Unterricht, im Hort, beim Mittagessen oder auf dem Pausenhof – den vier Stufen des Spracherwerbs zugeordnet. Die Schüler werden also keiner künstlichen Testsituation durch fremde Testpersonen ausgesetzt, was für uns ein entscheidendes Kriterium bei der Auswahl dieses Verfahrens darstellte. Es geht bei der Analyse vorwiegend um den Satzbau, genauer gesagt um die Stellung des Verbs.[79] Liegen keine Sprachentwicklungsstörungen vor, so erreichen deutschsprachige Kinder bei der Sprachprofilanalyse bereits im Vorschulalter stets die Stufe 4.[80]

Im Rahmen der Sprachprofilanalyse wurden zunächst *alle Kinder nichtdeutscher Herkunft* getestet, sowie deutsche Kinder, bei denen Lehrerinterviews oder Lehrereinschätzungen Hinweise auf das Vorliegen *sprachlicher Defizite* lieferten. Insgesamt 43 Schülerinnen und Schüler des Schuljahres 2005/2006 wurden einer Sprachprofilanalyse unterzogen. 18 von ihnen erlangten bereits in der Eingangserhebung die Stufe 4, sie wurden deshalb nicht noch einmal getestet. Die Messungen fanden im Zeitraum April 2005 bis Juli 2006 statt, wobei die zweiten Tests in der Regel jeweils ein Jahr nach dem ersten Test stattfanden.

25 Kinder erreichten im ersten Test *nicht* die 4. Stufe. 22 von ihnen waren Kinder mit Migrationshintergrund, drei waren Kin-

der ohne Migrationshintergrund. Von den 25 Kindern, die unterhalb der 4. Stufe eingeschätzt worden waren, konnten sich im Beobachtungszeitraum 22 Kinder, also 88 Prozent, verbessern. 16 von ihnen erreichten beim zweiten Test bereits die Stufe 4, weitere vier Kinder die Stufe 3-4. Bei den drei Kindern, die sich innerhalb des Beobachtungszeitraums nicht verbessern konnten, handelte es sich jeweils um Kinder, die «auf dem Sprung» von Stufe 3 oder 3-4 auf die nächsthöhere Stufe standen. Der Durchschnittswert der 25 Kinder dieser Stichprobe stieg von 2,7 im ersten Test auf 3,7 im zweiten Test an, also um eine ganze Stufe.
Diese deutliche Verbesserung der sprachlichen Fähigkeiten erfolgte *ohne* den Einsatz gezielter Fördermaßnahmen in Sprachkursen oder Ähnlichem – was ja stets mit einer Aussonderung von Schülern mit sprachlichen Defiziten verbunden gewesen wäre und daher dem integrativen Ansatz der Schule widerspricht. Die große Bedeutung, die der Sprachpflege in der Waldorfpädagogik im Allgemeinen und an dieser Schule im Besonderen beigemessen wird,[81] scheint also ein guter Garant für eine erfolgreiche Sprachförderung von Migrantenkindern und sonstigen Kindern mit sprachlichen Defiziten zu sein.

## Die sprachliche Entwicklung der Kinder nach Einschätzung der Klassenlehrer

Die Einschätzungen der Klassenlehrer zur sprachlichen Entwicklung der Kinder bestätigen die in der Sprachprofilanalyse konstatierte positive Entwicklung. In einem Schülerfragebogen sollten die Klassenlehrer für jede/n einzelne/n Schüler/in ihrer Klasse zu Beginn der Untersuchung eine individuelle Einschätzung ihres schulischen und sozialen Verhaltens sowie ihrer sprachlichen

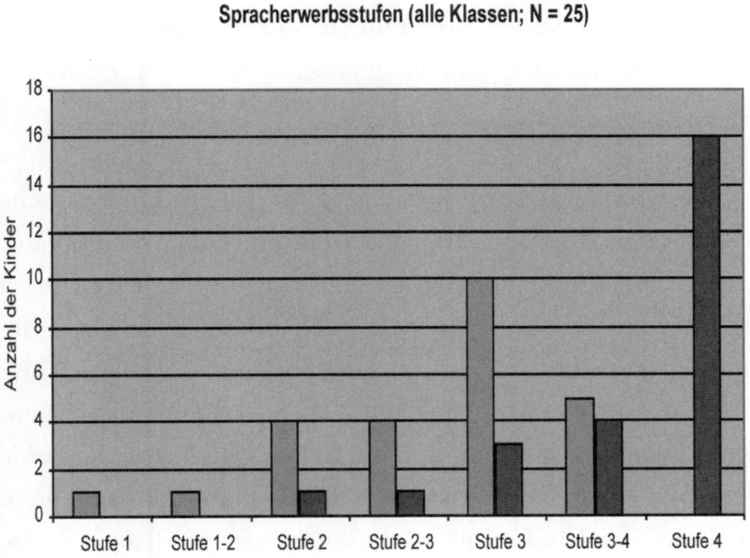


Abbildung 5: Zusammenfassende Darstellung der Sprachprofilanalysen

Kompetenzen vornehmen. Jede dieser Variablen wurde nach verschiedenen Aspekten differenziert, die anhand einer sechsstufigen Skala bewertet werden mussten. Die Zusammenstellung der einzelnen Aspekte erfolgte unter Berücksichtigung bereits bewährter Erhebungsinstrumente.[82] Im sprachlichen Bereich z.B. reichten die Aspekte vom Verständnis der Alltagssprache über die Beteiligung an Unterrichtsgesprächen und Aussprache bis hin zu Wortschatz, Erzählfähigkeit und Grammatik und wurden dann zu einem «Basis-Index» und einem «Grammatik-Index» zusammengefasst. Die Wiederholung der Erhebung jeweils zum Ende jedes Schuljahres ermöglichte eine differenzierte, quantifizierbare Analyse der Veränderungen des schulischen, sozialen und sprachlichen Verhaltens der einzelnen Kinder zwischen der ersten, der zweiten und der dritten Erhebung.[83]

An der nachfolgenden Abbildung lässt sich ablesen, wie sich die sprachlichen Kompetenzen in den drei Klassen, die über zwei

Jahre beobachtet werden konnten, entwickelt haben. Deutlich erkennbar ist in allen drei Klassen ein insgesamt positiver Aufwärtstrend:

Differenziert man die Ergebnisse nach dem Merkmal *Migrationshintergrund*, so zeigt sich ein klarer Unterschied zwischen den Kindern mit und ohne Migrationshintergrund in der Eingangsuntersuchung: Kinder mit Migrationshintergrund haben zu diesem Zeitpunkt wesentlich geringere Sprachkompetenzen als Kinder ohne Migrationshintergrund (siehe Abbildung 7). Dieser Unterschied erweist sich in statistischen Tests als «signifikant».[84] In der zweiten Erhebung gleichen sich die Index-Mittelwerte der beiden Untergruppen bereits an, in der Abschlusserhebung übersteigt der Basis-Index der Kinder mit Migrationshintergrund sogar geringfügig den der Kinder ohne Migrationshintergrund.

Vergleicht man die einzelnen Schulklassen, so fällt insbesondere in der Klasse 1/2 – der ersten Klasse, in der *alle* Kinder von Anfang an die Interkulturelle Waldorfschule besuchten – die deutlich schlechtere Ausgangssituation der Kinder mit Migrationshintergrund gegenüber den Kindern ohne Migrationshintergrund ins Auge. Statistisch gesehen erweist sich dieser Unterschied bei der ersten Erhebung sowohl beim «Basis-» als auch beim «Grammatik-Index» sogar als «hochsignifikant». Bei der Zwischenerhebung zum Ende des ersten Schuljahres war der Unterschied zwischen diesen beiden Gruppen immer noch «sehr signifikant» bzw. «signifikant». In der Abschlusserhebung zum Ende des zweiten Schuljahres ist der Unterschied zwischen Kindern mit und ohne Migrationshintergrund – was ihre sprachlichen Kompetenzen betrifft – bereits so gering, dass er im statistischen Sinne nicht mehr signifikant war. Das Merkmal der kulturellen Herkunft wirkt sich also an diesem Untersuchungszeitpunkt *nicht mehr* auf die sprachlichen Kompetenzen der Schülerinnen und Schüler aus.

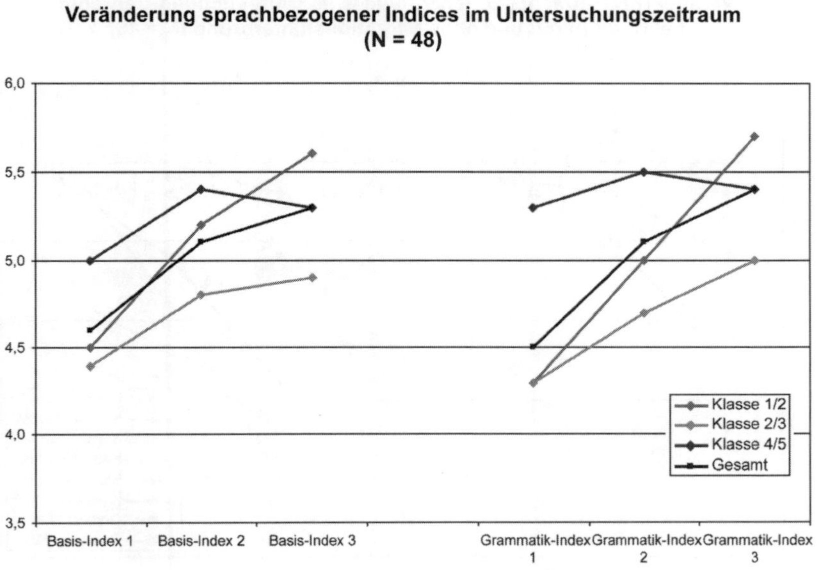


Abbildung 6: Entwicklung sprachlicher Kompetenzen im Untersuchungszeitraum

In Klasse 2/3 fielen bei der detaillierteren Auswertung der sprachlichen Entwicklung noch weitere signifikante Unterschiede auf: Kinder *mit* Lernproblemen und Kinder *ohne* Akademiker-Eltern tun sich in dieser Klasse beim Erwerb sprachlicher Kompetenzen deutlich schwerer als andere Kinder. An dieser Stelle sei erwähnt, dass jede Klasse ihre besondere Charakteristik bezüglich der Verteilung von belastenden Faktoren hat und damit auch spezifische pädagogische Herausforderungen mit sich bringt: Die Klasse 2/3 zeichnet sich dadurch aus, dass gerade der Anteil der Kinder, die Lernprobleme – bzw. *sowohl* Lernprobleme *als auch* keine Akademiker-Eltern – haben, besonders hoch ist. Insofern kommen diese belastenden Faktoren hier besonders stark zum Tragen.

Abschließend sei noch ein Blick auf eventuelle *geschlechtsspezifische Unterschiede* geworfen, die ja gerade im sprachlichen

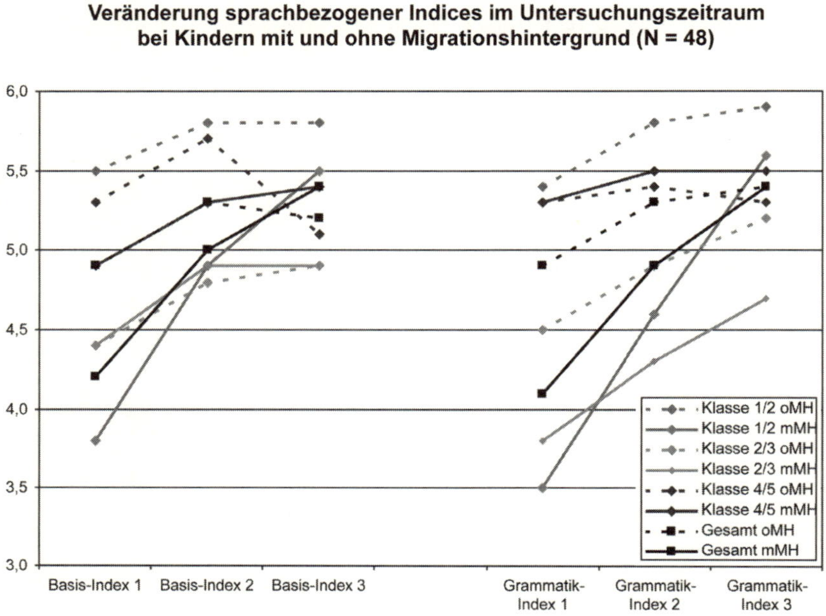


Abbildung 7: Entwicklung sprachlicher Kompetenzen differenziert nach «Migrationshintergrund»

Bereich oftmals eine Rolle spielen. Die Unterschiede zwischen Jungen und Mädchen sind jedoch weder bezogen auf die Gesamtstichprobe noch bezogen auf die einzelnen Klassenstufen statistisch signifikant. Von einer geschlechtsspezifischen Selektivität in Bezug auf den Erwerb sprachlicher Kompetenzen kann demnach in keiner der Klassen die Rede sein.

## Die Entwicklung im Lernverhalten der Kinder

Auch das Lernverhalten jedes Schülers wurde im Einschätzungsbogen von den Klassenlehrern zu allen drei Untersuchungszeitpunkten bewertet. Das schulische Lernverhalten wurde hierbei differenziert nach den Aspekten: Aufmerksamkeit im Unterricht, selbstständiges Arbeiten, aktive Beteiligung und Konzentrationsfähigkeit (diese vier Items wurden in der Auswertung zusammengefasst als «Lern-Index») sowie Störverhalten, Schwätzen und Zuhörfähigkeit (diese drei Items wurden in der Auswertung zusammengefasst als «Disziplin-Index»).

Hier zunächst wieder der Überblick über die Entwicklung des Lernverhaltens in der Gesamtstichprobe und in den verschiedenen Klassenstufen:

Während sich das Lernverhalten in den beiden niedrigeren Klassen im Untersuchungszeitraum deutlich verbessert hat (in beiden Klassen jeweils insbesondere in der zweiten Klassenstufe!), fällt auf, dass die Indexwerte hier in Klasse 4/5 etwas zurückgegangen sind. Bei genauerer Aufschlüsselung zeigt sich, dass der Rückgang der Mittelwerte in dieser Klasse insbesondere bei den Aspekten «Aufmerksamkeit» und «Konzentrationsfähigkeit» festzustellen ist, während die Aspekte «selbstständiges Arbeiten» und «Unterrichtsbeteiligung» relativ stabile Werte auf hohem Niveau erreichten. Dies muss im engen Zusammenhang mit der extrem unruhigen Situation der Klasse 4/5 gesehen werden, die bis zur Mitte des Schuljahres 2005/2006 noch gemeinsam mit der Klasse 3/4 unterrichtet worden war, dann von dieser Klasse getrennt wurde und bis Schuljahresende durch Neuzugang von Schülern auf insgesamt 23 Kinder angewachsen ist.

In Klasse 1/2 ist ein Absinken des sogenannten «Disziplin-Index» zu beobachten, was allerdings stark mit der *altersgemäß zunehmenden Lebhaftigkeit* der Schüler zusammenhängt – ein Aspekt, der in Waldorfschulen durchaus positiv und keinesfalls als grundsätzlich problematisch bewertet wird. In Klasse 4/5 konnte sich hingegen der bis dato relativ schwache «Disziplin-Index» im Schuljahr 2005/2006 deutlich verbessern.

Die Unterschiede zwischen den auf das Lernverhalten bezogenen Index-Werten bei Kindern mit und ohne *Migrationshintergrund* waren in der Gesamtstichprobe zu keinem Zeitpunkt statistisch gesehen signifikant. Die klassenspezifische Auswertung zeigte lediglich in Klasse 1/2 deutliche Unterschiede im ersten Schuljahr, doch auch hier waren die besseren Werte der Kinder ohne Migrationshintergrund nicht statistisch signifikant. Beim «Disziplin-Index» lagen die Mittelwerte der Kinder mit Migrationshintergrund teilweise sogar höher als die der Kinder ohne Migrationshintergrund.

In Klasse 4/5 war die Ausgangssituation im Bereich Lernverhalten fast identisch, im Bereich Disziplin lagen jedoch die Kinder *ohne* Migrationshintergrund deutlich niedriger als die Kinder mit Migrationshintergrund. Ende des vierten Schuljahres war die Situation beim «Diziplin-Index» nach wie vor unverändert, Ende des fünften Schuljahres konnten sich die Kinder ohne Migrationshintergrund auch im Bereich des «Disziplin-Index» stark verbessern, sodass der Unterschied zu den Kindern mit Migrationshintergrund kleiner wurde.

Untersucht man die Unterschiede zwischen den Kindern, die mit einem oder mehreren «belastenden Merkmalen» gekennzeichnet sind, so erweist sich die Untergruppe der «Kinder mit Lernproblemen *und* ohne Akademiker-Eltern» als diejenige, die sich im schulischen Lernverhalten am deutlichsten von den «restlichen» Kindern (also all denen, die *nicht* zugleich Lernprobleme und keine Akademiker-Eltern haben) abgrenzt: Die Unterschiede sind hier beim ersten und dritten «Lern-Index» sowie bei allen drei «Disziplin-Index»-Werten signifikant. Die anderen Kombinationen (z.B. «Migrationshintergrund plus Lernprobleme» oder auch die «Dreifachbelastung» mit allen drei Merkmalen) wirken sich weniger stark selektiv auf den schulischen Lernerfolg aus.

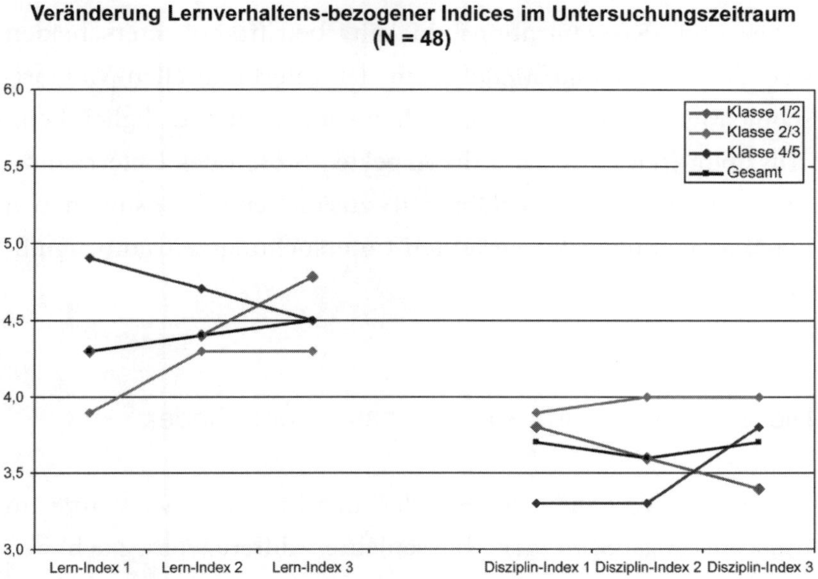


Abbildung 8: Entwicklung des schulischen Lernverhaltens nach Klassenstufen

Die teilweise deutlichen Unterschiede im Lernverhalten zwischen Kindern unterschiedlicher sozialer Herkunft sind im Zusammenhang mit der Tatsache zu sehen, dass die Interkulturelle Waldorfschule als stadtteilorientierte Schule in einem sozialen Brennpunkt angesiedelt ist. Die für das «Bildungsbürgertum» typische Unterstützung des schulischen Lernerfolgs der Kinder durch die Eltern ist in Familien, in denen keine akademischen Berufsabschlüsse vorliegen, erfahrungsgemäß geringer und die disziplinarischen Probleme hingegen größer als in anderen Wohngegenden. Hier kann die Interkulturelle Waldorfschule als Ganztagsschule sicherlich einiges an Defiziten ausgleichen, muss sich aber vielleicht noch stärker dafür einsetzen, Chancengleichheit von Kindern unterschiedlicher sozialer Herkunft zu ermöglichen.

Was die in unserem «Lern-Index» enthaltenen Aspekte «Aufmerksamkeit», «selbstständiges Arbeiten», «Unterrichtsbeteiligung» und «Konzentrationsfähigkeit» betrifft, so unterscheiden sich die *Jungen und Mädchen* in der Interkulturellen Waldorfschule Mannheim nur unwesentlich voneinander. Lediglich beim «Disziplin-Index», in dem die Aspekte «Stören des Unterrichts», «Schwätzen» und «Zuhörfähigkeit» zusammengefasst sind, haben die Mädchen über den gesamten Untersuchungszeitraum signifikant bessere Werte.

## Die Entwicklung im Sozialverhalten der Kinder

Das soziale Verhalten der Schülerinnen und Schüler wurde im Einschätzungsbogen der Klassenlehrer differenziert nach den Aspekten:

- Beliebtheit bei den Mitschülern
- Verwicklung in Streitigkeiten
- Bedeutung als Spielpartner
- Hilfsbereitschaft gegenüber Mitschülern
- Integration in die Klasse
- Integration beim Essen in der Schule
- Kontaktfreude gegenüber Mitschülern

Diese sieben Items wurden für die Auswertung zusammengefasst als «Sozial-Index».

An Abbildung 9 lässt sich ablesen, dass sich das im «Sozial-Index» zusammengefasste Sozialverhalten in allen drei untersuchten Klassen im Untersuchungszeitraum positiv entwickelt hat. Ausgehend von unterschiedlichen Ausgangspunkten konnte so in jeder der Klassen das Sozialklima verbessert werden.

Aus Abbildung 10 ist ersichtlich, dass es weder in der Gesamtstichprobe noch in den drei Klassen bezüglich des Sozialverhaltens signifikante Unterschiede zwischen Kindern mit und ohne *Migra-*

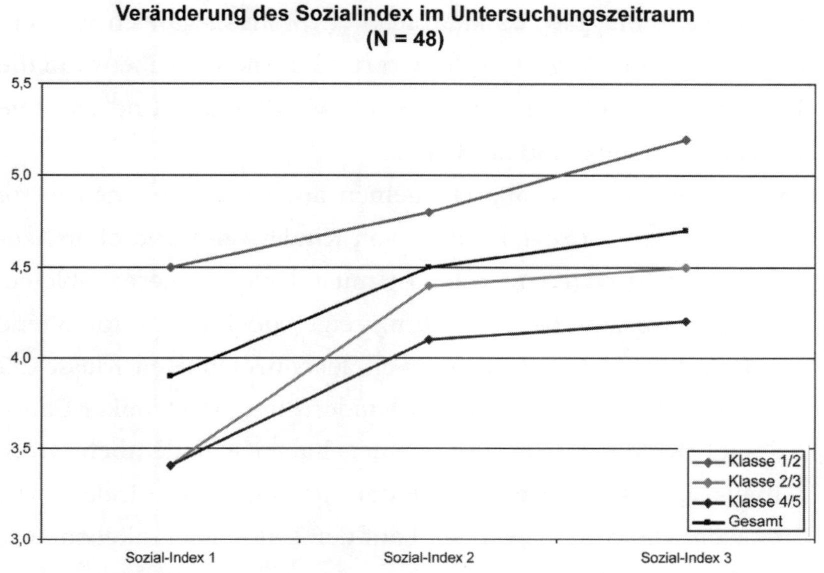


Abbildung 9: Entwicklung des Sozialverhaltens nach Schulklassen

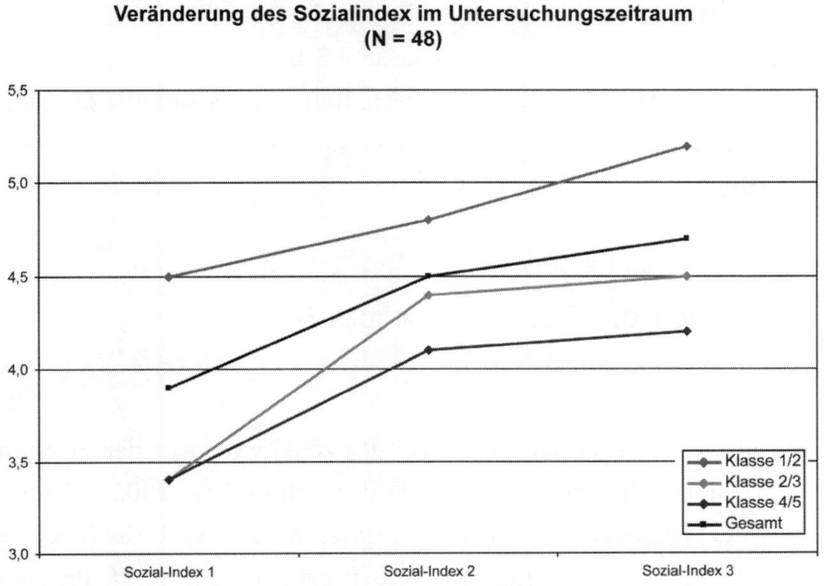


Abbildung 10: Entwicklung des Sozialverhaltens nach «Migrationshintergrund»

*tionshintergrund* gab. Es kann also davon ausgegangen werden, dass Kinder mit Migrationshintergrund tatsächlich ebenso in die Klassengemeinschaft integriert sind, wie dies bei Kindern ohne Migrationshintergrund der Fall ist.
In der Gesamtstichprobe erscheinen auch kaum nennenswerte Unterschiede im «Sozial-Index» von Kindern mit und ohne *Akademiker-Eltern* oder von Kindern mit oder ohne Lernprobleme. Die klassenspezifische Auswertung zeigt jedoch in der durch eine Häufung besonderer Problemlagen gekennzeichneten Klasse 2/3 erhebliche Differenzen: Sowohl Kinder ohne Akademiker-Eltern als auch Kinder mit Lernproblemen haben hier deutlich, größtenteils signifikant niedrigere Mittelwerte im «Sozial-Index». Die Unterschiede wurden zwar im Lauf der Zeit kleiner, blieben aber bestehen.

Zwischen *Mädchen und Jungen* sind beim Sozialverhalten in der Gesamtstichprobe kaum bzw. gar keine Unterschiede anzutreffen. In den Klassen 1/2 und 2/3 haben die Mädchen etwas höhere Werte beim Sozial-Index, in Klasse 4/5 hingegen übertreffen die Jungen die Mädchen im Sozialverhalten, sodass sich die klassenspezifischen Unterschiede in der Gesamtstichprobe nahezu ausgleichen.

## Meinungen der Eltern zur schulischen Entwicklung der Kinder

Rund vier Fünftel der Eltern (79 Prozent) gaben in der zweiten schriftlichen Befragung am Ende des Schuljahres 2005/2006 an, mit der *schulischen Entwicklung ihres Kindes* «sehr zufrieden» (40 Prozent) oder «zufrieden» (39 Prozent) zu sein. 18 Prozent entschieden sich für die Antwort «teils/teils», 1 Prozent für «unzufrieden». In den mündlichen Interviews erläuterten die Eltern ihre Einschätzung noch näher: Der überwiegende Teil der Eltern äußerte sich auch in der mündlichen Befragung zufrieden bis sehr zufrieden mit der schulischen Entwicklung ihres Kindes im vergangenen Schuljahr. Eine Mutter mit Migrationshintergrund meinte, die Sorgen, die sie sich anfangs über die schulische Entwicklung ihres Kindes gemacht hatte, seien verflogen, jetzt sei sie sehr zufrieden und empfehle die Schule auch all ihren Landsleuten. Zahlreiche Eltern vergleichen ihre Erfahrungen mit Erfahrungen, die sie bereits mit ihren Kindern an Staatsschulen gesammelt haben, was die positive Einschätzung noch bekräftigt.

Eltern mit Migrationshintergrund haben oft selbst als in Deutschland aufgewachsene Migranten der zweiten Generation schlechte Erfahrungen mit Schule gemacht, haben ausländerfeindliche Einstellungen bei Lehrern erlebt (nach dem Motto: «Ist das Kind ruhig, beschwert sich der Lehrer, es beteilige sich nicht genügend – ist das Kind eher lebhaft, kommt es auf die Sonderschule!») oder erfahren aktuell aus ihrem Bekanntenkreis von der oft schwierigen Situation ihrer Kinder an Regelschulen und ihren Problemen dort. Sie loben insbesondere den freundlichen Umgang der Lehrer mit den Kindern und die positive soziale Atmosphäre. Auch die Deutschkenntnisse ihrer Kinder haben nach Einschätzung einiger Eltern mit Migrationshintergrund durch den Schulbesuch deutlich zugenommen, während dies im Kindergarten noch nicht zu beobachten war.

Als Beispiele für die positive Entwicklung wurden außerdem genannt:

- schüchterne Kinder wurden lebhafter
- unruhige Kinder wurden ruhiger
- die Kinder zeigen im sozialen Alltag mehr Respekt vor kleinen Kindern und alten Menschen

- größere Kinder zeigen – insbesondere durch die Erfahrungen des Kletterausflugs in der fünften Klasse – mehr Selbstbewusstsein und soziales Verantwortungsgefühl (z.B. gegenüber ihren kleineren Geschwistern)
- die Kinder fühlen sich insgesamt wohl, haben keinen Stress und gehen gern zur Schule.

Nur was die *schulischen Leistungen* betrifft, so machen sich manche Eltern etwas Sorgen. Während eine Mutter zwar meinte, beim zweiten Kind sei sie jetzt schon viel «lockerer», doch was das Lesen- und Schreibenlernen in der ersten Klasse betrifft, bestehen bei einigen Eltern insbesondere der höheren Klassen Zweifel, ob ihre Kinder es schaffen werden, gute schulische Abschlüsse zu erreichen. Sie sind nicht unbedingt darauf erpicht, dass ihre Kinder einmal Abitur machen sollen, «aber wenn sie es *wollen*, sollen sie es *können*!» Die meisten Eltern haben jedoch das Gefühl, dass die Lehrer ihre diesbezüglichen Sorgen ernst nehmen und sich um eine entsprechende Förderung der Kinder bemühen.

Bei der ersten schriftlichen Elternbefragung hatten wir wissen wollen, worauf es den Eltern beim Schulbesuch ihres Kindes besonders ankommt. Hier erlangte das Statement «… dass mein Kind sich in der Schule wohlfühlt» die höchsten Zustimmungswerte. In der zweiten Befragung erhielt das Statement «Mein Kind fühlt sich in der Schule wohl» mit 88 Prozent die höchste Zustimmungsquote bei den Eltern (45 Prozent: «trifft sehr zu»; 43 Prozent «trifft zu»). Dass der von den Eltern als wichtigster bewertete Aspekt den höchsten Zustimmungswert der Eltern bei der Frage nach der Umsetzung erzielt, kann als ein großer Erfolg der Schule betrachtet werden.

## Meinungen der Eltern zur kulturellen und sozialen Integration der Kinder

86 Prozent der Eltern äußerten sich in der schriftlichen Befragung «sehr zufrieden» bzw. «zufrieden» mit der *interkulturellen Pädagogik* der Schule, wobei die Zufriedenheit bei Eltern mit und ohne Migrationshintergrund gleichermaßen groß war. Die Erfolgssaussichten des pädagogischen Ansatzes für die *soziale und kulturelle Integration* von Kindern unterschiedlicher sozialer und kultureller Herkunft schätzen 87 Prozent der Eltern als «sehr Erfolg versprechend» bzw. «Erfolg versprechend» ein.

Die Frage, wie gut ihrer Einschätzung nach bislang die soziale und kulturelle Integration (bzw. Einbindung) beim eigenen Kind gelungen ist, beantworteten 85 Prozent der Eltern positiv («sehr gut» bzw. «gut» ). Die als Ergänzung hierzu verstandene Frage, ob das Kind in diesem Schuljahr bei Kindergeburtstagen eingeladen war bzw. andere dazu eingeladen hatte, beantworteten 88 Prozent der 73 Eltern, die sich zum «Eingeladenwerden» äußerten, und 80 Prozent der 71 Eltern, die sich zum «Einladen» äußerten, positiv.

Während das «Eingeladenwerden» bei *Mädchen und Jungen* annähernd gleich häufig positiv beantwortet wird, kommt es bei Kindern ohne *Migrationshintergrund* etwas häufiger vor als bei Kindern mit Migrationshintergrund. An der klassenspezifischen Verteilung war zu erkennen, dass dieser Unterschied in den Klassen 2 und 3, die bereits länger zusammen sind, nicht mehr feststellbar ist, da bereits alle Kinder – ob mit oder ohne Migrationshintergrund – eingeladen worden waren. Mädchen haben deutlich seltener eingeladen als Jungen (72 Prozent vs. 86 Prozent). Besonders auffallend sind allerdings die Unterschiede beim «Einladen» bei den Kindern mit bzw. ohne Migrationshintergrund: Während bei Kindern ohne Migrationshintergrund bereits 95 Prozent andere Kinder eingeladen hatten, sind dies bei Kindern mit Migrationshintergrund lediglich 59 Prozent. Das *Geschlecht* spielt hierbei eine eher untergeordnete Rolle. Auch der *Akademikerstatus* wirkt sich deutlich auf das «Einladeverhalten» aus: Während Kinder, deren Eltern Akademikerstatus haben, bereits zu 92 Prozent andere Kinder zu sich eingeladen haben, waren es bei Kindern von Eltern ohne Akademikerstatus lediglich 71 Prozent. Bei Kindern mit Migrationshintergrund, deren Eltern keinen Akademikerstatus haben, liegt dieser Anteil mit 53 Prozent am niedrigsten, während er bei Kindern ohne Migrationshintergrund mit Akademiker-Eltern mit 100 Prozent am höchsten liegt.

Auch in den Interviews waren die Eltern einhellig der Meinung, dass es der Schule mit ihrem Konzept gut gelingt, ihre Zielsetzung der *kulturellen und sozialen Integration* umzusetzen. Ein Elternteil meinte, sie sei gerade deshalb «so erfolgreich, *weil* man nichts davon merkt!». Es werden keine Unterschiede bemerkt, hier sei «der Mensch ein Mensch», und jedes Kind werde gleich behandelt. Insbesondere die kulturelle Integration sei sehr gelungen, wobei zum Teil die Ansicht vertreten wird, man könne den interkulturellen Ansatz durchaus noch «mehr anpacken», z.B. auch Feste aus anderen Kulturen als – wie bisher – der türkischen und russischen veranstalten oder die Eltern zum Johannifest laden (damit sie auch einmal ein «anthroposophisches» Fest kennenlernen können).

Was die soziale und kulturelle Integration im *außerschulischen Bereich* betrifft, so sind in den Elterngesprächen viele positive Beispiele erwähnt worden. Letztlich ist aber auch hier der Einfluss der jeweiligen Eltern groß. Nicht nur (z.T. kulturell bedingte) Vorbehalte gegenüber gegenseitigen Besuchen zu Hause oder die Tatsache, dass der Kindergeburtstag in anderen Kulturen üblicherweise nur in der Familie gefeiert wird, sind hier ein Hemmnis, auch die Berufstätigkeit der Eltern (keine Zeit), der Status der

Alleinerziehenden (wenn das Besuchsrecht des Vaters den Besuch von Kindergeburtstagen verhindert), fehlende Mobilität und die hohen Kosten für umfangreiche Kindergeburtstagseinladungen. In manchen Familien fehlt einfach das «Knowhow» der Durchführung und Gestaltung, was nicht nur ein kulturelles, sondern auch ein soziales Problem darstellt. Hier könnten mehr Informationen, positive Erfahrungen und ein intensiverer Austausch der Eltern untereinander mit der Zeit Hemmschwellen abbauen helfen.

Insgesamt scheint die soziale wie die kulturelle Integration in den höheren Klassen noch zuzunehmen. Während in der ersten Klasse zunächst noch alte Verbindungen, z.B. aus dem Waldorfkindergarten, die Freundschaftsbeziehungen prägen, so lösen sich die Kinder offensichtlich zusehends und suchen sich dann auch unter den anderen Schulkameraden Kinder, die die «gleiche Wellenlänge haben», ungeachtet von sozialer und kultureller Herkunft.

Was die kulturelle und soziale Integration im Allgemeinen betrifft, so gibt es also kaum Bedenken oder Kritik. Sorgen bereitet allerdings die Gruppe der stark *verhaltensauffälligen Kinder*. Das Problem beginnt für manche Eltern bereits bei den «frechen Kindern», für die insbesondere manche Mütter mit Migrationshintergrund kein Verständnis haben («kein Respekt!»). Gleichwohl bewundern sie die Lehrer aber auch für ihre Geduld, Ruhe und Bestimmtheit im Umgang mit diesen Kindern. Einerseits heißt es: «Schwierige Kinder gibt es überall», die Kinder müssten auch mit diesen umzugehen lernen, andererseits machen sich einige Sorgen, dass den Klassen teilweise «zu viel zugemutet» werde an sozial verhaltensauffälligen Kindern, was die Gemeinschaft dann nicht mehr in der Lage sei zu «verkraften». Hier wurde der Hoffnung Ausdruck verliehen, dass auf eine gewisse Ausgewogenheit geachtet wird (was ja auch dem Ziel der *Integration* dieser Kinder entgegenkäme). Die Bereitschaft, sich als Solidargemeinschaft zu sehen, und auch schwierigen Kindern eine Chance zu geben, ist bei den Eltern jedoch durchaus vorhanden.

# Anmerkungen

1 Darunter werden alle Kinder verstanden, bei denen mindestens ein Elternteil im Ausland geboren ist.

2 Siehe PISA-Konsortium Deutschland (Hrsg.), *PISA 2003*. Münster 2005, S. 261 f.

3 Siehe: Max-Planck-Institut für Bildungsforschung, *PISA 2000: Die Studie im Überblick*. Berlin 2002, S. 19 f.

4 Ebd., S.13, sowie PISA-Konsortium 2005, S. 92.

5 Konsortium Bildungsberichterstattung (Hrsg.), *Bildung in Deutschland. Ein indikatorengestützter Bericht mit einer Analyse zu Bildung und Migration*. Bielefeld 2006.

6 Siehe Konsortium Bildungsberichterstattung 2006, S. 296.

7 «Das planmäßige Scheitern: Frühe Auslese, geringe Durchlässigkeit, zahlreiche Abbrecher: Zu viele Schüler bleiben auf der Strecke.» In: *Süddeutsche Zeitung* vom 3.6.2006.

8 Konsortium Bildungsberichterstattung 2006, S. 152.

9 Ebd., S.163 f.

10 Ebd., S. 72 f.

11 «Herbe Kritik an deutschen Schulen»: Titel-Schlagzeile der *Süddeutschen Zeitung* vom 22.3.2007.

12 Hans Brügelmann, PISA und PISA-E. Ein Versuch der Einordnung. In: Angelika Speck-Hamdan, Hans Brügelmann, Maria Fölling-Albers, Sigrun Richter (Hrsg.), *Jahrbuch Grundschule IV*, Seelze 2003, S. 121.

13 H. Rösch, Mehr Sprache(n) in Kindergarten und Grundschule. in: *Beauftragte der Bundesregierung* ... 2003, S. 98 f.

14 Vgl. etwa G. Auernheimer, *Einführung in die interkulturelle Pädagogik*, Darmstadt 2003.

15 Ebd., S. 21.

16 Beauftragte der Bundesregierung für Migranten, Flüchtlinge und Integration (Hrsg.), *Sechster Bericht über die Lage der Ausländerinnen und Ausländer in Deutschland*, Berlin 2005, S. 102 ff.

17 Darin liegt der strukturelle Hauptgrund, warum sich in Waldorfschulen sonst kaum Kinder mit Migrationshintergrund finden.

18 Vgl. dazu A. Schmelzer, *Die Dreigliederungsbewegung 1919. Rudolf Steiners Einsatz für den Selbstverwaltungsimpuls*, Stuttgart 1991.

19 Vgl. Daten der Statistikstelle und des Polizeipräsidiums der Stadt Mannheim.

20 H. Dotzauer, Fremdes als Bereicherung entdecken, in: *Goetheanum*, 14.11.2006.

21 Bei den übrigen Waldorfschulen ist das Verhältnis gerade umgekehrt; vgl. R. Barz, D. Randoll (Hrsg.), *Absolventen von Waldorfschulen. Eine empirische Studie zu Bildung und Lebensgestaltung,* Wiesbaden 2007.

22 M. Spitzer, *Lernen. Gehirnforschung und die Schule des Lebens*, München 2007, S. 164.

23 Vgl. auch zum Folgenden: C. Rittelmeyer, *Pädagogische Anthropologie des Leibes. Biologische Voraussetzungen der Erziehung und Bildung*, Weinheim u. München 2002, S. 111 ff.

24 M. Glöckler, Gesunde Stundenplangestaltung ... «alles hat seine Zeit», in: M. Glöckler, S. Langhammer, C. Wiechert (Hrsg.), *Gesundheit durch Erziehung*, Dornach 2006, S. 34.

25 R. Steiner, *Gegenwärtiges Geistesleben und Erziehung*, Dornach 1957, GA 307, S. 129.

26 Ebd, S. 129.

27 Vgl. dazu C. Rittelmeyer, Verhaltensgenetik, in: *Pädagogische Anthropologie des Leibes*, Weinheim und München 2002, S. 152–170.

28 Vgl. J. Kagan, *Die Natur des Kindes*, München 1987.

29 J. A. L. Singh, *Die «Wolfskinder» von Midnapore*, Heidelberg 1964.

30 Vgl. dazu etwa R. N. Lerner, T. T. Foch (Hrsg.), *Biological-Psychological Interaction in early Adolescence: A life – spam perspective*, Sussex 1987.

31 Vgl. W. Stark, *Empowerment. Neue Handlungskompetenzen in der psychosozialen Praxis*, Freiburg 1996; H. Holzbrecher, *Interkulturelle Pädagogik*, Berlin 2004, S. 66.

32 Vgl. M. A. Meyer, *Bildungsdidaktik. Denkanstöße für pädagogische Forschung und schulische Praxis,* Opladen 1988.

33 Vgl. F. Blättner, *Geschichte der Pädagogik*, Heidelberg 1980, Buch 15, S. 281 ff.

34 P. Walter, Pädagogische Kompetenz und Erfahrung in kulturell heterogenen Grundschulen, in: G. Auernheimer u.a. (Hrsg.), *Interkulturalität im Arbeitsfeld Schule. Empirische Untersuchungen über Lehrer und Schüler*, S. 111–140.

35 Vgl. *Die Zeit*, 2.2.2006, S. 61 ff.

36 Vgl. dazu: K. B. Boeckmann u.a., *Zweisprachigkeit und Identität*, Klagenfurt 1988.

37 Vgl. dazu: Kapitel 1, Das Problem ...

38 Vgl. dazu: Anhang, Ergebnisse der wissenschaftlichen Begleitung.

39 Vgl. Kapitel 1, Das Problem ...

40 Zitiert nach G. Kayser-Gantner, «In Mannheim gilt: jeder spricht deutsch!», in: *Waldorf*, Nr. 11.

41 Ebd.

42 Vgl. Anhang, Ergebnisse ...

43 Am Freitag findet normalerweise der wöchentliche Ausflug statt; vgl. das Ende dieses Kapitels, Ausflüge und Klassenfahrten.

44 Vgl. etwa A. J. Ayres, *Bausteine der kindlichen Entwicklung*, Berlin/Heidelberg 1984.

45 E. Schuberth, Der Aufbau des Mathematikunterrichts in der Waldorfschule, in: S. Leber (Hrsg.): *Die Pädagogik der Waldorfschule und ihre Grundlage*, Darmstadt 1985, S. 203.

46 Vgl. dazu J. H. Lorenz, Überblick über Theorien zur Entstehung und Entwicklung von Rechenschwächen, in: A. Fritz u.a. (Hrsg.), *Rechenschwäche*, Weinheim–Basel–Berlin, S. 144 ff.

47 Vgl. zu diesen Forschungen die ausführliche Darstellung von C. Jaffke, *Fremdsprachenunterricht auf der Primarstufe*, Weinheim 1994, S. 86–92.

48 J. Kiersch, *Fremdsprachen in der Waldorfschule. Rudolf Steiners Konzept eines ganzheitlichen Fremdsprachenunterrichts*, Stuttgart 1992, S. 66 f.

49 Vgl. dazu H. Gardner, *Abschied vom IQ. Die Rahmen-Theorie der vielfachen Intelligenzen*, Stuttgart 1994; E.-M. Kranich, Die Intelligenz der Hände, Hand-Arbeit und Gehirnentwicklung, in: *Erziehungskunst* 5/2002, S. 10–18.

50 Vgl. H. G. Bauer, M. Brater, U. Büchele, A. Dufter-Weis, A. Maurus, C. Munz, *Lernprozessbegleitung in der Ausbildung*, Bielefeld (wbv) 2006.

51 Nach den Ergebnissen der Absolventenstudie von Barz / Randoll (siehe Anm. 21) liegt der Anteil der Hauptschüler bei den Vätern von Waldorfschülern sonst bei 11,7 Prozent (IKWS: 28,4 Prozent), derjenige der Abiturienten bei den Vätern bei 61,8 Prozent (IKWS: 41,8 Prozent).

52 Vor der Aufnahme in die Interkulturelle Waldorfschule ging die Hälfte der Kinder in den Kindergarten (50 Prozent), etwa ein Drittel davon besuchte zuvor einen Waldorfkindergarten.

53 43 Prozent der Eltern gaben im schriftlichen Fragebogen an, dass sie über Freunde und Bekannte von der Existenz dieser Schule erfahren hatten. Bei nichtdeutschen Eltern lag dieser Anteil mit 50 Prozent noch höher als bei den deutschen Eltern mit 39 Prozent. Bei 30 Prozent der deutschen Eltern fand der erste Kontakt zur Schule über eine Informationsveranstaltung statt. Dies war nur bei 13 Prozent der nichtdeutschen Eltern der Fall (gesamt: 25 Prozent). Über einen persönlichen Kontakt zu Lehrkräften und MitarbeiterInnen kamen 31 Prozent der nichtdeutschen Eltern und 12 Prozent der deutschen Eltern (gesamt: 18 Prozent) zur Schule. In den mündlichen Interviews konnte die große Bedeutung der «Mund-zu-Mund-Propaganda» durch Freunde oder Bekannte als erster Hinweis auf die Interkulturelle Waldorfschule bestätigt werden. Genau

die Hälfte der interviewten Eltern gab an, dass sie über eine Nachbarin, eine Bekannte oder Freundin erstmals von dieser Schule gehört hatten, zum Teil berichteten diese auch schon von ersten Schulerfahrungen mit eigenen Kindern. Meist schloss sich dann bei den interessierten Eltern der Besuch eines «Tags der offenen Tür» oder ein Informationsgespräch mit MitarbeiterInnen der Schule an.

54 Bei denjenigen Eltern, deren Kinder zuvor auf einer anderen Schule waren, war als Grund für den Schulwechsel vor allem der Wunsch nach einer «besseren Schule» ausschlaggebend (82 Prozent der betreffenden Befragten; Mehrfachnennungen waren möglich). Die am zweit- und dritthäufigsten genannten Gründe waren «Unzufriedenheit mit der ehemaligen Schule» (50 Prozent) und «Unzufriedenheit mit der ehemaligen Lehrkraft des Kindes» (36 Prozent). 41 Prozent der deutschen und 18 Prozent der nichtdeutschen Eltern gaben «Schulische Probleme des Kindes» als Grund für den Schulwechsel an (gesamt: 32 Prozent).

55 Als Probleme, die die Kinder an ihrer vorigen Schule hatten, wurden z.B. genannt:
- Das Kind fühlte sich nicht wohl (z.T. Bauchweh, Kopfweh, Angst vor der Schule, kein Selbstvertrauen, keine Freude am Lernen ...)
- Unzufriedenheit mit der Legasthenie-Förderung beim Kind
- zu starker Leistungsdruck
- liebloser Umgang mit den Kindern, kein Interesse, keine Unterstützung (mehrfach genannt)
- extrem hoher Anteil von türkischen Kindern an der Schule (auch als Problem genannt von Eltern türkischer und anderer nichtdeutscher Herkunft)
- soziale Ausgrenzung des deutschen Kindes in einer Klasse mit hohem Ausländeranteil (mehrfach genannt)
- Gewalt an der Schule (z.T. eigenes Kind als Opfer)
- «inkompetente Lehrer» (mehrfach genannt)
- «Kinder haben keinen Respekt vor den Lehrern», «Null Disziplin», keine Regeln (mehrfach genannt)
- schlechte Erfahrungen mit einer Lehrkraft (mehrfach genannt)
- Sorge der Eltern, dass das Kind eine bereits bei einem Geschwisterkind als schwierig/ungerecht empfundene Lehrkraft als KlassenlehrerIn bekommt (mehrfach genannt)
- keine Gymnasiumsempfehlung durch die Lehrkraft trotz guter Noten und Wunsch des Kindes (mehrfach genannt)
- schlechte Erfahrungen mit der Hortbetreuung des Kindes
- keine (bzw. kaum) Mitgestaltungs- und Mitsprachemöglichkeiten für Eltern an Regelschulen.

56 Siehe Raphaela Hettlage und Silvana Kohler, *Welche Lebenswelten vermitteln Eltern ihren Kindern in der Migration?* Lizenziatsarbeit der Philosophischen Fakultät der Uni Zürich, 2000.

57 Heike Diefenbach, *Bildungsbeteiligung und Berufseinmündung von Kindern und Jugendlichen aus Migrantenfamilien,* München 2002, S. 57.

58 R. Steiner, *Die Welt der Sinne und die Welt des Geistes,* Vortrag vom 28.12.1911, GA 134, Dornach 1959, S. 45.

59 Vgl. dazu die vielfältigen Äußerungen Rudolf Steiners; etwa: *Idee und Praxis der Waldorfschule,* Dornach 1998, S. 40, S. 86, S. 104.

60 R. Steiner, *Gesammelte Aufsätze zur Kultur- und Zeitgeschichte 1887–1901,* GA 31, Dornach 1966, S. 233 ff.

61 Vgl. etwa: R. Steiner, Ansprache vom 24.7.1920, in: *Rudolf Steiner in der Waldorfschule, Ansprachen für Kinder, Eltern und Lehrer,* GA 298, Dornach 1958.

62 R. Steiner, *Die soziale Frage als Bewusstseinsfrage,* GA 189, Dornach 1957, S. 39.

63 Ebd.

64 R. Steiner, *Der innere Aspekt des sozialen Rätsels,* GA 193, Dornach 1968, S. 60 ff.

65 Dieses Bildungsbürgertum bildet weiterhin die Rekrutierungsbasis für die Waldorfschulen; das wird jüngst wieder bestätigt durch die große empirische Untersuchung ehemaliger Waldorfschüler, die von H. Barz und D. Randoll durchgeführt und herausgegeben wurde; a.a.O. (Anm. 21).

66 R. Steiner, Vortrag vom 1.5.1919, in: *Geisteswissenschaftliche Behandlung sozialer und pädagogischer Fragen,* GA 191, Dornach 1964, S. 98.

67 Vgl. dazu A. Schmelzer, *Die Dreigliederungsbewegung 1919. Rudolf Steiners Einsatz für den Selbstverwaltungsimpuls,* Stuttgart 1991.

68 In: *Der Sozialdemokrat,* 5.7.1919.

69 R. Steiner, Ansprache an die Elternschaft der ersten Waldorfschule am 31.8.1919, in: *Idee und Praxis der Waldorfschule,* GA 297, Dornach 1988, S. 82 f.

70 Siehe Flyer «Freie Interkulturelle Waldorfschule Mannheim. Eine neue Schule stellt sich vor.»

71 Diese Definition entspricht der üblichen Definition, die beispielsweise auch in den PISA-Studien Verwendung findet (siehe PISA-Konsortium 2005, S. 267).

72 Da uns bei 21 der 97 Kinder nur von *einem* Elternteil Informationen über das Geburtsland vorliegen, zeigt die Abbildung die Verteilung von 173 der 194 Elternteile. Die meisten alleinerziehenden Elternteile – insgesamt etwa 20 Prozent aller Eltern – machten z.B. keine Angaben zu ihrem früheren Partner.

73 In der PISA-Studie hat nach der beruflichen Stellung der Eltern ihr Bildungsabschluss die zweitstärkste Vorhersagekraft auf die schulischen Leistungen eines Kindes (siehe PISA-Konsortium 2003, S. 248 f.).

74 Bei den jeweils fehlenden etwa 15 Prozent der Kinder liegen uns keine Informationen über die schulischen und beruflichen Bildungsabschlüsse vor, da sich die Eltern nicht an der schriftlichen Befragung beteiligten.

75 Bestanden die Schulprobleme lediglich in Form von sprachlichen Defiziten von Kindern mit Migrationshintergrund, so wurden sie nicht zu den Schulproblemen gezählt. Die sprachlichen Aspekte stellen von ihrem Wesen her zwar ein erhebliches *Lernhindernis*, für sich gesehen jedoch noch kein *Lernproblem* dar.

76 Die entsprechenden Informationen erhielten wir aus den Lehrer-Interviews, in denen wir stets auch nach der Vorgeschichte der einzelnen Schüler fragten, sowie aus den Angaben über die Motive der Schulwahl in den schriftlichen Elternbefragungen.

77 Die Größe der Kreise entspricht *nicht* der relativen Häufigkeit eines Merkmals bzw. einer Merkmalskombination. Diese lässt sich nur an der im entsprechenden (Teil-)Segment der Kreise stehenden Prozentzahl ablesen.

78 Durch die Aufteilung der zusammengefassten 4./5. Klasse im Schuljahr 2005/2006 bekamen die Schüler der 4. Klasse einen neuen Klassenlehrer. Sie werden nicht in der Auswertung berücksichtigt, da sich bei ihnen durch den Lehrerwechsel der Bewertungsrahmen geändert hat.

79 Einfachste Sätze nach dem Muster: «Subjekt – Prädikat – Objekt» sind z.B. auf Stufe 1 («Ich male ein Haus»), auf Stufe 4 befinden sich Sätze mit Nebensätzen, in denen das Verb am Ende steht («… dass wir in den Hof gehen *sollen*»).

80 Siehe Harald Clahsen, *Die Profilanalyse. Ein linguistisches Verfahren für die Sprachdiagnose im Vorschulalter*, Berlin 1986; Wilhelm Grießhaber, *Lernende unterstützen: die Profilanalyse als didaktisch nutzbares Werkzeug der Lernersprachenanalyse*, Münster 2006; sowie http://spzwww.uni-muenster.de/~grießha/dpc/profile/profilhintergrund.html

81 Siehe hierzu das 8. Kapitel: Die Sprachpflege

82 So z.B. die Erhebungsinstrumente des Projekts «GanzOhrSein» der Uni München sowie verschiedener Sprachstands-Erhebungsinstrumente wie «sismik – Sprachverhalten und Interesse an Sprache bei Migrantenkindern in Kindertageseinrichtungen» von M. Ulich / T. Mayr (Staatsinstitut für Frühpädagogik IFP, München) und «Sprachstandsbeobachtung in den Klassenstufen 2–6» aus der Reihe «Schulische Organisations- und Einstufungshilfen der Sprachfördermaßnahmen für Schüler nichtdeutscher Herkunft» der Landeshauptstadt Berlin.

83 Es muss allerdings darauf hingewiesen werden, dass das Instrument nicht

«geeicht» ist, dass es sich also nicht um einheitliche, objektivierbare Bewertungsmaßstäbe, sondern um subjektive Einschätzungen der Klassenlehrkräfte handelt. Die Einstufungen der verschiedenen Lehrer sind also nicht miteinander vergleichbar, da sie auf jeweils individuellen Bewertungsmaßstäben basieren. Für die für uns vorrangige Frage nach dem *Auftreten von Unterschieden innerhalb der Klassen* ist die Frage der Vergleichbarkeit *zwischen* den Klassen nicht von Bedeutung.

84 Wenn das Ergebnis im statistischen Sinne «signifikant» ist, heißt das in diesem Fall, dass der Unterschied der Mittelwerte bei der Sprachkompetenz zwischen Kindern mit und ohne Migrationshintergrund nicht rein zufällig ist, sondern dass ein empirischer Zusammenhang zwischen dem jeweiligen Sprachkompetenz-Ergebnis und der Merkmalsausprägung «Migrationshintergrund» besteht.

# Die Autoren

*Michael Brater,* geb. 1944, studierte Soziologie in München und Berlin. 1970 – 1980 arbeitete er an der Universität München in der Berufs- und Arbeitskräfteforschung. Mitbegründer der Gesellschaft für Ausbildungsforschung und Berufsentwicklung, wo er seit 1980 tätig ist. Seit Dezember 2006 Professur an der Alanus-Hochschule Alfter für Berufspädagogik, Bildungsforschung und Kulturpädagogik. Mitautor mehrer Bücher im Verlag Freies Geistesleben.

*Christiane Hemmer-Schanze,* geb. 1955, studierte Soziologie, Sonderpädagogik und Sozialpsychologie in München. Seit 1986 Mitarbeiterin der Gesellschaft für Ausbildungsforschung und Berufsentwicklung München mit den Arbeitsschwerpunkten Forschung sowie Evaluation von Bildungsmaßnahmen und sozialen Einrichtungen. Seit 2000 außerdem als wissenschaftliche Mitarbeiterin am Lehrstuhl für Grundschulpädagogik und -didaktik an der Universität München im Rahmen von Projekten zum Thema «Zuhörförderung» tätig.

*Albert Schmelzer,* geb. 1950, studierte Katholische Theologie, Romanistik und Soziologie in Münster, Angers und Tübingen. Unterricht an der Freien Waldorfschule Mannheim in Geschichte, Deutsch, Französisch und Kunstgeschichte. Seit 1990 ist er als Dozent an der Freien Hochschule für anthroposophische Pädagogik in Mannheim tätig. Im Verlag Freies Geistesleben liegen von ihm bereits vor: *Die Dreigliederungsbewegung 1919; Aktuelles Mittelalter* und *Wer Revolutionen machen will …*

## *Mit nur 10 Euro monatlich können Sie Bildungschancen schaffen!*

Als freie Schule erhält die Interkulturelle Waldorfschule Zuschüsse vom Land, diese decken etwa die Hälfte der anfallenden Kosten. Einen weiteren Anteil hat die Stadt übernommen. Dennoch bleibt ein erhebliches finanzielles Defizit, weil es zahlreichen Eltern aufgrund ihrer finanziellen Lage nicht möglich ist, genügend Schulgeld aufzubringen.
Hier können Sie helfen, indem Sie Schulpate werden. Wenn Sie uns unterstützen wollen, senden Sie uns bitte die untenstehende Erklärung. Wir freuen uns aber auch über jede Einzelspende.
Bankverbindung:
Konto-Nr. 38120123 Sparkasse Rhein-Neckar-Nord (BLZ 670 505 05)

Freie Interkulturelle Waldorfschule Mannheim-Neckarstadt
Maybachstraße 14-16, 68169 Mannheim
Tel. 0621 3368800, Fax 0621 3368905
E-Mail: info@interkulturelle-waldorfschule.de
Internet: www.interkulturelle-waldorfschule.de

## *JA! Ich möchte Kindern Bildung und Zukunftschancen sichern helfen.*

❒ mit einem monatlichen Beitrag von 10 Euro
❒ mit einem monatlichen Beitrag von 20 Euro
❒ mit einem monatlichen Beitrag von … Euro

❒ Ich bezahle per Bankeinzug: ❒ monatlich ❒ jährlich

Bank .......................................... BLZ ..............................

Konto-Nr. .................................

❒ Ich überweise per Dauerauftrag: ❒ monatlich ❒ jährlich

Name: ..............................................................................................

Anschrift: ........................................................................................

Ort / Datum Unterschrift

Johannes Kiersch

**Die Waldorfpädagogik**

Eine Einführung in die Pädagogik Rudolf Steiners

133 Seiten und 20 Seiten Farbteil, gebunden

Eine kompetente einführende Darstellung der wichtigsten Elemente der Waldorfpädagogik. Klar und anschaulich werden Intentionen und Grundlagen der Waldorfschulen beschrieben. Ein ausführliches kommentierendes Literaturverzeichnis gibt dem Leser außerdem wertvolle Lektürehinweise zur Vertiefung einzelner Gesichtspunkte. Das Buch erscheint bereits in 11. Auflage, aktualisiert und ergänzt um einen farbigen Bildteil aus dem Leben der Waldorfschulen.

Thomas Martin

**Wie kann Schule die Gesundheit fördern?**

Erziehungskunst und Salutogenese

352 Seiten, kartoniert

Die Salutogenese versteht Gesundheit nicht als das bloße Fehlen von Krankheit, sondern als einen aktiven Zustand und als Vorhandensein von Lebensqualitäten. Sie fragt, warum Menschen gesund bleiben, welche Faktoren die Gesundheit fördern und erhalten. Thomas Marti beleuchtet die verschiedenen Dimensionen der Waldorfpädagogik unter dem Gesichtspunkt der Salutogenese. Er zeigt die gesundheitsfördernden Anliegen und Aspekte der Rudolf-Steiner-Schulen und ihre gesellschaftliche Bedeutung im Bereich der Gesundheitspflege. – Eine einführende Darstellung zu einem aktuellen medizinisch-pädagogischen Thema.

Peter Loebell

**Ich bin, der ich werde**

Individualisierung in der Waldorfpädagogik

221 Seiten, kartoniert

Waldorfpädagogik versucht von Anfang an, den Blick auf die jeweilige Persönlichkeit zu lenken und das eigene Lernbedürfnis des Kindes aufzugreifen. Das Ich, der unverwechselbare Kern eines Menschen, impulsiert das Lernen und muss sich entsprechend entfalten können. Wie sieht eine solche Pädagogik aus, die konsequent vom einzelnen Kind und dessen Bedürfnissen ausgeht?

Peter Loebell erläutert dies anschaulich an wichtigen Fragen des Unterrichts. So behandelt er u.a. die Bedeutung der Temperamente in der Waldorfpädagogik, wesentliche Lernschritte und unterschiedliche Lernstile der Schüler, heutige Lernvoraussetzungen in einer Computer- und Medienwelt, die Förderung von Hochbegabten und die Bedeutung der Zeugnisse in der Waldorfschule.

«Ein praxisnahes Buch für alle Pädagogen, die sich mit kindlichen Bedürfnissen und unterstützenden pädagogischen Handlungskompetenzen auseinandersetzen, sowie für alle Waldorfinteressierten.»

*Arbeitsgemeinschaft Jugendliteratur und Medien der GEW*

Verlag Freies Geistesleben